내 사람을
만드는
CEO의 습관

내 사람을 만드는 CEO의 습관

김성희 지음

페이퍼로드
paperroad

프롤로그

인간관계는 늘리는 것이 아니다.
마음으로 쌓는 것이다

오늘날 리더의 자질로서 가장 중요한 항목은 무엇일까. 삼성경제연구소가 경영자들을 대상으로 조사한 결과, CEO가 될 수 있는 최고덕목으로 '대인관계'가 꼽혔다. 업무능력과 자기 반성능력을 당당히 누르고 말이다. 또한 자신을 오늘에 이르게 한 성공 습관에 대해 사자성어로 묻는 질문에 국내 최고경영자 5명 중 1명은 사람과의 인연을 소중히 여기고 관계를 중시함을 뜻하는 '순망치한脣亡齒寒'을 꼽았다. 즉 성공을 이루는 데 결정적으로 필요한 것이 인간관계라는 의미다. 여기서 짚고 넘어갈 점은 '인간관계'는 씨 뿌리며 경작하는 것이지, 사냥하거나 갈취하는 기술이 아니란 점이다. 많은 사람들이 인맥을 중시하면서도 소홀히 하는 것이 바로 공감과 교감의 습관이다. 'Know-how'가 아니라 'Know-who', 즉 방법보다 누구를 아느냐가 더 중요한 것은 알지만 정작 내 사람으로 만드는 습관을 익히고 지속하는 것에 대해선 무지하거나 무심하다. 필자는 이에 대한 구체적 마인드와 태도를 독자들과 공유하고 싶었다.

사람이 운을 부르고, 운이 사람을 부른다. 리더들에겐 따뜻한 인간미와 부드러운 카리스마로 자신의 팬을 만들어내는 '습관'이 분명 보통사람과 다르다. 카리스마형 리더들은 표면적인 추종자만을 얻지만, 하이터치형 리더(하이터치 리더는 함께 일하는 사람들과 교감하여 그것을 표현해줄 수 있는 공감과 소통능력을 가진 사람을 뜻한다)들은 마음으로 열광하는 팬을 얻는다. 자신의 광팬을 몰고 다니는 리더들의 공통적인 자질을 한마디로 표현하자면, 오감 습관이다. 공감과 소통을 통해 변화를 이끌어내는 능력을 가졌으며 이를 꾸준히 익힌다. '호감'과 '쾌감'을 주고, '영감'을 부여하며, 아픔을 '교감'하고, 스스로를 사랑하고 긍정적으로 바라보는 '자신감'을 가지고 있다. 이러한 오감 습관을 익힌 리더들은 주위사람을 내 사람으로 이끄는 남다른 매력을 발휘한다. 자신의 흉금胸襟, 즉 마음의 자락을 열어놓고, 상대에 대해 기울이는 따뜻한 관심과 배려는, 말 그대로 심금心琴, 즉 마음의 거문고를 울리게 한다. 상대를 벽창호로 만들면 될 일도 안 되지만, 마음의 거문고를 울리면 안 될 일도 되게 마련이다. "선비는 자기를 알아주는 사람을 위해 목숨을 바친다."는 말에서도 알 수 있듯, 충성을 다하는 아군, 신뢰를 표하는 동지들이 많아지니 자연히 성공도 뒤따르게 되는 것이다.

인간관계는 기술이 아니라 습관이다. "내 사람으로 만드는 '인간관계'는 반짝 효과를 발휘하는 일회성 기술이나 쇼가 아니라 습득과 지속성을 가지고 유지해야 하는 '습관'이란 점"을 이 책을 통해 강조하고 싶다.

필자는 기자와 홍보전문가를 거치면서 손꼽아 1천여 명 넘는 CEO

들을 만나고 교류해오고 있다. 이 책은 그들과 교류하며 관찰하고 취재하고, 또 직접 임상실험해 효과를 본 '내 사람을 만드는 습관' 엑기스를 모두 담은 것이다. 전작인 『CEO의 습관』이 리더들이 각 분야에서 보이는 습관을 전방위적으로 담고 있다면 이 책에서는 '소통과 공감으로 내 사람으로 만드는 인맥습관'에 초점을 맞추고자 했다.

독자들이 이 책을 통해 좋은 사람을 자신의 인생여정에 동참시키고, 더 나아가 상대가 자신에게 좋은 사람이 되게끔 만드는 습관을 익히길 바란다.

1장 '마음으로 유혹하고 가슴으로 소통하라'에서는 상대를 내 사람으로 만드는 성공 리더만의 인맥 경작하기 소통법에 대해서 이야기한다. 창업보다 수성이 어렵다. 이는 인간관계에서도 그대로 적용되는 말이다. 좋은 인간관계를 유지, 경작하기 위해 리더들은 어떤 점을 중시여기는지 그들만의 인간관계 유지 및 관리습관을 설명한다. 성공 리더들은 자신의 입장을 먼저 설득하려고 하기보다는, 상대방의 상황부터 경청하고 이해하려는 노력을 보인다. 특히 인간관계 때문에 상처받고, 상처주지 않기 위해 먼저 성을 높이 쌓는 독자라면 이 장부터 펼쳐보시라. 실용적인 시사점을 얻을 수 있을 것이다.

2장 '당신의 사람이 당신의 성공을 만든다'에서는 CEO들의 아주 특별한 인간관계 만들기 습관들을 담았다. 농사에 비유하자면 씨를 뿌리는 전략이다. 즉, 사람의 마음을 움직이고 매혹시키는 심리 매커니즘을 이용한 인간관계 개척 방법을 소개한다. 리더들은 처음 만난 사람들에게 어떻게 더 따뜻하게, 더 친밀하게, 더 매력적으로 호소하는가에 대한 그들만의 '특별 습관'을 조목조목 설명한다. 스스로 낯가림이 심하다고 생각하는 독자들은 특히 이 장에서 영감과 자신감을 얻을 수 있을 것이다.

　3장 '성공하는 리더에게는 뭔가 특별한 것이 있다'에서는 성공 리더의 매력 확산 핵심 포인트를 담았다. 성공 리더들은 대부분 자기의 차별성을 부각시킬 줄 안다. 이들이 여럿이 모인 모임에서 늘 군계일학으로 부각되고, 후광이 비치는 것처럼 보이는 이유는 바로 3장에 소개된 습관을 갈고 닦아왔기 때문이다. 이들은 자연스럽게, 또는 의도적으로 자신의 매력을, 유익성을 각인시키고 포장해 퍼뜨릴 줄 안다. 리더들이 자신들을 어떻게 중심인물로 인식되게 하는지에 대한 전략을 설명하고 있다. 찾아가는 것이 아니라 스스로 향기를 맡고 찾아오게 하는 이들만의 매력 확산 전략을 알아보자. 'from good to attractive', 좋은 관계 구축, 관리유지만으로는 성이 안차고, 좀 더 공격적으로 자신의 매력을 주위에 어필하고 싶은 독자들이라면 3장이 특히 유용할 것이다.

　나의 숨은 재능을 캐내 이 책을 쓰도록 불쏘시개 역할을 해주신 구본형변화경영연구소 구본형 소장님, 내가 글이 아닌 '강의' 영역에 도전하게끔 기회를 주신 강신장 세라젬 대표이사님(전 삼성경제 연구소 전무님), 그리고 힘들 때마다 SOS 신호를 보내면 늘 '할 수 있다'는 자신감을 불어넣어주시는 이종찬 JC 인터내쇼날사장님, 부하직원으로서 부족함이 많은데도 늘 포용해주셨던 맹정주 전 강남구청장님, 이들 모두 감사하다. 이 분들이 안계셨다면 이 책을 쓰기 힘들었을 것이다.

　이 책은 2008년 필자가 냈던 『하이터치 리더』의 수정보완판이다. 『내 사람을 만드는 CEO의 습관』으로 멋지게 업그레이드시켜준 페이퍼로드 출판사 및 김남희 과장에게도 감사의 뜻을 표하고 싶다. 좋은 사람들과의 작업은 일도, 맘도 즐겁다는 것을 실감할 수 있었다. 마지막으로 항상 든든한 '백'으로 힘이 돼주는 남편과, 독립심 강한 두 딸 홍진과 예진에게도 고마움을 전하고 싶다.

2010.

김 성 희

차례

프롤로그_ 인간관계는 넓이는 것이 아니다. 마음으로 쌓는 것이다 005

부록_ CEO가 전하는 사람을 매혹시키는 발표의 기술 281

제1장 마음으로 유혹하고 가슴으로 소통하라
: 누구든 내 편으로 만드는 CEO 소통법

01. 바람둥이를 벤치마킹하라 017
   잘난 놈은 말 잘하는 놈이 아니라 잘 듣는 놈이다

02. 두꺼운 얼굴과 검은 마음을 가져라 025
   진짜 자존심 있는 사람은 결코 욱하는 법이 없다

03. 친구를 가까이하라, 적은 더 가까이하라 032
   라이벌과 안티는 성장을 위한 발전동력

04. 거절의 5금3필 법칙 038
   성의있는 거절로 사람, 돈, 시간을 놓치지 말라

내 사람을
만드는
CEO의 습관

05. 백전백승하는 사과의 전술 047
    정성 어린 사과는 분노를 호감으로, 불신을 신뢰로 바꾼다.

06. 야단 뒤에는 반드시 뒤끝을 남겨라 056
    야단만 잘 쳐도 인간관계의 80퍼센트는 성공한다

07. 앞으로 밑지고 뒤로 남는 진짜 똑똑이가 되라 063
    작은 포기가 큰 성공을 낳는다

08. 맞장을 뜨기보다 맞장구를 쳐라 067
    내 주장은 천천히 내세우는 슬로 커뮤니케이션 전략

09. 감사의 마음을 챙기는 골프의 티 법칙 072
    감사는 힘이 세다 감사를 행동으로 옮겨라

10. 화에 대처하는 방어운전의 법칙 078
    '목소리 큰 사람이 이긴다'는 말은 믿지 마라

11. 실수의 포용법칙 085
    실수는 드러나지 않게 품어줘라

12. 부탁의 5W1H 공식 090
    부탁의 달인이 되는 노하우

13. 모든 공은 상대에게 돌려라 099
    교만은 성공의 운을 끊어버린다

14. 인맥의 5광5심 법칙 107
    초심, 조심, 허심, 열심, 뚝심을 가져라

15. 웨이터의 법칙을 명심하라 114
    좋은 사람을 알아보는 방법

제2장 당신의 사람이 당신의 성공을 부른다

: CEO들의 아주 특별한 인간관계 만들기

16. 상대방을 주어로 생각하라 121
　　1센티미터, 0.5초의 배려가 무한감동을 자아낸다

17. 호칭은 힘이 세다 126
　　잘 부른 호칭 한마디는 천 냥 빚도 갚을 수 있다

18. 초록은 동색이고, 가재는 게편이다 132
　　친숙한 이미지로 다가가라

19. 작은 선물로 큰 감동을 주라 137
　　선물을 받고 기분 나빠하는 사람은 없다

20. 단골음식점의 후광효과 141
　　단골음식점은 강력한 지원부대다

21. 버선발로 뛰어나가 맞이하듯 이름을 불러주라 146
　　열 마디 찬사보다 한 마디 반가운 호명이 상대를 내 편으로 만든다

22. 악수가 첫인상을 결정한다 150
　　성의 있는 악수는 행운을 부른다

23. '님'을 '남'으로, 점 하나의 차이를 놓치지 마라 154
　　상대의 입장에서 말하라

24. 눈물 젖은 빵 이야기를 공유하라 160
　　성공담보다는 실패담이 공감을 일으킨다

25. 유머의 수사반장 원칙 166
　　나만의 유머를 개발하라

26. 이메일-단소경박의 법칙 173
　　상대를 기분 좋게 만드는 이메일 작성법

27. 미니스커트와 자기소개는 짧을수록 좋다 178
　　재미, 의미, 진미 3박자를 갖춘 자기소개법

28. 준비하는 사람은 미래가 두렵지 않다 183
　　비즈니스 약속 후 챙겨야 할 몇 가지

제3장 성공하는 리더에게는 뭔가 특별한 것이 있다

: 성공을 부르는 작지만 아주 특별한 습관

29. 천리를 가기 힘들면 천리마에 올라타라 195
    멘토는 성공으로 이끌어줄 황금인맥이다

30. 정성스런 중매쟁이가 되라 200
    좋은 사람을 서로 연결해주고 만나게 하라

31. 푸른 바다에서 좁쌀 한 톨을 건져라 205
    모임에서 내 사람을 만드는 알짜 전략

32. 멋진 파티플래너가 되라 209
    비즈니스 파티를 통한 인연 만들기

33. 상대의 이익을 파악하라 214
    상대를 내 편으로 만드는 매력 커뮤니케이션

34. 세상에 하나뿐인 쇼를 하라 221
    리더십과 쇼맨십은 종이 한 장 차이

35. 여우처럼 상사의 마음을 얻어라 226
    상사를 내 편으로 만드는 기술

36. 진짜 위대한 아부를 하라 240
    부하직원을 내 편으로 만드는 기술

37. 귀인을 만나려면 귀인이 되라 247
    귀인 만들기 프로젝트 1

38. 좋은 사람을 내 그물에 담아라 253
    귀인 만들기 프로젝트 2

39. 피노키오의 코는 길수록 좋다? 259
    적절한 거짓말은 필요하다

40. 약방의 감초가 되지 마라 265
    모임에는 선택과 집중이 필요하다

41. 장맛보다는 뚝배기맛으로 승부하라 269
    이미지를 관리하라 이미지는 돈이다

42. 진정한 매력은 품격있는 교양에서 나온다 274
    독서는 머리, 관계, 운을 좋게 한다

1

마음으로 유혹하고 가슴으로 소통하라
:누구든 내 편으로 만드는 CEO 소통법

1. 바람둥이를 벤치마킹하라
2. 두꺼운 얼굴과 검은 마음을 가져라
3. 친구를 가까이하라, 적은 더 가까이하라
4. 거절의 5금3필 법칙
5. 백전백승하는 사과의 전술
6. 야단 뒤에는 반드시 뒤끝을 남겨라
7. 앞으로 밑지고 뒤로 남는 진짜 똑똑이가 되라
8. 맞장을 뜨기보다 맞장구를 쳐라
9. 감사의 마음을 챙기는 골프의 티 법칙
10. 화에 대처하는 방어운전의 법칙
11. 실수의 포용법칙
12. 부탁의 5W1H 공식
13. 모든 공은 상대에게 돌려라
14. 인맥의 5광5심 법칙
15. 웨이터의 법칙을 명심하라

01

바람둥이를 벤치마킹하라

잘난 놈은 말 잘하는 놈이 아니라
잘 듣는 놈이다

얼마 전 한 모임에 참가해 재미있는 이야기를 들었다. 이른바 '희대의 제비'를 소재로 한 우스갯소리였다. 수십 명의 여인을 농락한 '제비'가 어느 날 경찰서에 잡혀왔다. 그 사람은 일반적 기대와 달리 용모나 조건 등이 별 볼일 없었다. 심지어 평균에 못 미치는 수준이라서 보통남자들에게 위안을 줄 정도였다. 의구심이 생긴 수사관이 물었다.

"도대체 당신은 무슨 수로 여자들을 유혹한 겁니까?"

자타공인 소문난 제비의 대답은 무엇이었을까? 의외로 간단했다.

"여자들의 말을 끝까지 들어주고 적절히 맞장구를 쳐줬을 뿐입니다. 상대의 말이 정말 재미없을 때는 속으로 애국가를 부르면서 참았습니다. 4절까지 부른 적도 있지요."

애국가를 4절까지 부르며 경청하는 인내, 이성의 마음뿐 아니라 동성의 마음도 움직일 만하지 않은가. 바람둥이 이야기가 나온 김에 좀 더 해보자.

왕년의 미남 스타 게리 쿠퍼는 영화뿐 아니라 실제 삶에서도 여자들에게 최고의 인기를 누렸다. 배우로 활동하면서도 늘 여주인공과 염문이 끊이지 않았다. '미국의 연인'이란 닉네임에는 이처럼 만인의 연인이 됐던 실제 바람기도 숨어 있는 셈이다. 그 비밀은 무엇이었을까? 〈뜨거운 것이 좋아〉 〈아파트 열쇠를 빌려드립니다〉 등의 걸작 코미디를 만들며 그를 가까이서 지켜봤던 빌리 와일더 감독은 게리 쿠퍼에 대한 부러움을 가득 담아 한 인터뷰에서 이렇게 털어놓았다.

"그가 세상의 모든 여자에게 인기를 얻은 이유는 딱히 멋진 말솜씨 때문이 아닙니다. 다만 그는 들을 줄 알았습니다. 상대여자에게서 시선을 떼지 않고 때때로 '설마' '정말?' '그건 처음 듣는 말인데'라는 세 마디 가운데 한 마디를 곁들이는 겁니다. 이런 식으로 속내를 털어놓게 만드는 사이 여자들은 자연히 그에게 호감을 가지게 되는 것이죠."

게리 쿠퍼의 인기비결은 '설마' '정말?' '그건 처음 듣는 말인데' 등 딱 세 마디였다. 결코 길지 않다. 바로 상대의 말을 경청하며 추임새를 넣어주어 신나게 이야기하도록 만든 것이 게리 쿠퍼의 유혹의 기술이었던 셈이다.

진정성 면에서는 재고할 필요가 있지만, 상대에게 접근하고 관계를 개척한다는 점에서 바람둥이들의 기술은 확실히 아트art이고 벤치마킹의 대상이다. 그들이 가진 '유혹의 기술'의 핵심은 단연코 경청이다. 그들은 상대의 말에 귀 기울여 고민이나 관심을 파악한 다음, 상대가 털어놓기 전부터 알고 있던 것처럼 세심하게 대응한다. 족집게무당처럼 마음을 읽어주고 단지 자기 말을 되풀이해줄 뿐이지만, 상대는 자신의 관심을 파악하는 '용함'에 감동을 받는 것이다. 경청은 이성뿐 아니라 부하직원이나 상사 모두의 마음을 사로잡는 강력한 병기다.

우리의 착각 가운데 하나는 달변가가 상대에게 깊은 인상을 심어준다고 지레짐작하는 것이다. 하지만 진짜 인기 있는 사람은 상대방 또는 화자에게 상당한 관심을 기울이는 경청자다. 그런 점에서 경청이야말로 소극적 행위가 아니라 의사소통의 가장 적극적 행위라 할 수 있다.

경청은 본능이 아니라 학습이다

나는 대인관계 강의를 할 때 경청 게임을 즐겨 한다. 2인 1조로 한쪽은 화자, 다른 한쪽은 청자의 입장이 되어 1~2분간 대화를 나누는 것이다. 전반전과 후반전으로 나뉘는데, 전반전에는 청자 입장이 의도적으로 딴전을 피운다. 시계만 쳐다보거나 휴대전화를 들었다 놨다 하며 문자를 보내기도 하고, 다른 조들은 어떻게 하고 있는지 산지사방 간섭하며 게임을 하는 내내 집중하지 않는다. 하지만 그 딴전들은 우리가 무의식적으로 행하거나 당하던 실제 사례들이다. 후반전에는 반대로 상대의 말에 귀 기울이는 내용으로 게임을 진행한다. 같은 2분이라도 시간에 대한 체감효과는 크게 차이가 난다.

이런 게임을 통해 참가자들은 대화를 하면서 부지불식간 상대방에게 얼마나 상처를 주었는가를 절실히 체험한다. 한 참가자는 시간이 길고 짧게 느껴지는 것을 떠나 이야기하고 싶은 마음조차 사라지며 무시받는 느낌이 들었다고 털어놓았다. 비록 게임이었지만 너무 속상하더란 고백이었다.

나 역시 기자로 활동하면서 직업병이 생겼다. 상대가 질문의 중심에서 벗어나 삼천포로 빠져 중언부언하면 "그래서 말씀하고 싶은 요지가 뭐죠?" 하는 식으로 말허리를 자르고 싶은 마음이 치밀어 오르는 것이다. 게다가 상대가 말하는 중에 다음 질문을 구상하거나 어떻게 하면 허를 찔러 본심을 털어놓게 할지 생각하면서 딴전을 피우다가, 상대가 "내가 지금 무슨 말을 했지요?" 하면 얼굴이 빨개져 대답을 못하는 경우도 많았다.

경청의 중요성을 모르는 사람은 없다. 그런데 왜 이처럼 어려운 걸까? 사실 경청이 어려운 것은 인간의 타고난 뇌 구조와도 상관이 있다. 그런 만큼 경청은 자연스럽게 타고나는 것이 아니고 학습이 필요하다. 경청은 상대와의 관계를 증진시켜 주는 효과만점의 마법지팡이지만, 당장에는 노동이며 봉사인 '고통'의 통과의례를 거쳐야 획득할 수 있다.

사람은 보통 1분에 120단어를 말하고 600단어를 듣는다고 한다. 산술적으로 그 이외의 시간에 딴 생각을 하게 되는 것이다. 이 짧은 순간에 상대방의 말뿐 아니라 감정이나 태도 등에 집중하는 자만이 경청의 마법을 직접 체험할 수 있다. 과정의 고통은 쓰지만 열매는 달다.

경청의 고수들인 성공하는 리더들은 어떻게 좌중을 휘어잡고 말하고 싶은 욕구를 이겨낼까? 주변사람을 편하게 해주는 인물로 소문난 양병무 재능교육 사장은 평범한 시골아저씨 같은 풍모에 말수도 적은 편이다. 별로 사교적으로 보이지 않는데도 그의 주변에는 사람이 모인다. 그 비결은 바로 남의 말을 잘 들어주는 것이었다. 모두 각기 한 마디라도 더 하고 싶어하는 이 세상에서 그는 단지 빙그레 웃으며 상대의 말을 열심히 들어준다. 그에게 경청의 비결을 물었더니, 듣기와 말하기의 경제적 효용을 따져보면 당연히 경청할 수밖에 없다고 농담 반 진담 반으로 말했다.

"하하~. 자신의 월급과 연봉을 계산해보십시오. 그리고 내가 한 시간에 얼마를 받는데 지금 굳이 에너지 소비하며 돈 한 푼 안 받고 말할 필요가 있나 생각해보는 것이지요. 그러면 한 마디 끼어들고 싶은 욕망이 사라진답니다. 하하. 말 안 하고 내 에너지 절약하고, 1석 2조 아닙니까?"

경청은 인간관계 경영의 기본이다. 삼성그룹의 고 이병철 명예회장이 이건희 회장에게, 그리고 이재용 부사장에게 대대로 물려준 휘호가 바로 '경청'이었다. 잘난 순서대로 말하는 것이 아니라 바로 잘난 순서대로 듣는다는 것이 여러 리더들을 만나면서 공통적으로 느낀 점이었다. 그래서 잘난 사람들은 상대가 말할 때 시계를 보는 것이 아니라 자신이 말하는 시간을 재며 스스로를 경계한다.

리더십 강의의 1인자 A씨가 그 분야에서 명강의로 인정받는 비결은 간단하다. 강의를 할 때 혼자 떠들지 않고 참석자들에게 질문을 던진 후 많이 들어주는 것이다. 그의 멘트를 소개해본다.

"혼자 떠들면 참여자들은 저 한 명의 지식만 흡수하게 됩니다. 하지만 수강자 모두가 자신의 의견을 개진해 서로 귀 기울여 듣는다고 생각해봅시다. 마흔 살이 된 사람들 10명이 듣는다고 할 때 400인분의 경험과 지식이 농축돼 엄청난 효과가 발생하는 것 아니겠습니까. 이런 취지를 강의 시작 전에 수강자들에게 미리 이야기하지요. 그래서 저는 강의 후에 제 목이 아프고 지치면 오히려 반성을 한답니다. 나 혼자 떠드느라 수강자들의 말을 들을 기회를 놓치지 않았나 하고 말입니다."

아무리 잘났어도 혼자 이야기하면 그 사람의 머리만큼만 가동하지만, 상대 전체의 가슴과 머리까지 받아들이며 경청하면 아이디어가 곱절 이상이 되는 것은 당연하다. 그런 점에서 경청은 이타적 행위가 아니라 이기적 행위다.

미국의 조지 H. W. 부시 전 대통령, 즉 아버지 부시 대통령의 부인 바바라 부시는 언론과의 인터뷰에서 경청의 힘에 대해 이렇게 털어놓았다.

"사람들은 기본적으로 듣기보다 말하기를 좋아한다. 그러니까 잘 모를 때는 입을 다물고 귀를 기울이면서 다른 사람들에게 말할 기회를 주면 된다. 사람들은 기뻐할 것이고, 나는 무엇인가를 배울 수 있다."

경청하기위해 반드시 알아야 할 것

관계의 만병통치약인 경청에 집중하기 위해 버려야 할 것과 준비해야 할 것, 그리고 가져야 할 자세를 소개한다.

우선, 경청에서 '공공의 적'은 휴대전화다. 이제는 필수품이 된 휴대전화를 부지불식중에 책상 위에 올려놓고 대화를 시작하는 경우가 많다. 대화 도중에 휴대전화를 받는 것은 결례지만, 아예 울리지도 않는 휴대전화를 자꾸 꺼내보는 것은 상대를 짜증나게 한다.

휴대전화를 눈에 보이는 데 꺼내놓고 이야기하는 행동에 대해 외국에서는 상대를 소중히 하지 않는다는 표시로 인정하고 큰 결례로 여긴다고 한다. 나는 최고경영자들과 미팅을 하며 인상적인 느낌을 받았는데, 그들은 대부분 미팅 자리에서 휴대전화 전원을 꺼놓고 현재 상대에만 집중했다. 물론 조직에서 넘버원인 만큼 자신을 호출할 이가 없어서라는 논리도 가능하다. 하지만 중요한 사실은 집중력을 보여줌으로써 상대를 소중하게 여긴다는 것을 확실히 표현한다는 점이다. 모 광고처럼 중요한 만남을 가질 때는 휴대전화를 꺼놓는 여유가 필요하다. 부득불 휴대전화를 켜놓아야 한다면 상대를 앞에 둔 채 장광설 통화를 하지 말라. 차라리 "나중에 다시 전화 하겠다."고 말한 후 빨리 끊는 것이 전화를 건 사람에게도 예의다.

경청을 위해 준비해야 할 물건은 수첩과 필기도구다. 상대방이 중요한 이야기를 할 때 메모를 하는 모습은 말을 흘려듣지 않고 중요하게 받아들인다는 것을 자연스럽게 전달할 수 있다.

매일경제신문 장용성 전무는 연령이나 사회적 직위를 따지지 않고 늘 상대의 말을 열심히 메모하는 습관이 있다. 최근 내가 생각한 아이디어에 대해 이야기하자, 그는 내가 말하는 내용을 열심히 수첩에 받아 적었다. 이야기를 하는 내내 사각거리는 펜 놀림이 그렇게 기분 좋게 들릴 수 없었다. 내 아이디어를 참 소중히 생각해서 흘려듣지 않는구나 생각하니 더 성의 있게, 그리고 더 조리 있게 말하려고 절로 애쓰게 되었다.

상사의 이야기를 들을 때는 물론이고 부하직원의 이야기를 들을 때도 메모하는 성의를 보여라. 상사는 신뢰를 표할 것이고, 부하직원은 인정받는다고 생각할 것이다. 그리고 더욱 신이 나서 당신에게 모든 것을 다 이야기해주려 할 것이다.

경청의 자세 역시 중요하다. 국내의 유명마술사를 만난 적이 있는데, 그는 이렇게 푸념했다.

"한국사람들 앞에서 마술을 하려면 외국사람들 앞에서보다 훨씬 힘들어요. 그냥 그대로 받아들이며 즐기는 것이 아니라 '이 마술쇼의 허점을 밝혀내고야 말리라' 하는 공격성이 느껴집니다. 무대 위에서 보면 다리를 꼰 채 허리를 젖히고 팔짱을 낀 관객들의 자세에서 그런 마음가짐이 그대로 전달됩니다."

그러고 보니 나 역시 대화를 나눌 때 상대방이 팔짱을 끼고 뒤로 허리를 젖힌 채 들으면 괜히 위축되고 방어적으로 변하는 것을 느낄 수 있었다. 고개를 끄덕거리며 열심히 메모하는 사람을 보면 용기백배하지만, 반대의 경우에는 자꾸 내가 무슨 말을 잘못하지 않았는지 뒷걸음치게 된다.

　상대를 춤추게 하고 싶은가. 그렇다면 자세를 상대에게 숙이고 눈을 맞춰라. 그리고 부드럽게 미소지으며 열심히 고개를 끄덕거려라. 오늘 당장 실행해보자. 전혀 비용이 들지 않는다. 철통같이 갑갑하기만 하던 사람도 의외로 가깝게 느껴지고 내 사람이 될 수 있다. 이 모든 것이 힘들다면 우선 마음속으로 애국가를 4절까지 부르며 끈기 있게 들어보자. 그 효력을 실감할 수 있을 것이다. 경청의 힘은 당신 생각보다 훨씬 크고 위대하다.

삼성家에 대대로 전해지는 휘호 '경청'

사람은 보통 1분에 120단어를 말하고 600단어를 듣는다고 한다. 산술적으로 그 이외의 시간에 딴 생각을 하게 되는 것이다. 이 짧은 순간에 상대방의 말뿐 아니라 감정이나 태도 등에 집중하는 자만이 경청의 마법을 직접 체험할 수 있다. 경청은 인간관계 경영의 기본이다. 삼성그룹의 고 이병철 명예회장이 이건희 회장에게, 그리고 이재용 부사장에게 대대로 물려준 휘호가 바로 '경청'이었다. 잘난 순서대로 말하는 것이 아니라 바로 잘난 순서대로 듣는다.

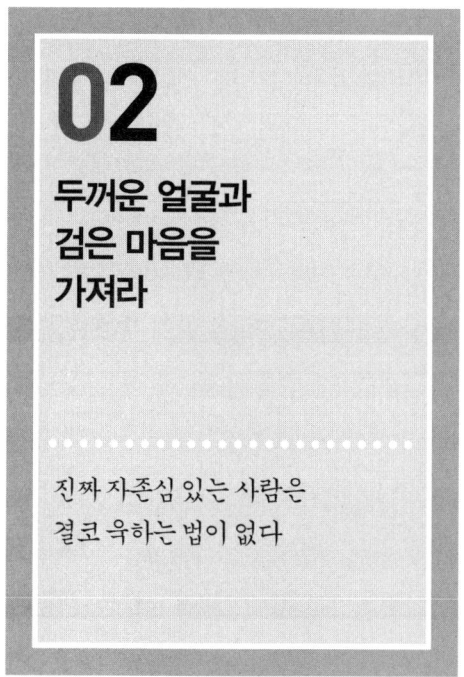

02
두꺼운 얼굴과 검은 마음을 가져라

진짜 자존심 있는 사람은
결코 욱하는 법이 없다

"우리들 마음에 빛이 있다면 여름엔 여름엔 파랄 거예요…… 우리들 마음에 빛이 있다면 겨울엔 겨울엔 하얄 거예요……."

자, 당신의 오늘 마음은 무슨 빛깔인가. 계절에 따라 심리에 따라 어떻게 바뀌는가. 중국의 사상가 리쭝우는 '면후심흑面厚心黑', 즉 리더의 마음은 검은색이고 두꺼운 얼굴도 필수라고 강조했다. 물론 '후'와 '흑'이 뻔뻔함과 음흉스러움을 의미하지는 않는다. '면후심흑'이란 상황에 따라 굴욕을 참아내고 이성적 결단을 내릴 수 있는 마음 관리를 뜻한다고 해석할 수 있다.

한국리서치 노익상 사장은 때론 굴욕을 참아낼 정도의 '짐승스러움'을 가져야 불리한 주위환경에서도 이겨나갈 수 있다고 말한다. '면후론'과도 통하는 '짐승론'의 내력은 다음의 에피소드에서 유래되었다.

"대학시절 방학동안 장기 합숙을 갔었습니다. 뭐, 인간이 되고 싶은 호랑이와 곰은 아니었지만 장기 합숙이다보니 먹을 것이 넉넉지 않아 건포도와 미숫가루로 끼니를 때웠지요. 그러던 어느 날 후배가 '더는 못 참겠어.' 하며 이탈하려 하지 않겠습니까? 그때 제가 후배를 붙잡으며 짐승이 되라고 한 말이 친구들 사이에 뜻하지 않게 유명해진 것 같아요. 정신적으로든 물리적으로든 힘든 상황에서는 자존심을 버리란 뜻에서 한 말이랍니다."

살다보면 두꺼운 낯과 검은 마음을 가질 필요를 느끼곤 한다. 주위 환경에 동요가 없는 검은 마음과 두꺼운 얼굴은 바로 나를 보호하고 지키기 위한 필수전략이다. 이 같은 얼굴과 마음을 가져야 남을 원망하지 않고 늘 고요하게 거울 같은 호수의 심경을 유지할 수 있다.

서푼짜리 자존심은 전당포에 맡겨라

남에게 인정을 받으려고 하는 마음, 베풀어준 데 대해 반대급부를 기대하고 생색을 내려는 마음을 버려야 진정한 리더가 될 수 있다. 자존심을 버리면 모욕을 이겨낼 수 있고, 사람들의 뒷담화를 두려워하지 않으면 자신의 원칙을 지킬 수 있다. 면후심흑에서 배우는 인간관계의 법칙은 두 가지다. 섣부른 자존심을 버리고, 사람들의 입에 오르는 걸 두려워하지 말고 진정한 내면의 소리를 따르라는 것이다.

첫째, 면후에서 가장 경계하는 것은 섣부른 자존심이다. 서푼짜리 자존심은 인간관계에서 백해무익하다. 당장 불끈 솟아오른 자존심을 참지 못하고 주위사람과 대립하면 공공의 적이 되기 십상이다. 도움을 청해야 할 때라면 서푼짜리 자존심은 아예 전당포에 맡기고 가라.

조서환 세라젬헬스앤뷰티 사장은 이렇게 말한다.

"진정한 자존심은 이루어내는 것이요, 성공하는 것이요, 이를 통해 나를 존중하게 만드는 것입니다. 알량한 지식, 쓸데없는 자존심 때문에 봐야 할 것을 제대로 못 보는 것이 아니라 핵심을 놓치지 않는 것이지요. 진정한 자존심은 책임감을 갖는 것이고, 사랑하는 가족을 지키기 위해 포장마차에서 어묵도 팔 수 있다는 각오입니다."

면후는 진정한 자존심을 보존하기 위해 두꺼운 얼굴을 갖는 것이다. 무조건 분에 못 이겨 때려치우는 것은 오히려 쉽다. 진짜 자존심 있는 사람은 결코 욱하는 법이 없다. 문제에 대한 해결책을 세우고, 그에 따른 전략 수립을 통해 극복한다.

얼굴 두껍기로 유명한 유비는 뛰어난 무술로 중원을 통일한 것이 아니다. 그는 해결할 수 없는 일에 봉착하면 사람들을 붙잡고 한바탕 대성통곡을 함으로써 패배를 성공으로 바꾸는 전패위공轉敗爲功을 즉시 이뤘다고 《삼국지》의 저자 나관중은 평한다. 그래서 "유비의 강산江山은 울음에서 나왔다."는 속담까지 있다.

여기에도 교훈은 있다. 우리 전래동화에서도 콩쥐가 계모의 갖은 심술을 풀 수 있었던 것은 바로 콩쥐 스스로가 적통을 이어받은 적자라고 박박 우기는 자존심에서 비롯되지 않았다. 애달프고 간절한 울음소리를 듣고 찾아온 온갖 동물의 도움 때문이었다. 인생도 마찬가지다. 어려움에 처했는데도 서푼짜리 자존심 때문에 손을 못 내미는 것보다는 유비처럼, 콩쥐처럼 펑펑 울어서라도 상대에게 도움을 청하는 게 효과적이다. 자존심은 순간이고, 성과는 길다.

유방을 도와 중원 통일에 이바지한 한신도 얼굴 두껍기로는 뒤지지 않는다. 그는 어린 시절에 너무도 가난해 늘 주변사람들로부터 냉대를 받으며 자랐다. 한번은 또 무뢰배들이 모여서 한신에게 모욕을 주었다. 어떤 백정이 한신에게 말했다.

"네놈이 비록 몸집은 크다지만 칼을 차고 다니기 좋아하는 걸 보니 간이 매우 작은 놈이로구나. 죽음이 두렵지 않다면 그 칼로 나를 찔러봐라. 그러나 만약 죽음이 두렵다면 내 가랑이 사이로 기어가라! 그러면 네가 먹고 싶은 찬밥 한 덩이를 주마."

한신은 그 백정을 한참 노려보다가 머리를 숙이고 치욕을 참으면서 그의 가랑이 사이로 기어갔다. 만일 한신에게 꿈이 없었다면 작은 자존심을 버리지 못하고 무뢰배들과 싸움을 벌였을지도 모른다. 작은 자존심을 부리다 보면 공격의 표적이 되기 쉽고, 결국은 꿈을 이루기 전에 좌초했을 것이다.

강한 사람이 살아남는 게 아니라 살아남은 사람이 강하다는 말이 있다. 이는 직장생활 등에도 그대로 적용할 수 있다. 나의 자존심을 건드리며 괴롭히는 사람이 있더라도 대립하지 말라. 꿈이 클수록 인내력을 발휘하라. 전략이 좋아도 전술에서 실패하는 이들의 공통점은 바로 작은 자존심을 내세우는데 있다.

K부회장은 후배에게 승진을 추월당했을 때 우선 본인은 둘째치고 남의 눈길이 더 신경 쓰이더라고 말했다.

"한동안 사표를 쓸까 하고 내심 포켓 한쪽에 갖고 다니기도 했어요. 그러다가 문득 '내가 앞으로 회장, 부회장을 할 사람이 아닌가. 이깟 작은 좌절에 넘어져서는 안 된다.'는 생각이 드니 갑자기 정신이 번쩍 났어요. 진정한 자존심은 당장 수모를 당했다고 박차고 나가는 것이 아니라 그 상황을 극복하는 책임감이지요. 진정한 자존심은 성공해서 결국은 나를 존중하게 만드는 것 아니겠습니까. 당장의 알량한 자존심은 아무 소용이 없지요. 누가 뭐라든지 허허 웃으며 주어진 일에 최선을 다하며 내 역량을 강화하다 보니 과연 만회할 기회가 오더군요."

뒷담화에 일희일비하지 말라

둘째, 사람들의 뒷담화를 두려워하지 말라. 진정한 휴머니스트는 갈지자로 양쪽을 오가며 우유부단한 결정을 내리는 사람이 아니다. 죽느냐 사느냐 마냥 헷갈리지 말고 내면의 소리에 따라 행동하는 것이다. 만인의 연인이 되고자 하는 사람은 오히려 한 명의 애인도 얻기 힘들다는 사실을 명심하라. 모두에게 칭송받으려는 마음을 포기할 때 오히려 당신의 대인관계는 행복해질 수 있다.

초나라의 장수 항우에 대해 산을 뽑을 만큼 기운만 센 무식한 장수라는 편견이 있다. 하지만 사실은 그렇지 않다. 초나라 귀족 출신인 그는 길을 가다 병색이 있는 사람을 보면 음식과 물을 나눠주고 눈물을 그치지 못할 정도로 정이 넘치는 인물이었다. 하지만 그는 결단을 내릴 때 도장의 모가 닳을 정도로 만지작거리며 망설였기에 오늘날 역사의 패장으로 기록되고 있다. 온정만을 중시해 자꾸 결정을 미루거나 왔다갔다 번복하면 사람들이 따르지 않는다.

반면에 제갈공명은 어떤가. 인자하고 현명하기 그지없었지만, 총애하던 부하 마속이 자신의 명령을 따르지 않자 군기를 세우기 위해 가차 없이 참수했다. 이 같은 처사에 대해 아무도 그를 피도 눈물도 없는 비정한 사령관이라고 평가하지 않는다.

왜일까? 잔정에 치우치지 않고 냉정하게 원칙을 준수했기 때문이다. 평소에는 따뜻하더라도 결정을 내려야 할 때는 과단성 있는 면모를 보일 필요가 있다.

M사장은 내게 이런 말을 들려주었다.

"온정을 앞세워 결정을 미루면 결국 양쪽 모두에게 마이너스더군요. 상대방이 듣기 껄끄러운 이야기더라도 되는 것과 안 되는 것을 분명히 하는 게 오히려 장기적 인간관계를 맺고 신뢰를 확보하는 데 도움이 됐습니다. 결단을 내릴 때는 상대의 유리함과 불리함을 따지는 것도 중요하지만, 그보다는 제가 얼마나 일관성과 원칙을 가지고 실행했는지가 더 중요한 평판요소로 작용하더군요. 온정에 기초한 인기는 거품이지만, 원칙에 기초한 평판은 오래가게 돼 있습니다."

진정으로 인간관계의 중심에 선 성공하는 리더들은 적당한 거리를 두고 관리한다. 그러기에 뒷담화에 일희일비하지 않는다. 흘릴 사람은 흘리고, 얻을 사람은 얻을 수밖에 없다. 사람들의 입에 오르내림을 두려워해 이도저도 못한다면 진정으로 사람들의 마음을 얻을 수 없다. 오마하의 현인이라 불리는 억만장자 투자가 워렌 버핏이 이렇게 말한 것도 같은 맥락이다.

"인생은 자기 내면의 잣대에 따라 살아가는 것이 중요합니다. 스스로가 최악의 인간이라는 걸 알면서도 남들에게 선한 인간으로 인식되는 걸 원합니까, 아니면 세상이 나쁘게 보더라도 자신이 선하다는 걸 자신하면서 살겠습니까? 가장 중요한 것은 자신 내면의 소리를 듣는 것입니다."

남의 눈이 아니라 내 눈으로 인생을 보고 사람을 만나는 것, 그것이 면후심흑 대인관계의 요체다.

면후심흑面厚心黑에서 배우는 인간관계의 법칙

- **섣부른 자존심은 백해무익하다** : 진짜 자존심 있는 사람은 결코 욱하는 법이 없다. 나의 자존심을 건드리며 괴롭히는 사람이 있더라도 대립하지 말라. 꿈이 클수록 인내력을 발휘하라. 전략이 좋아도 전술에서 실패하는 이들의 공통점은 바로 알량한 자존심을 내세운다는 점이다.
- **사람들의 뒷담화를 두려워하지 말라** : 모두에게 칭송받으려는 마음을 포기할 때 오히려 당신의 대인관계는 행복해질 수 있다.

03
친구를 가까이 하라, 적은 더 가까이 하라

라이벌과 안티는
성장을 위한 발전동력

남아프리카공화국 최초의 흑인대통령을 지낸 넬슨 만델라는 훌륭한 정치가이자 뛰어난 전략가였다. 그는 "친구를 가까이하라, 그리고 적은 더 가까이하라."는 명언을 남겼다. 그리고 말뿐 아니라 실제로 오랜 투옥 생활을 끝내고 대통령에 당선된 뒤에도 자신을 감옥에 가둔 사람들과 정치적 라이벌들마저 내각의 일원으로 맞아들였다. 인간적으로 좋아하지도 않고 신뢰하기도 힘든 동료들이지만 최대한 포용하고 받아들여 조종하는 수단으로 삼는 것이 효과적이란 이야기였다. 몸에 좋은 쓴 약은 당의정을 입혀 먹기 쉽게 만든다(편의상 이 글에서는 내 이야기에 사사건건 반대하는 라이벌과 안티를 같은 뜻으로 통용하도록 하자). 말하자면 안티는 고의정 苦衣錠이라 할 수 있다. 겉맛은 쓰지만 실상은 삶에 좋은 영향을 끼치니 말이다.

안티는 활용하기에 따라 내 인생의 장애물이 아니라 발판의 뜀틀이 될 수 있다. 그들이 있기에 삶이 긴장되고, 편안함에 안주하기보다 앞으로 튀어나가도록 자극을 받는다. 성공 리더들은 결코 안티를 눈에 보이지 않는 범위 밖으로 내치지 않고, 자기 울타리 안으로 포용한다. '적과의 동침'을 기꺼이 선택하는 것이다. 밖으로 내쳐 자신의 등을 찌르도록 하느니, 차라리 자신의 영향력 아래에 두는 편이 그들을 더 잘 제어하는 방법임을 알고 있기 때문이다.

적과의 동침을 기꺼이 선택하라

엘리자베스 1세 여왕은 그녀의 라이벌인 메리 스튜어트보다 한 수 위였다. 그 비결은 지략이나 미모에 있지 않았다. 비결은 바로 호시탐탐 자신을 노리는 메리 스튜어트를 속 시원하게 유럽 대륙 저 멀리 떨쳐 보내지 않고 가까이 자신의 곁인 영국 영토 내에 두며 견디는 '묘수'에 있었다.

안티는 멀리하고 싶겠지만, 멀리하면 더 큰 재앙을 불러일으킨다. 오히려 안티를 가시권에 둔 채로 긴장하고 성장을 위한 자극으로 삼는 것이 이익이다. 성공한 사람들은 이를 남보다 먼저 알고 삶에서 체득했다. 링컨 대통령이 그랬고, 세종대왕이 그랬다. 링컨은 정적을 내각의 일원으로 임명했고, 세종대왕은 안티 학자 최만리를 끝까지 두둔해주었다.

"노랫소리가 듣기 싫다고 새를 죽이는 것은 옳지 않다."

조선시대 최고의 성군으로 꼽히는 세종이 최만리를 두둔하며 한 말이다. 최만리가 한글 창제에 대해 "중국과 다른 글을 쓴다면 선진문물을 받아들이는 데 어려움이 있다."며 반대논리를 펴다가 낙향했지만,

세종은 3년간 부제학 자리를 비워둘 정도로 자신과 의견을 달리한 최만리에 대해 애정을 갖고 벌을 주지 않았다. 한글 사용을 비롯해 정책마다 아득바득 반대하며 14차례나 상소하는 안티 학자였는데도 불구하고 말이다. 이 같은 모습은 세종이 오히려 안티를 즐기지 않았나 하는 생각이 들게 할 정도다. 세종은 오히려 한글 사용을 반대하는 최만리의 논리에 대응하며 그때마다 한글의 허점을 보완하고 당위성을 정교하게 개발하지 않았을까 싶다.

제갈정웅 대림대학 총장은 나의 멘토로서 성공하는 직장인이 가져야 할 태도에 대해 많은 이야기를 들려주신다. 그의 이야기를 들으면 오늘날 크게 성공한 사람들도 직장생활이 결코 '저 푸른 초원 위, 그림같이 하얀 집' 같지는 않았음을 짐작할 수 있다.

"우리 부서에 사사건건 반대하고 제 흉을 동네방네 떠들며 나발 불고 다니는 직원이 있었습니다. 처치 곤란이고 참 힘들었지요. 하지만 이에는 이, 눈에는 눈 하며 맞불작전을 펴서는 제가 그 사람과 같은 부류밖에 안 되지요. 그때 몇몇 사람들은 다른 부서로 전출시키라는 이야기도 했지만 저는 그러지 않았어요. 이미 사내에서 'big mouth'로 찍힌 사람이라 받아줄 부서도 없지만, 어느 부서에 가더라도 또 그렇게 떠들고 다닌다면 마찬가지 문제가 될 것 아닙니까? 차라리 내 품에서 떠드는 편이 낫다 하며 그 직원의 장점을 인정하고 보듬어주었지요. 지성이면 감천이라고, 그 친구도 변하더군요."

제갈정웅 총장은 "안티를 내 편으로 만들 줄 아는 인내와 대인관계 기술이 필수"라고 조언했다. 그러면서 그는 중국 조나라의 인상여와 염파의 이야기를 들려주었다.

전국시대 조나라 혜문왕 시절, 인상여와 염파란 걸출한 신하가 양기둥으로 버티고 있었다. 인상여는 당시 최고의 보물인 화씨의 구슬을 손상 없이 완벽하게 적국에서 되찾아온 공으로 일약 높은 벼슬에 임명된 '말발'이 센 문신이었다. 이에 반해 염파는 여러 전장에서 공을 세운 무신이었다. 문제는 이른바 승진 경쟁에서 조나라 중신의 식객에 불과하던 인상여가 염파를 역전하고 직급에서 앞서게 되면서 시작되었다. 염파는 요샛말로 '뿔'이 나서 가는 곳마다 불평을 늘어놓으며 인상여를 자극했다.

"나는 싸움터를 누비며 성을 공격하여 빼앗고 들에서 적을 무찔러 공을 세웠다. 그런데 입밖에 놀린 것이 없는 인상여 따위가 나보다 윗자리에 앉다니, 내 어찌 그런 놈 밑에 있을 수 있겠는가. 언제든 그놈을 만나면 망신을 주고 말 테다."

인상여는 이 말을 전해들었지만, 화를 내며 대적하지 않았다. 병을 핑계 대고 조정에도 나가지 않았고, 저 멀리 염파가 보이면 옆길로 돌아가며 피했다. 당연히 인상여의 부하들은 당당하지 못한 상사를 부끄러워했고, 심지어는 그의 휘하를 떠나는 이까지 생겨났다. 문제가 심상치 않자 그제야 인상여는 말문을 열며 부하를 말렸다.

"자네는 내가 진정으로 비겁하다고 생각하는가? 나는 화씨의 구슬을 되찾아올 때 적국의 왕 앞에서도 전혀 떨지 않고 호통을 치며 당당하게 주장을 펼친 사람일세. 그런데 내가 염파 장군을 왜 두려워하겠는가? 자네, 강국인 진나라가 쳐들어오지 않는 이유가 무엇이라고 생각하는가? 바로 염파 장군과 내가 버티고 있기 때문일세. 우리 두 호랑이가 싸우면 결국 모두 죽게 되니 내가 그 싸움을 피하는 것 아니겠는가?"

이 말을 전해들은 염파는 자신의 잘못을 깨닫고 몸둘 바를 몰랐다.

염파보다 한 발 앞서 한 치 높이 생각한 인상여는 바로 안티와 아웅다 웅하기보다 품에 안고자 하는 거시적이고 대국적인 안목을 가졌던 것이다. 염파가 가시나무를 등에 지고 왼쪽 어깨를 드러낸 채 "인상여, 생각이 부족했소." 하고 화해를 청했으며, 둘은 마침내 목숨이 다하도록 우정을 맹세했다.

인생에서 성공한 사람들은 결코 적을 적인 채 남겨두지 않는다. 이는 회사에서도 마찬가지다. 마케팅에 능한 회사들은 안티 고객을 결코 자신의 상품에 등 돌리게 만들지 않는 법이다. 오히려 그들의 입소문을 통해 자사의 제품을 홍보하기 위해 온갖 방법을 동원해 자신의 편으로 만들고야 만다. 이런 안티 고객일수록 마음이 돌아서면 제품에 대한 충성심이 더 높기 때문이다.

안티에게 살충제를 뿌려 박멸하듯 눈앞에서 일시적으로 사라지게 하지 말라. 섣부른 박멸정책은 내성을 키우거나 엉뚱한 부메랑이 되어 더 큰 후환을 가져올 수 있다. 제갈정웅 총장은 차라리 안티를 감동시켜 내 가슴에 포용하는 것이 인간관계에서 중요하다는 사실을 일깨워줬다.

진정으로 사내 정치를 잘하는 사람은 몰려다니며 자기를 비난한 사람에 대한 원망이나 험담을 하느라 맞불을 놓지 않는다. 이에는 이, 눈에는 눈 하며 험담에는 험담, 해코지에는 해코지로 맞불작전을 펴는 것은 하수의 전략이다. 진짜 고수는 안티에게서도 원윈의 여지를 발견해 설득하고 가슴으로 품는다.

내 의견에 무조건 동의하기보다 앞으로 뛰어나가 전진하도록 자극하는 안티에게 오히려 고마움을 표하라. 안티란 뱉을 수도, 삼킬 수도 없는 불편한 그 무엇이지만 우리 삶의 매력적 발전동력임에 틀림없기 때문이다. 수영이나 마라톤에는 같은 코스를 헤엄치거나 달려주는 페이스메이커가 있다. 그들과 함께 뛰며 자극받고 분발해 기록을 경신할 수 있는 것이다. 안티를 거는 세력이나 동료가 있다면 그들을 페이스메이커로 생각해 보자. 한결 마음이 편안해지지 않는가. 당신의 진정한 힘은 바로 안티를 친구보다 더 가까이할 수 있는 선샤인 포용정책에서 비롯된다.

안티는 성공을 위한 페이스메이커

안티는 멀리하면 더 큰 재앙을 불러일으킨다. 안티는 활용하기에 따라 내 인생의 장애물이 아니라 발판의 뜀틀이 될 수 있다. 성공하는 리더들은 결코 적을 적인 채 남겨두지 않고 오히려 '적과의 동침'을 기꺼이 선택한다. 밖으로 내쳐 자신의 등을 찌르도록 하느니, 차라리 자신의 영향력 아래에 두는 편이 그들을 더 잘 제어하는 방법임을 알고 있기 때문이다. 안티를 감동시켜 내 가슴에 포용하라.

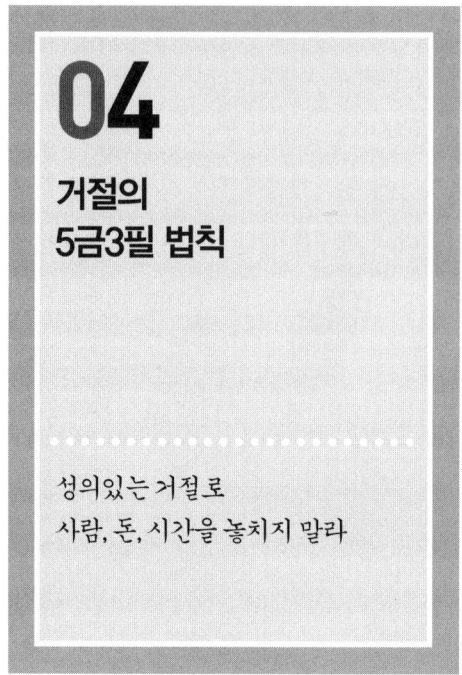

04 거절의 5금3필 법칙

성의있는 거절로
사람, 돈, 시간을 놓치지 말라

당하기도 두렵고, 하기도 불편한 그 무엇! 바로 거절이다. 당장의 거절이 어려워 사람 잃고 돈 잃고 시간 잃은 경험은 없는가. 당신은 어떻게 거절하고, 상대방의 거절에 어떻게 대처하는가. 거절을 의미하는 영어단어 'refuse'를 자세히 살펴보면 're(다시)+fuse(융합시키다)'로 구성되어 있다는 재밌는 사실을 알 수 있다. 즉 거절은 관계를 단절시키는 것이 아니라, 잘만 활용하면 오히려 관계를 다시 융합시킬 수 있는 방법이다.

거절할 때 피해야 할 다섯가지

거절을 할 때 반드시 피해야 할 원칙을 알아보자. 이것만 피하고 거절을 해도 당신은 're+fuse형' 인간으로 재탄생해 거침없이 'No'를 외칠 수 있는 자신감이 생길 것이다.

첫째, '부지하세월형'이다. 시간을 차일피일 끌며 실무자에게 넘겼느니 어쩌니 하며 이 부서 저 부서의 이 사람 저 사람에게 평풍처럼 책임을 넘기는 것이다. 그러고는 회의 중이니 해외출장 중이니 하며 대답을 미룬다. 'No'라고 말하기는 싫고 상대방 스스로 진이 빠져 포기하기를 기다리는 작전으로, 최악의 거절 매너다. 상대방 가슴에 피멍 들지 않게 하려다 오히려 더 아프게 대못을 박는 케이스다. 무작정 시간 벌기 작전을 펼치기보다는 성의 있게 이유를 분명히 밝히는 것이 좋다. 당장 답변이 어렵다면 며칠 말미를 둔 후 데드라인을 정해 답변하는 것도 방법이다.

그런가 하면 묵묵부답이나 함흥차사형도 같은 부류로서, 시간을 고무줄처럼 늘리며 진을 빼는 타입이다. "대답을 안 하면 알아서 'No'로 해석하겠지." 하고 여기는 경우가 의외로 많다. 하지만 이것 역시 무책임한 거절방법이다. 사람들은 자기가 보고 싶은 것만 보고, 듣고 싶은 것만 듣는다. 이 같은 애매한 대기기간동안 상대방은 다른 방안을 모색할 시간을 놓치고, 결국은 배신감까지 가중된다.

둘째, 중동무이, 즉 '다짜고짜식 무자르기형'이다. 이야기를 들어보지도 않고 그 자리에서 거절하는 무성의형도 원성을 듣는다. 부탁을 만족시키는 요소는 두 가지다. 우선 상대방의 아쉬움을 성의 있게 들어주는 것, 그 다음엔 해결해주는 것이다. 후자가 안 될 때 적어도 전자만 해줘도 상대방에게 성의를 표할 수 있다.

외국생활을 많이 한 사람들의 이야기를 들어보면 우리나라 사람이 의외로 'Yes'와 'No'가 분명하다고 한다. 문제는 내용이 아니라 태도다. 서양인은 'No' 다음에 'Thank you'가 연이어 나오지 않는가. 우선 상대의 부탁 내용을 충분히 들어주며 "그래서 힘들었겠구나." 하고 동감을 표하고 나서 내 사정을 이야기하며 거절의 단계로 들어가는 것이 좋다. 상대가 부탁을 할 때는 한참 뜸을 들이다 어렵게 부탁이란 본론에 이르게 되는 경우도 많다. 이때 갑자기 안색이나 목소리 톤이 돌변해 안면몰수하면 상대는 '오뉴월에 서리를 내리게 하는' 원망을 품는다.

사람관계를 상하게 하는 거절 멘트는 '내용' 못지않게 톤이나 매너 등이 문제가 되곤 한다. 겸손하고 정중하게 해도 얼마든지 자신의 뜻을 단호하게 전달할 수 있다. 거절에도 외유내강의 법칙은 통한다. 목소리나 얼굴빛을 부드럽게만 해도 반은 먹힌다.

셋째는 '황당무계형'이다. 상대가 들어줄 수 없을 것이 뻔한 황당한 제안을 해서 스스로 포기하게 하는 것이다. 가령 자녀가 휴대전화를 사달라고 떼를 쓴다. 이 아이의 성적은 반에서 30등 정도. 그런데 반에서 1등 하면 사주겠다고 하면 그 아이의 반응은 어떻겠는가. 본인은 거절을 안 해서 좋을지 모르지만 '뻔한 속셈'을 읽을 수 있는 상대방을 감정적으로 화나게 하기 쉽다.

넷째는 '겉다르고 속다르고형'이다. 안 들어줄 것이 확실하고 자신의 역량이 안 되는 줄도 알면서 "예, 해보겠습니다."라고 받아들이는 척하거나, 긍정적으로 검토하겠다느니 좋은 이야기라느니 하면서 상대의 기대를 북돋운다. 그러고는 똑 부러진 이야기 없이 아무런 후속 조치도 취하지 않는다. 이 같은 뻥튀기성 멘트로 상대를 판단의 미로에서 헤매게 한다. 스스로 공약을 남발하고 뒷감당을 못하면 '아니 한 만 못한' 결과를 초래한다.

다섯째는 '교주고슬膠柱鼓瑟형'이다. 교주고슬이란 아교로 비파나 거문고의 기러기발을 붙여놓으면 음조를 바꿀 수 없다는 뜻으로, 고지식하고 융통성이 없음을 일컫는다. 상대방의 부탁조건을 꼬치꼬치 물어 듣고는 자세한 이유와 근거를 고장 난 레코드처럼 되뇌며 조금의 융통성도 발휘하지 않는 타입이다.

부탁을 못 들어줄 때는 무조건 안 된다고만 하기보다 그 이유를 설명하면서 상대를 납득시키는 것이 좋다. 하지만 여기에는 성의가 깃들여야 하고, 그에 합당한 행동을 취했다는 '증명'이 있어야 한다. 지나친 원칙주의자로 사사건건 법조항이나 근거문을 쉼 없이 읊어대는 사람은 상대로 하여금 숨 막히게 하고 기분을 상하게 한다. 차라리 회사 내에서의 입지 등 어려운 사정을 호소하며 감성적으로 접근하는 편이 낫다. 예전에 기자를 하던 시절에 일 잘하는 민완기자의 한 수 위는 동료들의 어려운 점을 해결해주는 민원기자란 우스갯말이 있었다. 사방팔방 민원을 잘 해결하는 기자가 기사 잘 쓰는 기자보다 능력 있다고 농담 삼아 한 말이었다. 꼭 언론계가 아니더라도 어디서고 민원을 잘 해결해주는 이가 대우를 받는다. 하지만 그러기 위해서는 희생이 따른다.

《사교력》의 저자인 일본의 인맥관리 전문가 다고 아키라는 "지나친 중립은 사교의 적"이라고까지 말한다. 때로 나의 아군이라 생각되는 사람에게는 공평한 판관보다 후원자가 될 필요가 있다는 지적이다. 단골과 친구가 좋은 이유는 남은 안 되는데 나는 되게끔 도와주고, 특별 대우를 해주기 때문이 아닌가.

가령 관공서에 있으면 종종 주차위반 등 각종 딱지를 무마해 달라고 부탁해오는 지인들이 있다. 모두 잠깐 주차했는데 딱지를 떼어 억울하다는 내용이다. 이럴 때는 들어줄 수도 없고, 안 들어주자니 원망을 살 것 같아 난감할 수밖에. J국장에게 물어보니 역시 사회의 선배답게

묘안이 있었다.

"아무리 법조항을 들이대봤자 상대는 납득하지 않고, 내가 선처해주지 않은 것에 대해 불만을 품게 마련이지요. 이럴 때는 자기희생을 하는 방법밖에 없습니다. 대신 벌금을 내주고, 그분에게 영수증 등을 첨부해 정중하게 전달하는 것이지요. 그러면 다음부터 그 부탁을 절대 안 합니다. 상대의 부탁을 일단 들어줬으니 만족이고, 법대로 했으니 나 또한 거리낌이 없지요. 다만 내 돈을 내는 자기희생은 좀 필요하지요. 하지만 관계도 유지하고, 준법도 하려면 어쩔 수 없지 않습니까."

이처럼 거절은 고도의 성의와 테크닉, 심지어는 자기희생을 요한다. 지금까지 거절의 5금법칙을 살펴보았다.

거절의 3필 법칙

이제 거절의 3필 법칙을 알아보자. 거절의 좋은 방법은 무엇일까? 중요한 것은 성의다.

첫째, '성심성의형'이다. 이들은 교주고슬형이나 고무줄 비원칙형이 범하기 쉬운 핑계를 대지 않는다. 일단 상대의 제안에 관심을 표하고, 나름의 범위 안에서 성의를 다하는 '액션'을 보인다(말로만 아니고 실제로 알아보는 행동이 필요하다).

저소득층 어린이에게 악기를 지원하고 관내의 예술전공자들이 염가로 음악과 미술 레슨을 해주는 '예술가 멘토 제도'를 홍보하는 업무를 맡았을 때의 일이다. 어려운 처지의 청소년들에게 악기가 필요해 몇몇 인사에게 후원을 청했다. 뜻은 좋다 하더라도 나의 제안을 모두 들어줄 수는 없는 법, 하지만 성사 여부와 상관없이 몇몇 기업은 거절의 태도가 아주 쿨해서 인상에 남았다. '아니, 차였는데도 아프지 않은 이유는 무엇일까?' 생각해보니 공통점은 나름대로 성심성의를 보였다는 점이다. 실무자에게 내용을 전달하고 피드백을 하게 하거나, 자선제도의 내용을 빠른 시간 안에 언제까지 검토해주겠다고 결정의 데드라인을 분명히 밝혔다. 검토 후에 그들은 거절의 사유를 솔직하게, 하지만 유감스러워하는 마음이 뚝뚝 떨어지게 전달해왔다. 그리고 다음 기회를 기약했다. 가령 다음과 같다.

"사업의 취지에는 동감합니다. 그런데 저희 기업은 지역사회 지원에서 장애인 정책, 성폭력 피해 어린이 등을 지원하는 데 초점을 맞추므로 이번 지원은 힘들 것 같습니다. 좋은 사업을 하시는 데 도와드리지 못해 정말 죄송합니다."

"보내주신 자료는 저희 회사 사회공헌팀장에게 자세히 설명하고 잘 전달했습니다. 마침 저희 회사에서 청소년합창단을 운영하고 공연도 하고 있어서 함께할 수 있는 일이 없을까 해서요. 하지만 여의치 않았답니다. 다음 기회에 힘이 될 수 있었으면 좋겠습니다."

나는 제안이 받아들여지지 않았는데도 오히려 그 회사, 그 인사에 대해 좋은 인상을 받았다. 그런 점에서 거절은 인생이나 사업의 경륜과도 통한다. 곧이곧대로 처음부터 중동무이하거나 5초도 안 돼 '안 되는 이유'를 용수철처럼 타다닥 이야기했다면 어땠을까? 일단 관심을 보인 후 원칙을 설명하고 누구나에게 일관성을 견지하라.

둘째, 자기를 낮추고 상대의 장점을 추어주는 '겸손형'도 비교적 무난한 거절 스타일이다. 모 방송사 프로 PD들과 모여 이야기를 나눈 적이 있다. 이들은 "섭외와 거절 모두 힘들지만 거절이 더 피 말리는 일"이라고 어려움을 토로했다. 이때 한 PD가 소개한 거절방안에 모두 좋은 방법이라고 박수를 쳐줬다.

"시일이 쫓기다보니 동시다발적으로 프로에 참가할 인사를 섭외할 때가 있지요. 그러면 A와 B를 동시에 접촉했는데 운 좋게도, 아니 운 나쁘게도 둘 다 출연을 허락하는 경우가 있습니다. 일껏 부탁해놓고 다시 안 된다고 말씀을 드려야 하니 정말 곤혹스럽지요. 이때 제가 취한 방법은 아부였습니다. 이번 프로는 다소 입담이 필요한 개그맨형 인사가 필요한데 당신 같은 두뇌형 앵커맨 스타일은 다른 성격의 다음 프로를 기약하는 게 좋을 것 같다고 말이지요. 상대의 장점을 부각시키는 것으로 초점을 전환한 셈이지요."

연애를 하다가 이별을 고할 때, 고수들은 결코 상대를 탓하거나 자신의 감정을 그대로 이야기하며 "이제 네가 싫어졌어."라고 말하는 법이 없다. "나는 너의 이러저러한 점 때문에 싫어." 보다는 "너같이 좋은 사람을 사귀기에 난 너무 부족해." "나보다 더 좋은 사람을 만나야 하는데 난 적합하지 않아."라고 돌려서 말한다. 마찬가지다. 초점을 전환하라. 상대의 강점을 부각하고 나의 무능과 역부족을 강조하라. '하찮고 부족한 것이 너무 많은' 나 또는 우리 조직이 들어주기에는 역부족이라며 한껏 스스로를 낮춰라.

셋째는 '대안제시형'이다. 부탁을 받은 당사자야 여러 가지로 불가피해서 거절하지만, 남에게 징검다리를 놓아주는 것이다. 명강의로 인기가 높은 모 여성경영자 A대표의 이야기다. 어느 날 절친한 지인이 사내 강의를 부탁했다. 관계를 빌미로 가격은 시중 공정거래가보다 덜 줄 셈이었다. A대표는 점잖게 사양하며 이렇게 말했다.

"저는 좀 사정이 있어 어렵고 그 분야의 대가인 아무개를 소개해 드리겠습니다."

만일 그녀가 그 가격에는 절대 할 수 없노라고 톡 쏘아붙였다면 두 사람은 껄끄러운 사이가 됐을지도 모른다. 반대로 A대표가 울며 겨자 먹기로 자신의 공정거래가를 포기하고 헐값에 강의를 받아들였다 하더라도 마음이 내내 불편했을 것이다.

김효준 BMW코리아 사장은 해외에서 내가 보낸 메일을 확인한 후, 현재는 해외에 있어 만나기 힘드니 2주일 후에 미팅을 해도 괜찮은지 미리 물어왔다. 거절을 할 때는 장애물이 무엇인지 상대방에게 알려라. 시간이 문제일 경우 급박한 것인지, 아니면 편한 시간대로 연기해도 가능한지를 조정하는 것만으로도 성의는 충분히 전달된다.

상황에 따라, 대상에 따라 거절의 방법도 달라질 수밖에 없다. 성공하는 리더들은 거절을 하면서도 상대방의 시간과 자존심을 결코 상하게 하는 법이 없다. 상대방이 임의대로 해석하지 않도록 예스와 노는 분명히 하되 태도는 유연하고 부드럽게, 그리고 사유는 성의 있게 설명하고, 상대의 약점을 누르고 나의 부족한 점을 부각시켜 거절하는 것이 필요하다. 자, 거절할 마음의 준비를 갖추었는가. 이제 당신은 부탁을 받는 것이 두렵지 않을 것이다. 산뜻하고 성의 있는 거절로 사람, 돈, 시간을 놓치지 않는 're+fuse형' 리더가 되라.

거절의 나쁜 예 '거절의 5금 법칙'

- **부지하세월형** : 'No'라고 말하기는 싫고 상대방 스스로 진이 빠져 포기하기를 기다리는 작전으로, 최악의 거절 매너.
- **중동무이, 즉 다짜고짜식 무자르기형** : 이야기를 들어보지도 않고 그 자리에서 거절하는 무성의형.
- **황당무계형** : 상대가 들어줄 수 없을 것이 뻔한 황당한 제안을 해서 스스로 포기하게 하는 타입.
- **겉다르고 속다르고형** : 스스로 공약을 남발하고 뒷감당을 못하면 '아니한만 못한' 결과를 초래하는 타입.
- **교주고슬형** : 아교로 비파나 거문고의 기러기발을 붙여놓으면 음조를 바꿀 수 없다는 교주고슬膠柱鼓瑟. 상대방의 부탁조건을 꼬치꼬치 물어듣고는 자세한 이유와 근거를 고장 난 레코드처럼 되뇌며 조금의 융통성도 발휘하지 않는 타입.

거절의 좋은 예 '거절의 3필 법칙'

- **성심성의형** : 일단 상대의 제안에 관심을 표하고, 나름의 범위 안에서 성의를 다하는 '액션'을 보인다.
- **겸손형** : 자기를 낮추고 상대의 장점을 추어준다.
- **대안제시형** : 불가피한 사정으로 거절했지만, 대신 남에게 징검다리를 놓아준다.

05 백전백승하는 사과의 전술

정성 어린 사과는
분노를 호감으로,
불신을 신뢰로 바꾼다

'무릎을 꿇다.'라는 표현은 항복하거나 굴복한다는 뜻의 관용구로, 사과하며 용서를 빌 때도 쓰인다. 전쟁에서 진 장수가 승전한 장수에게 패배를 인정하며 무릎을 꿇기도 하고, 잘못을 한 자녀가 부모 앞에서 무릎을 꿇기도 한다. 때로는 죽기보다 싫은 게 무릎 꿇기다.

무릎을 꿇는 것까지는 아니더라도, 살아가면서 우리는 크고 작은 사과를 하거나 받아야 하는 상황과 마주친다. 또 상대방이 사과하지 않고 어물쩍 넘어가려는 데 기분이 상하기도 하고, 속이 뻔히 보이는 입에 발린 사과에 분노하기도 한다. 반면 그놈의 자존심 때문에 뻔한 잘못도 사과하지 않고 뻣뻣하게 굴다가 일진, 심지어 팔자를 망치는 수도 있다. 개인관계뿐 아니라 기업도 그렇다. 어설픈 사과는 반감을 불러일으키고, 정성스런 사과는 호감을 낳는다. 그래서 대인관계의 명수일수록, 또 평판 좋은 회사일수록 사과를 하는 데 능숙하다.

한 국수전문점에 갔을 때의 일이다. 음식이 나왔는데 내가 시킨 호박국수가 아니었다. 주문을 확인하자 종업원은 얼굴이 새빨개지더니 "아, 죄송합니다. 제가 실수를 했습니다. 이건 그냥 드시고요, 드시는 동안 주문하신 국수 올리도록 하겠습니다."라고 말했다. 그 말을 듣는 순간 나는 그만 화가 다 풀렸다. "아니, 지금 나온 국수도 괜찮습니다. 맛있어 보이네요." 하고 말할 수밖에.

그러고는 이 식당의 주인은 종업원 교육을 잘 시켰구나 하는 생각과 함께 다음에도 다시 와야겠다는 마음이 들었다. 만일 그 종업원이 이렇게 대응하지 않고 "손님이 잘못 시키지 않으셨어요?"라고 반론을 제기하거나, 제멋대로 자기가 판단을 해 "지금 나온 음식 그대로 드시면 안 되겠습니까?" 했다면 나는 오히려 기분이 상해 원래 주문한 국수를 가져오라고 강하게 요구했을지도 모른다.

또 다른 식당 이야기도 있다. 조용히 대화를 나눌 룸이 필요해 신신당부하며 10일 전에 예약을 했는데, 막상 약속날짜에 가보니 도떼기시장처럼 시끌벅적한 플로어밖에 자리가 없었다. 동행한 손님들 때문에 예의상 억지로 화를 억눌렀다. 그런데 그 식당의 사장은 미안해하기는커녕 핑계를 대느라 바빴다. 한창 붐비는 점심시간이라 다른 곳으로 옮기지도 못하고 시끄러운 곳에서 고래고래 소리를 높이며 대화를 해야 했던 나는 내내 기분이 나빴다. 물론 그후로는 그 식당에 발길을 뚝 끊었다. 사과 한마디 없는 식당에 발길을 끊은 것처럼, 내 주위의 '때 아닌' 냉랭함은 그 같은 사과의 생략이 원인일 수도 있다. 그것을 생각하면 등골이 서늘하지 않은가.

실수에 대해 만일 사장이 상냥하게 사과하며 양해를 구했다면 결과는 달라졌을 것이다. 사과를 모르면 인간관계에 성공하기 힘들다. 용기 어린 사과는 상대의 마음을 치유하고, 용서하는 입장 역시 찜찜한 마음이 사라져 편안해진다. 당신의 실수로 상대가 불평불만을 표할 때, 그의 심장에는 두 가지 불꽃이 타오르고 있다. 하나는 실수 그 자체에 대한 불만이고, 다른 하나는 앞으로도 또 일어날 것이란 불안이다. 그러므로 이런 불만과 불안을 함께 불식시켜야 사과의 진정성이 전달된다.

사과와 용서는 어떤 의미에서 총칼 없는 전쟁이다. 호감이라곤 눈곱만치도 없이 적대감으로 똘똘 뭉친 적으로 하여금 서슬 퍼런 칼을 스스로 놓게 함으로써 친구로 만들어야만 한다.

책임 있는 사과로 불안과 불만을 없애라

사과는 3단계의 프로세스를 거쳐 비로소 완성된다. 1단계는 스스로 반성하는 단계이고, 2단계는 사과를 실행에 옮기는 단계이고, 사후 재발 방지책을 마련하고 맹세하는 것은 마지막 3단계다. 1단계가 2단계로 진행되는 데 중요한 것은 타이밍과 실행력이다. 나중에 만나면 정식으로 사과해야지 생각하면 '때는 늦으리'가 되기 쉽다. 호미로 막을 것 가래로 막는다고, 상대는 입이 댓자는 나와 결전불사를 맘먹고 있을 수도 있다.

2단계에서 3단계로 가는 데 중요한 것은 진정성이다. 상대를 분노에 차게 하는 것은 행동(기업이라면 상품) 그 자체라기보다 그것을 수습하는 자세다. 늑장을 피우거나, 사후대처를 마련하지 않고 새것으로 교환해줬으니 이제 책임은 끝났다고 하는 것은 상대의 마음을 읽지 못하는 것이다. 제때 적절하게 하지 않는 사과는 유통기한이 지나 부패

한 우유와 같다.

　사과로 열혈팬을 얻은 기업과 미숙한 사과로 문을 닫은 기업의 사례를 살펴보자. 일본 최대의 식품회사였던 유키지루시는 미숙한 사과로 아예 회사문을 닫는 지경에 이르렀다. 2000년에 대규모의 집단식중독 사고를 내고도 어물쩍 넘어갔고, 그 다음 수입쇠고기를 국산으로 속여 판매하는 고객기만 사건이 연달아 발생한 것이다. 이미 '징후'가 보였던 첫 번째 사고에 대해 책임 있는 사과를 하고 대책을 세웠더라면 두 번째 사고는 발생하지 않았을 것이다. 게다가 허술한 품질관리와 늑장 대응에 대해 "우린 잠만 자고 있는 줄 아느냐."고 푸념을 하고, 아직 원인이 밝혀지지 않은 상태에서 미리 사과를 할 필요는 없다며 적절한 사과의 타이밍을 놓침으로써 불행을 자초했다. 결국 소비자들이 불매운동을 벌여 도산하고 만 것이다.

　반면에 즉각적으로 진정성을 가지고 책임 있게 하는 제대로 된 사과는 열혈팬을 만든다. 국내 최고의 매출을 자랑하는 외식업체 불고기브라더스 정인태 사장, 그의 별명은 문제해결사다. 늘 고객의 불만 전화가 오면 자신을 직접 바꾸도록 해 수습의 전면에 나선다.

　그가 아웃백 스테이크하우스 사장으로 있던 때의 에피소드다. 한번은 돌잔치 사진을 패밀리 레스토랑 측에서 찍어준다고 해 맡겼는데 사진이 제대로 안 나왔다고 손님이 고래고래 불평을 늘어놓았다. 직원들은 손님의 기세에 허둥지둥 어쩔 줄 모르고 사장에게 SOS를 청했다. 정인태 사장은 육두문자까지 섞인 그 손님의 전화를 끝까지 공손하게 받았다. 그러고는 상대의 말에 "저라도 사장님의 입장이었다면 정말 화가 났겠습니다. 첫 생일을 맞은 아드님의 중요한 순간을 놓치다니요." 하고 적극적으로 수용한 후, 다시 한 번 돌잔치를 열어주겠다는 제안을 했다고 한다. 그 순간, 잠시 머쓱해 하던 고객은 "뭐, 그럴 필요까지야" 하고 한 발짝 뒤로 물러섰다. 고객의 꽁꽁 얼어붙은 마음이 그의 사과와 사후대책 제안에 봄눈처럼 녹아내렸던 것이다.

이후에 그 손님은 불만제로를 넘어 그 패밀리 레스토랑의 열혈손님이자 홍보대사가 되어 입에 침이 마르도록 칭찬을 하고 다닌다고 한다. 만일 그가 불평손님에 대해 조목조목 잘못한 점과 변상할 수 없는 점을 법규를 들어 반박했다고 가정해보자. 심지어 기념사진 한 장 제대로 안 나온 점을 빌미로 식대를 안 내는 악덕손님으로 몰아붙였다면 어떻게 됐을까? 아마 언론이나 인터넷 등 방방곡곡에 떠들어 수습 곤란의 사태에 접어들 수도 있었을 것이다.

사과를 할 때는 고객에게든, 상사에게든, 부하직원에게든 미안하다는 말과 함께 사후대책을 어떻게 세우겠다는 이야기가 구체적으로 나와야 한다. 사과의 사전단계가 반성이라면, 사후단계는 책임 있는 대책 수립이라 할 수 있다.

'미안하다'는 말을 상대에게 직접 하는 것은 혼자 마음속으로 반성하기보다 어려운 일이고, 그보다 더 어려운 것은 재발 방지에 대한 약속이다. 사과를 하고서도 같은 실수를 반복하는 습관성 사과중 '환자'는 무성의형 인간으로 치부된다. 그러지 않기 위해서는 구체적 대책이 반드시 뒤따라야 한다.

온몸으로 사과하라

미국의 해리 트루먼 대통령은 "모든 책임은 내가 진다The buck stops here."라는 글귀를 책상 위에 놓아두었다고 한다. '문제는 나 자신의 것'이라는 사고가 그를 책임 있는 지도자로 존경받게 만들었다.

잘못을 사과하면서 갑자기 "사실 따지고 보면……" 하며 상대에게 공동책임을 추궁하거나 제3자를 탓하며 물고 늘어지는 물귀신작전을 펴는 순간, '짜자자잔' 운명교향곡이 울리며 당신의 신뢰는 수심 수백 미터의 바다로 침몰하기 시작할 것이다.

당신이 저지른 실수든 부하직원이나 상사가 저지른 잘못이든, 또는 관할 조직의 문제든 아니든 간에 스스로의 책임으로 돌리고 사과하라. 사과할 때 제일 조심해야 할 말과 마음가짐은 "자, 이제 사과했으니 됐지." 하는 것이다. 값싼 친절과 임시방편형 겉치레 사과는 어떻게든 드러나게 마련이다. 정 당신이 책임질 일이 아니라고 생각하면 차라리 나서지 말라. 단 이 점을 염두에 두라. 자기가 하지 않은 일에 대해 책임을 지고 하는 사과가 많아질수록 리더에 가까워지고 있다는 증거다.

세계 최대의 장난감회사 마텔은 온몸 사과의 좋은 본보기다. 중국에서 만든 자사 장난감에서 기준치 이상의 납 성분이 검출되자 온통 비상이 걸렸다. 이 회사의 CEO 로버트 에케트는 잘못된 제품에 대해 즉시 리콜을 실시하고, 안전진단시스템을 강화해 재발방지장치를 만들었다. 이상이 불안감을 막는 장치였다면, 불만을 막기 위한 '사과의 태도' 역시 감동에 가까울 만큼 훌륭했다.

역지사지易地思之, 부모의 입장에서 문제를 주시했다. 에케트는 사과문에서 "4명의 아이를 둔 아빠로서 부모들이 무엇을 원하는지 잘 알고 있다."며 "그건 바로 안전한 장난감"이라고 말했다. 그는 "한 사람의 부모로서 추가적인 문제가 발견된다면 어떤 작은 문제라도 그냥 넘어가지 않을 것"이라고 약속했다. 뿐만 아니라 납 과다 함유로 도매금으로 넘어가 이미지가 낙후된 중국의 하청회사들에게도 사과를 표하는 전방위 행동을 펼쳤다. 당연히 마텔은 전혀 매출에 타격을 입지 않았고, 오히려 지금은 안전한 장난감 브랜드로 여전히 사랑과 신뢰를 받고 있다. 이처럼 온몸 사과는 화를 복으로 바꾼다.

사과는 전적으로 상대방의 입장에서 봐야 하고, 토가 달리면 안 된다. 사과에 토가 달리는 순간, 사과는 그 빛을 잃는다. 만일 에케트가 "우리 마텔은 OEM(주문자상표부착생산)을 했을 뿐이므로 중국 생산회사의 책임이지 우리는 아니다."라고 변명했다면 어떻게 됐을까? 아마도 소비자들은 어쨌든 마텔의 장난감은 관리 부재고 책임질 사람이 없으니 사지 말아야겠다고 생각했을 것이다.

용서를 빌 때는 과거를 거슬러 올라가지 않는 기억상실증 환자가 되라. 그리고 자폐증 환자가 되어 '모두 내 잘못이야.' 하는 말만 반복하라. 화해하겠다고 생맥주 한잔 하러 갔다가, 상황을 재구성해 해명하려다 더 큰 싸움을 하는 부부처럼 되지 말라.

때로는 덤터기 쓰기가 억울해서, 또 아무래도 이것만은 짚고 넘어가야 할 것 같아서 "총론에선 내 잘못을 인정하지만, 각론에선 아무개도 잘못이 있어."라거나 "내 소관이 아니야."라고 말하는 순간, 당신의 신뢰고리는 후드득 끊어져 나간다.

이 같은 물귀신 사과는 이해당사자뿐 아니라 주위사람들과의 관계까지 해친다. 제3자에게 핑계를 돌리면 당장 위기는 모면할지 몰라도 상대는 당신을 비겁한 사람, 신뢰하지 못할 사람으로 하향평가할 것이다(조직이라면 관리 부재로 불신을 받을 것이다). 그리고 소문을 들은 당사자는 앙심을 품을 것이 뻔하다. 결국 당신은 제1라운드가 끝나자마자 전 상대보다 더 힘이 센 파트너를 상대로 제2라운드 사과게임을 펼쳐야 하는 불상사가 빚어질 수도 있다.

귀인의 도움을 받으라

살아가면서 누구나 사과를 해야 하는 난처한 경우에 처한다. 나 역시 그렇다. 지금도 완료형이 아니라 현재진행형이다. 앞서 말한 것처럼 즉시, 그리고 온몸으로 모두 자기 잘못이라 인정하려 해도 상대는 아예 그런 표현을 할 기회조차 주지 않을 수도 있다. 하늘을 봐야 별을 딸 것이 아닌가 말이다.

모 언론사 기자가 우리 회사에 오해를 품고 화가 머리끝까지 났다. 홍보책임자인 내가 어떻게든 풀어야 했으므로 그 기자를 만나기 위해 해당 언론사로 찾아갔다. 취재 후 늦게 돌아온다고 해 한참을 기다렸는데 아예 전화기도 꺼놓은 채 만남조차 거부하는 것이었다. 야속했지만 어쩔 수 없었다. 그도 오죽 화가 났으면 그랬겠는가. 사실 사과의 성패는 상대와 만날 기회를 마련하는 단계에서 반은 결정된다고 생각한다.

밤하늘을 보며 어깨를 늘어뜨리고 집으로 돌아오는 발걸음은 무겁기만 했다. 하지만 진짜 패배는 사과하는 기회조차 얻지 못하고 중도 포기한 채 찜찜한 관계를 유지하는 것이란 생각에 결전의 각오를 다시 다졌다. 수소문해보니 해당언론사에 그를 한 다리 건너 아는 사람이 있었다. 나는 지인을 통해 다리를 놓아줄 것을 부탁했고, 마침내 그를 끌어내는 사과의 자리를 마련해 어렵사리 오해를 풀 수 있었다.

이때 사과의 중개인이 될 '귀인'은 상대편의 입장에서 골라야 한다. '간택조건'은 이번 분쟁에 이해관계가 얽히지 않은 제3자로, 상대가 신뢰하되 누구의 편도 들지 않는 객관적 입장에 있는 사람이어야 한다. 그리고 그 사실을 상대가 받아들일 수 있어야 한다.

앞에서도 말했듯이 사과는 분노를 호감으로, 불신을 신뢰로 바꾸는 피 튀기는 전쟁이다. 이왕 사과를 하려면 이길 수 있는 사과를 하라. 이길 수 있는 사과를 하기 위해서는 온몸 사과와 책임 사과가 필수다. 이기는 사과는 오히려 불만고객을 열혈팬으로 만들고, 화를 복으로 전환시킨다.

사과의 3단계 프로세스

사과는 3단계의 프로세스를 거쳐 완성된다. 1단계는 스스로 반성하는 단계이고, 2단계는 사과를 실행에 옮기는 단계이고, 사후 재발 방지책을 마련하고 맹세하는 것은 마지막 3단계다.

- **책임 있는 사과로 불안을 없애라** : 사과를 할 때는 미안하다는 말과 함께 확실하고 책임있는 사후대책 이야기가 구체적으로 나와야 한다.
- **온몸으로 사과하라** : 값싼 친절과 임시방편형 겉치레 사과는 어떻게든 드러나게 마련이다. 사과는 전적으로 상대방의 입장에서 봐야 한다. 온몸 사과는 화를 복으로 바꾼다.
- **귀인의 도움을 받으라** : 사과할 대상이 기회조차 주지 않는다면 사과의 중개인이 될 '귀인'을 통해 오해를 풀 수 있다. 이때 귀인은 상대편의 입장에서 골라야 한다. 이해관계가 얽히지 않은 제3자로, 상대가 신뢰하되 누구의 편도 들지 않는 객관적 입장에 있는 사람이어야 한다.

06
야단 뒤에는 반드시 뒤끝을 남겨라

야단만 잘 쳐도
인간관계의
80퍼센트는 성공한다

중국 초나라 때 일이다. 초나라 장왕이 주재한 연회에서 촛불이 꺼졌고, 한 신하가 애첩의 몸을 더듬은 것이다. 애첩은 재빨리 자신을 추행한 신하의 갓끈을 잡아당기는 순발력을 발휘하고 왕에게 다급하게 이야기했다.

"이 갓끈의 범인을 잡아주소서."

그 말을 듣고 장왕은 대로하기는커녕 불이 켜지기 전에 모든 신하에게 갓끈을 풀고 연회를 즐기도록 했다고 한다. 결국 그 신하는 대망신을 피하고 그 자리에서 빠져나올 수 있었다. 훗날 전투가 벌어져 장왕이 궁지에 몰려 있는데, 한 장군이 바람같이 나타나 그를 구했다. 알고 보니 그 장군이 바로 연회에서 애첩을 희롱한 신하였다고 한다. 만일 장왕이 그 연회에서 신하를 색출해 모욕을 줬다면 어떻게 됐을까?

당신 회사의 '야단' 풍경 내지 풍속은 어떤가? 재떨이가 날아가고,

육두문자가 쏟아지지는 않는가? 만년 샐러리맨의 고진감래를 다룬 기업소설이나 드라마에는 이런 장면이 자주 등장했다. 상사가 책상 위에서 결재판을 밀어버리는 바람에 산지사방 바닥에 흩어져버린 종이들, 그것을 줍는 만년 샐러리맨 K과장은 눈물을 훔치며 중얼거린다.

"아이고, 이러면서도 다녀야 해?"

이런 장면을 보며 "아, 옛날이여" 하는 사람도 있을 테고, 후유 하고 안도의 한숨을 내쉬는 사람도 있을 것이다. "아, 요즘에 그런 거 참고 견디는 직원이 어디 있습니까? 오히려 상사가 부하 눈치 보는 판인데" 하고 반박하는 사람도 있을지 모른다.

자, 알고 보면 야단이야말로 리더십의 진수다. 당신은 어떻게 야단치는가, 또는 야단맞는가? 야단을 잘 치면 평범한 직원을 비범한 인재로, 겉으로는 복종하는 체하면서 내심으로는 배반하는 면종복배面從腹背 부하도 서로 속마음을 털어놓고 친하게 지내는 간담상조肝膽相照 심복으로 만들 수 있다. 잘되는 회사의 경영자를 살펴보면 하나같이 직원들의 감동과 공감을 사기 위해 효과적으로 야단치는 노하우를 개발해 놓고 있다.

뒤끝을 남겨라

다혈질 상사들은 대부분 평소 형님처럼 잘해 주다가 화가 나 야단칠 때면 『지킬박사와 하이드』에 나오는 악당 하이드로 변신해 그동안 쌓아놓은 리더십 인심을 몽땅 잃어버린다. 직원들에게 존경받는 CEO로 재계에서 신망이 높았던 손욱 서울대학교 융합과학기술대학원 교수(前 농심 회장)는 "야단엔 반드시 뒤끝이 남아야 한다."며 뒤끝 야단을 주장한다.

"뒤끝 없다고 말하는 상사치고 부하직원들이 좋아하는 경우가 없습니다. 맞은 자가 발 뻗고 잔다는 것은 때린 자의 자기기만입니다. 리더의 기본자질은 감정 절제입니다. 자신의 감정을 있는 대로 다 표출하고 나면 오히려 해롭지요. 나중에 술 한 잔 독작하며 삭힐망정 감정 처리는 혼자 해야 합니다. 강압적으로 명령하고 구둣발로 정강이뼈를 걷어차는 것은 정말 구시대의 이야기지요. 제 마음이 석탄 백탄이 될망정 감정의 100퍼센트 배설은 금물입니다."

시말서보다 사유서를 받아라

야단의 이유를 설명해라. 야단도 설득이다. 당신의 좋은 의도를 설명하기보다 상대방에게 돌아갈 불이익을 설명해줘야 한다. 자신에게 돌아올 이익과 불이익이 명확하면 어떻게 해서라도 이해하고 수용하려 들 것이다.

"네가 잘못해서 내가 화난다."가 아니라 "이번 프로젝트에 열심히 참여하지 않은 사람들에겐 연봉 삭감 등의 불이익이 있을 거야."라고 말해주는 편이 훨씬 효과적이다. 월급이나 승진 등의 불이익이 단기적 관점의 협박적 설득이라면, 경력관리 면에서의 불리함은 장기적 관점의 설득이다. 중요한 것은 내가 불리해져서 너를 야단치는 게 아니라 너를 위해서 야단을 친다는 것이 전달돼야 설득할 수 있다는 점이다.

손욱 교수는 부하직원을 야단칠 때는 무엇을 잘못했는지 적시해줘야 한다고 강조한다.

"직원의 실수는 엄격하게 지적하되, 본인에게 구체적으로 무엇이 걱정되는지를 충분히 일러주는 게 필요합니다. 내가 상부에 가서 혼나고

와 화가 난 게 아니라 네가 이 잘못을 모르고 넘어가 나중에 일처리 능력을 못 배울까봐 걱정된다는 것을 차근차근 일러줘야 합니다."

너무나 당연한 원리인데도 많은 상사들이 화가 치밀어 흥분한 나머지 '비본질적인' 감정을 토로하느라 '본질적인' 핵심을 놓친다. 그러고는 부하가 자신의 말을 알아듣지 못했다고 탓하는데, 사실은 자기가 말을 제대로 하지 않은 경우도 많다. 손욱 교수는 "부하직원이 잘못했을 때 시말서보다는 사유서를 쓰게 한다는 게 나름의 야단 노하우"라고 귀띔했다.

스탠퍼드 대학 로버트 서튼 교수의 《또라이 제로 조직》을 보면 이런 이야기가 나온다.

하버드 의대 부속병원에 실제로 있었던 일이다. 외부 연구자가 간호사들의 약품 취급 실태를 조사해 보니, 리더가 신사적인 간호실이 리더가 악독한 간호실보다 10배나 실수가 많았다. 여러 가지 조사결과를 조합해보니 통계 밑에 숨은 현실은 정반대였다. 분위기 좋은 간호실 직원은 "이런 일이 또 생길까봐" 솔직하게 실수를 보고했다. 분위기 나쁜 간호실 직원은 "목이 달아날까봐" 실수를 덮었다.

당신의 조직은 어떠한가. 버럭 호통을 치며 몰아치기만 하면 사고는 감춰질망정 줄어들지 않는다. 차라리 실수의 이유를 스스로 깨치고 고치도록 설득하라. 망한 조직의 경영자들은 한결같이 조직원들과 좋은 인간관계를 맺는 방법을 몰랐다. 실적이 떨어질 때마다 악착같이 추궁을 했고 삿대질을 했고 책임소재를 끝까지 가려냈다. 그럴수록 직원들은 문제가 생기면 개선책을 찾는 대신 남에게 책임을 떠넘기기에만 급

급해진다. "너 죽고 싶어?" "너 잘리고 싶어?" 하고 묻는다. 당연히 직원들은 그러고 싶지 않다. 그래서 조직은 조금씩 붕괴되기 시작한다.

평등하게 대하라

작은 실수마다 시시콜콜 쫓아가며 가르치려 하기보다는 눈감아주는 것도 때로는 필요하다. 무서워 바들바들 떠는 부하직원에게 "그런 실수는 초보 때 누구나 할 수 있는 것"이라며 용기를 북돋워주라. 그리고 기준을 정해 누구에게나 똑같이 상벌을 내려라.

사우스웨스트 항공의 콜린 바렛 사장, 그녀는 평범한 법률비서에서 중역의 자리에 올라 창업자 허브 켈러허 회장의 오른팔 역할을 해온 인물이다. 그녀는 23년간 자신의 사수였던 켈러허 회장에게 고마운 점에 대해 이렇게 털어놓았다.

"그분은 어리석은 일을 하거나 어이없는 실수를 저지른 경우에도 질책하지 않았습니다. 항상 저를 지지해주었고 완전히 평등한 인격체로 대해 주셨습니다."

나 역시 비슷한 경험이 있다. 이전 직장에서의 일이었다. 지금 생각해도 등에 식은땀이 흐르는 당황스러운 실수를 저질렀는데, 당시에는 쥐구멍에라도 숨고 싶은 심정이었다. 하지만 실수를 빨리 이실직고하고 문제를 수습해야만 했다. 상사였던 M상사는 오히려 혼비백산한 나를 위로라도 하는 듯 "아, 살다보면 더 큰 실수도 할 텐데 뭐 그 정도로 이렇게 호들갑을 떠는가." 하고 느긋하게 넘어가는 것 아닌가. 그의 그릇이 남달라 보이고 감사한 마음뿐이었다.

스스로 자신의 실수를 너무나 분명히 자각하고 있는 부하직원의 상처에 소금을 비비지 말라. 차라리 머큐로크롬을 발라줄 때 그의 충성심과 성실함은 배가될 것이다.

칭찬을 할 때는 천둥 번개치듯 온 사방에 크게 떠들어라. 하지만 야단을 칠 때는 안개가 젖어들듯 개인적으로 불러 살짝 귀띔해줘라. 스스로 잘못을 깨닫고 있더라도 공개적으로 망신을 당하면 반발심을 가지기 쉽다.

그리고 회사 내 실수 방지를 위해서 여러 사람에게 부득이 공개를 해야 한다면, 이름을 알리지 말고 실수만 지적하라(반대로 칭찬은 반드시 이름을 소개하며 지적하라). 그러면 시정의 효과도 한층 높다. 이름을 밝혀 잘못을 지적하면 그 사람만 반성하지만, 밝히지 않으면 구성원 모두가 뜨끔해 한다.

결자해지를 잊지 말라

맺히게 한 사람이 풀어주어라. 가끔 다혈질에 호통 잘치는 상사인데도 직원들에게 인기가 있는 경우가 있다. 자세히 살펴보면 이들만의 결자해지 노하우가 있다. 야단을 쳤으면 반드시 가까운 시일에 감정을 풀어주는 것이 필요하다. H사장은 야단을 치면 며칠 내에 전화를 걸어 데이트를 청한다. 그리고 소주 한잔 걸치고 "동지, 내가 당신 덕에 살아." 하며 아부를 떤다. 직원들은 그게 장난인 줄 알면서도 바로 그 맛에, 사실은 자기를 미워해서가 아니란 걸 알기에 풀어지며 다시 헤헤거리게 되는 것이다. 그것이 우리의 인생 아니겠는가. 야단을 쳤으면 반드시 해원解寃의 시간을 마련하라.

야단을 시시비비를 가리는 수단으로 생각하지 말라. 차라리 갓끈을 끊어 신하의 실수를 덮은 초 장왕을 생각하라. 실수는 파내기보다 차라리 덮어주는 편이 당신을 위해, 조직을 위해 유용하다. 야단만 잘 쳐도 부하와의 인간관계에서 80퍼센트는 성공한다.

양순한 토끼로 꽉 찬 조직이 좋다는 이야기가 아니다. 조직에는 토론도, 승부도 필요하다. '문제' 대신 '인간'에 삿대질을 하는 것이 나쁠 뿐이다. 인텔 창업자 앤디 그로브는 고집 센 경영자였지만, 부하가 자기 아이디어에 도전하는 것은 반겼다. 부하를 굴복시키는 것이 아니라 올바른 결정을 내리는 데 중점을 뒀기 때문이다.

성공 리더의 야단치는 노하우

- **뒤끝을 남겨라** : 리더의 기본자질은 감정 절제. 감정의 100퍼센트 배설은 금물이다.
- **시말서보다 사유서를 받아라** : 실수의 이유를 스스로 깨치고 고치도록 설득하라.
- **평등하게 대하라** : 작은 실수는 가르치려 하기보다는 눈감아 주어라. 그리고 기준을 정해 누구에게나 똑같이 상벌을 내려라.
- **결자해지를 잊지 말라** : 야단을 쳤으면 반드시 가까운 시일에 감정을 풀어주라.

07

앞으로 밑지고 뒤로 남는 진짜 똑똑이가 되라

작은 포기가
큰 성공을 낳는다

성공하는 리더들 곁은 사람들로 북적인다. 그들의 주변에 사람들이 모이는 이유는 그들이 성공한 리더이기 때문만은 아니다. 그들은 "되로 주고 말로 받는다."라는 평범한 진리를 이미 알고 실천해왔던 것이다. 주변에 사람들이 항상 모이고 사람과 사람 사이를 잘 이어주는 역할을 하는 리더들의 공통점은 무엇이든 하나라도 남에게 더 주고 싶어 하고, 기꺼이 손해를 감수한다는 점이다.

한 벤처기업의 K사장은 이런 원칙을 행동으로 옮기는 사람 중 하나다. 그는 직원들과 회식을 할 때 법인카드가 아닌 개인카드로 그 비용을 부담한다.

"개인카드는 파란색, 법인카드는 황금색으로 눈에 잘 띄는 다른 색깔 카드로 구별해서 다닙니다. 회식경비를 개인카드로 부담했을 때 조직원들의 로열티가 한결 높아지는 걸 피부로 느낄 수 있답니다. 일부러 현금을 쓰는 걸 보이기도 하고요. 저는 제 급여의 10퍼센트를 직원들을 위해 쓰는 것으로 정해 놓았습니다. '외부고객 접대하는 비용의 일정비율은 내부고객인 직원을 접대하는 데 쓴다.' 이것이 제 직원 회식 운용의 예산법칙입니다."

이런 회식비용은 앞으로 밑지더라도 뒤로 남는 인적자산이 된다는 뜻이다. 밑진다는 것은 금전적인 것만이 아니라 모든 분야에 적용된다.

기꺼이 손해를 감수하라

가천의과대학 이성낙 명예총장은 일흔이 넘은 나이지만 여전히 러브콜이 끊이지 않는다. 이성낙 총장을 한번이라도 만나본 사람들은 한결같이 마음이 편하고 즐거웠다는 이야기를 들려준다. 우연한 기회에 이성낙 총장에게 그 비결을 물었다.

"총장님을 만나본 사람들은 모두 총장님에게 호감을 갖게 되는데, 그 비결이 뭐라고 생각하십니까?"

그의 대답은 의외로 간단했다.

"굳이 말한다면 삶을 좀 밑지고 산다는 마음가짐을 갖는 데서 오는 것이 아닐까요."

"좋은 말씀인 건 알겠지만, 감이 잘 안 옵니다."

고개를 갸우뚱하며 의아한 표정을 짓는 나를 위해 그는 다음 이야기를 들려주었다.

"모난 돌이 정 맞는다는 말은 재능이 아니라 태도를 뜻하는 것입니다. 저는 독일에서 공부하고 학위를 받은 후 교수로 재직하고 있었습니다. 한국에 있는 한 대학의 제의로 우리나라에 돌아왔을 때 그 대학 출신인 제 고등학교 동기동창들을 비롯해 같은 동기생들이 모두 조교수였지요. 그런데 저는 부교수로 임명받았습니다. 독일 대학에서의 교수자격habilitation을 인정받았던 것입니다. 그 후 2년이 흘렀을 때 학교 측에서 제게 교수로 승급할 것을 제안했습니다. 저는 동기동창들이 아직 조교수로 있는데 그들보다 빠른 승진은 과분하다며 정중히 사양했습니다. 그 해 동기생 동료들이 모두 부교수로 승진하고, 2년 뒤 저도 교수로 승진되었죠. 세상에 비밀은 없다고 제가 사양한 일이 동료 교수들 사이에 알려졌습니다. 그 일 때문인지 그들과는 지금까지 좋은 관계로 지내면서 끈끈한 인연을 맺고 있지요. 의도한 것은 아니었지만 이런 '작은' 손해감수가 있었기에 오늘의 토대를 마련할 수 있었던 것 같습니다. 저는 늘 조금은 '밑진 듯이' 살아야 한다고 마음속으로 다짐합니다."

그가 총장이 될 때도 사람들이 신뢰하고 판단하는 밑거름으로 삼았던 건 그의 밑지고 사는 태도였을 것이다. 단기적으로 볼 땐 손해라고 생각할 수 있는 일이 장기적으로는 신망이란 보답으로 더 크게 돌아온다는 것을 보여주는 사례라 할 수 있다.

진정한 장사꾼은 자기가 투자한 것에 대해 100퍼센트, 아니 그 이상을 보상받으려고 욕심 부리지 않는다. 한 공연예술인이 자갈치시장의 중매인이었던 아버지의 가르침을 들려준 적이 있는데, 의미심장했다.

"사람 사는 데 자기가 들인 비용과 노력의 70~80퍼센트만 보상받고 살면 된다는 게 아버지께 배운 진정한 장사꾼의 철학입니다. 상대에게 120~130퍼센트씩 보상을 받으려고 하니 세상이 불안해진다는 것이 아버님의 가르침이었죠."

자기 것만 챙기고 이익을 독차지하려는 사람은 인연을 만들기는커녕 얕은 수에 걸려 오히려 더 큰 손해를 보기 십상이다.

예치과그룹 박인출 회장은 단순히 병원장이 아니라 예치과라는 브랜드로 전국에 60여 개의 네트워크 병원을 만든 성공한 경영인이다. 그는 개성 강하기로 둘째가라면 서러운 직업인 의사들을 묶어 전국적인 네트워크 체인망 구축에 성공했다. 그 비결과 사람에 대한 철학을 들어보았다.

"서로의 신뢰를 유지해주는 기본은 내가 좀 더 손해를 보는 것입니다. 그것이 어떤 일을 다른 사람과 함께할 때 가장 필요한 마음이지요. 동업을 하는 사람들은 함께 에베레스트 산에 올라 정상에 섰을 때 제일 먼저 깃발 꽂는 일을 상대방에게 양보할 수 있어야 합니다."

삶의 진정한 벗을 얻고자 하면 앞으로 밑지고 뒤로 남는 진짜 똑똑이가 되어야 한다. 한 치의 손해도 보지 않고 돈이면 돈, 지위면 지위, 모든 걸 독차지하려는 사람은 당장 앞으로는 남더라도 장기적 측면에서는 뒤로 손해를 보는 헛똑똑이다.

작은 포기가 큰 성공을 낳는다

진정한 장사꾼은 자기가 투자한 것에 대해 100퍼센트, 아니 그 이상을 보상받으려고 욕심 부리지 않는다. 자기 것만 챙기고 이익을 독차지하려는 사람은 인연을 만들기는커녕 얕은 수에 걸려 오히려 더 큰 손해를 보기 십상이다. 성공한 리더들 역시 무엇이든 하나라도 남에게 더 주고 싶어 하고, 기꺼이 손해를 감수한다.

08
맞장을 뜨기보다 맞장구를 쳐라

내 주장은 천천히 내세우는
슬로커뮤니케이션 전략

몇 년 전 인기작가 김수현의 주말 드라마 〈엄마가 뿔났다〉가 세간의 화제였다. 그 드라마에서 내가 흥미롭게 눈여겨본 캐릭터는 김진규(김용건 분)였다. 속물근성의 부인 고은아(장미희 분)와 며느리 사이에 벌어지는 고부 갈등을 조정하는 능력이 돋보였기 때문이다.

부인 고은아는 평범한 집안에서 시집온 '서민' 출신 며느리에게 사사건건 시비를 걸고, 이런 트집을 잡는 어머니가 불만스러운 아들은 자기 아내 편을 들며 대립한다. 엄마가 잘못하는 점을 지적하고 아내를 두둔하지만, 결과는 오히려 마이너스다. 집안은 새 며느리를 맞아들인 후 바람 잘 날이 없다. 이때 아버지 김진규는 시시비비를 따져 부인을 가르치거나 며느리를 훈계하려 들지 않는다. 오히려 부인 고은아의 편을 들면서 잘했다고 추어주고 역성들면서 아들을 되레 야단친다.

그런데 사람의 심리란 게 이상하다. 이렇게 잘했다고 자신의 편을 들어주며 더 하라고 부추기면 스스로 꼬리를 내리며 자신의 결정을 철회하게 마련이다. 사실은 외로웠기 때문이고, 자신에게도 이만큼 아군이 있다는 것을 과시함으로써 소기의 성과를 달성했다고나 할까?

성공하는 리더들은 결코 말 서두에 상대방이 'No'라고 할 여지를 주지 않는다. 상대방이 하는 말, 상대방의 처지를 이해하는 말을 해서 일단 마음을 무장해제시킨다.

"처녀가 아이를 낳아도 할 말이 있다."는 속담이 있다. 다 각자 자신의 입장을 변호할 만한 논리 하나쯤은 갖고 있다는 뜻이다. 그런데 이때 논리를 내세워 이러니저러니 시비를 따지려고 들면 상대는 방패를 곧추 세운 채 방어논리를 만들게 된다.

방송인 박경림은 마당발 인맥으로도 유명하다. 그녀가 한 TV 토크쇼에 출연해 중학교 시절에 경험한 유명가수 신성우 섭외 도전담을 들려준 적이 있다. 그때 그녀의 이야기를 들으며 과연 청소년기부터 인맥여왕의 '씨앗'이 보였구나 하는 생각이 들었다.

당시 가수 신성우는 '테리우스'란 별명으로 유명한 초특급 인기가수였기에 중학교 축제가수로 초대될 수준이 아니었다. 하지만 박경림은 그가 어디 사는지 알아내 보무도 당당하게 집으로 찾아갔다. 당연히 오빠부대가 들끓고 접근조차 힘든 상태였다. 이때 그녀는 막무가내로 신성우부터 섭외하겠다며 달려들지 않았단다.

그녀는 우선 가족들을 만나 유명가수인 아들을 둔 덕분에 겪는 피곤한 처지에 대해 이야기를 나누며 맞장구를 쳐주었단다. 가수 신성우는 '팬들의 방문 공세' 때문에 불편하더라도 행복한 비명을 지를 수 있지만 스타의 가족들은 얼마나 고단하고 힘들었겠는가. 방 안에서 듣던 신성우는 자신의 어머니가 꼬맹이 청소년 팬과 이야기를 나누리라고는 생각도 못하고 동네아줌마가 마실 온 줄 알았을 정도였다니, 맞장구를 치며 얼마나 정답게 이야기했을지 풍경이 그려지지 않는가. 그녀가 청소년 팬들의 등쌀에 대한 어머니의 이야기에 한참 고개를 끄덕거리며 대화를 하다 일어서려 하자 오히려 신성우의 어머니가 "성우, 집에 있으니 이번에 온 김에 말이나 해보고 가렴." 하며 먼저 다리를 놓아주더란 이야기였다.

그녀의 인맥은 바로 어려서부터 타고난 상대방에 대한 이런 공감 능력에서 나오지 않았나 하는 생각이 들었다. 만일 그녀가 또래의 다른 소녀처럼 무작정 자신의 목적부터 내세우며 상대의 승낙을 요구했다면 결코 섭외에서 좋은 결과를 거두지 못했을 것이다.

기자시절, 인터뷰한 모 그룹의 회장이 내게 이런 이야기를 들려주었다.

"제가 각 언론과 수십 차례 인터뷰를 해보았지만 김 기자의 인터뷰가 제일 기분 좋았습니다. 이야기가 술술 잘 풀리는 기분이 드는군요. 그 이유가 뭘까 생각해보니, 바로 김 기자가 고개를 끄덕이고 열심히 맞장구를 쳐준 덕분이었습니다."

맞장구 치며 마음을 무장해제시켜라

나의 효과적인 공감 전략은 인터뷰를 할 때 "아, 그러셨군요." 하고 상대의 말에 동의를 표해주는 동시에 그가 쓴 단어를 다시금 반복해주는 것이었다. 때로는 상대가 사용한 단어를 다시금 반복해주는 것만으로도 충분했다. 가령 상대가 "아, 그 상황에서 저는 화가 머리끝까지 치솟았습니다."라고 하면 "아, 화가 머리끝까지 치솟았군요." 하고 그가 한 말을 한 번 반복해주는 것이다. 그것만으로도 상대는 자신이 충분히 이해받고 있다고 느낀다.

여기에 상대의 행동을 적절히 따라 해주면 좋다. 깍지를 끼고 있으면 깍지 낀 대로, 무릎을 모으고 있으면 모은 대로. 사람들은 이런 몸짓언어를 통해서 무의식적으로 자신과 같은 코드의 사람을 선택하는 본능이 있는지도 모른다.

상대방에게 공감을 표하고 맞장구를 칠 때는 절대 말을 가로막지 말라. 묻지도 않은 말에 자신의 입장을 장황하게 늘어놓으며 지식을 자랑하기보다는 상대의 말에 대해 관심을 표하는 질문을 하는 것이 한결 효과적이다. 상대가 자장면을 시킬 때 자장면을 시키는 것이 짬뽕을 시키는 것보다 호감을 배가시킨다. 나는 다르다고? 같은 음식을 시키면 일단 기호가 같다는 뜻이고, 음식 나오는 순서도 같아서 식사도 비슷한 시간에 끝나게 되므로 진행이 순조로워진다. 음식을 예로 들었지만 공감도 이와 똑같다.

누군가를 만나 이야기할 때는 절대 맞짱을 뜨지 말라. 당신이 잘났고 당신이 지금 이루려는 목표가 아무리 중요하고 원대하다 해도 그것을 주장 내지 강요하느라 상대방을 압도하지 말라. 결과는 상처뿐이기 십상이다.

아무리 내 맘이 급하더라도 현재 상대가 처한 위치와 고민을 파악하고 거기에 대한 공감을 표현하는 것부터 실마리를 풀어가라. 내가 상대의 동지란 점을 보여주고 나서야 이야기는 풀리지 않겠는가. 아군인지 적군인지도 모르는데 나의 최신병기나 최고전략을 이야기한들 그 사람의 귀에 들리겠는가. 상대방이 'No'로 대답할 태세를 갖춘 대화는 백전백패다. 자신이 이용당할지 모른다는 경계심과 공포심만 북돋기 때문이다. 맞짱을 뜨는 것은 적을 만들고, 맞장구를 치는 것은 동지를 만든다. 자기를 보고 왕왕 짖는 개보다 꼬리를 흔들며 반기는 개를 좋아하는 것은 인간의 본성이다. 음식도 슬로푸드가 건강에 좋은 것처럼, 상대의 주장을 수용하고 들어주면서 내 주장은 천천히 내세우는 슬로 커뮤니케이션이 원활한 인간관계를 만든다. 급할수록 돌아가라.

'내 주장은 천천히' 맞짱 보다는 맞장구

상대방이 'No'로 대답할 태세를 갖춘 대화는 백전백패다. 성공하는 리더들은 결코 말 서두에 상대방이 'No'라고 할 여지를 주지 않는다. 상대방이 하는 말, 상대방의 처지를 이해하는 말을 해서 일단 마음을 무장해제시킨다. 누군가를 만나 이야기할 때는 절대 맞짱을 뜨지 말라. 상대방에게 공감을 표하고 맞장구를 쳐라.

09
감사의 마음을 챙기는 골프의 티 법칙

감사는 힘이 세다
감사를 행동으로 옮겨라

수입차 마케터로서 정상에 오른 J씨를 만난 적이 있다. 그의 성공비결 가운데 기억에 남는 것은 이른바 '골프의 티 법칙'이었다.

"신참일수록 새 고객을 개척하느라 다리품을 팝니다. 미끼를 문 고기에는 미끼를 다시 주지 않듯, 기존고객은 이미 차를 팔았으니 관리 대상에서 폐기하는 거죠. 하지만 저는 신규고객보다 기존고객을 관리하는 데 더 많은 정성을 쏟습니다. 사실 새 시장은 기존고객으로부터 창출되기 때문에 맨땅에 매일 헤딩해봐야 헛고생이기 쉽죠. 인맥은 기존고객을 중심으로 동심원으로 넓혀야지, 매번 중심을 달리하며 이심원을 그리는 것은 별 효과가 없어요. 그래서 저는 신입사원이 들어오면 고객은 넓히기보다 쌓아나가는 것이 더 중요하다는 점을 가르치곤 합니다."

J씨는 이를 골프의 티 법칙에 비유해 설명했다.

"티샷에서 드라이버를 칠 때는 공을 띄우기 위해 그라운드에 티를 꽂지 않습니까. 공을 치고 나면 티는 뽑혀 나가고 그 홀 동안 티를 꽂을 일이 없으니 당장은 필요 없습니다. 그렇다고 해서 티를 챙겨놓지 않으면 어떻게 되겠습니까? 다음 홀에서 바로 불편함을 느끼지 않겠습니까? 인간관계도 마찬가지입니다. 필요하든 안 하든 티를 늘 챙겨 가지고 다니듯이 인간관계에서도 감사한 마음은 늘 챙기고 놓지 말아야 합니다."

인간관계에서 골프의 티를 챙기는 마음은 바로 감사다. 주변을 감동시키는 성공하는 리더들을 살펴보면 감사의 유통·유효기간이 길며, 동네 통반장이 스피커에 대고 떠들듯 감사를 여기저기 퍼뜨리고 다닌다. 다음은 애프터서비스, 즉 감사를 받으면 즉석 인사에 그치지 않고 상대의 선물 또는 도움에 대해 피드백을 해주는 보은 애프터서비스를 반드시 해준다. 그리고 작은 것에도 늘 고마워한다.

상대의 도움에 대한 피드백을 주라

상대의 도움을 받을 경우 당장은 감사를 표하지만 상대의 행위나 물건이 내게 어떻게 쓰이고 있는지에 대한 사후 피드백은 안 하는 경우가 많다.

얼마 전 나는 미국에 사는 지인의 딸을 한 회사에 인턴으로 소개해 달라는 부탁을 받았다. 미국 명문대학에 재학 중인 재원으로 고국에서 일하는 경험을 쌓고 싶다는 것이었다. 나는 흔쾌히 응하고 그녀의 전공을 살려 미술잡지사에 소개해주었다. 그런데 그후로 감감무소식이었다. 나도 바쁘다보니 연락하는 걸 깜박하다가, 문득 궁금해 나중에 물어보니 소개해준 회사를 잘 다니고 있다는 이야기였다. 한 마디 인사도 듣지 못한 것에 섭섭한 마음이 들었다.

상대의 도움에 대한 진행상황을 알려주는 피드백은 보람을 느끼게 한다. '아, 내가 한 일이 이렇게 파동을 일으키고 좋은 결과를 만들고 있구나' 하고 확인할 수 있기 때문이다. 선물로 보내준 복숭아를 먹으니 맛이 어떻다든지, 유학 간다고 준 종잣돈으로 토플 책을 사서 열심히 공부하고 있다든지 그 쓰임의 용도와 결과에 대해 생생하게 전달하라.

감사의 유통·유효기간을 늘려라

인연에서 확장보다 더 중요한 것은 축적이다. 그래서 나는 인맥의 고도뿐 아니라 밀도와 강도를 생각하라고 강조한다. 은혜나 신세를 지면서 그때만 자신의 필요에 따라 혹하지 말고, 오래도록 잊지 말고 되새겨라. 감사의 유통기간을 무한대로 늘리는 것은 아무나 할 수 없는 일이다.

J교수는 오피니언 리더들에게 영향력 있는 인물로 둘째가라면 서러운 분이다. 그는 모임에 약방의 감초처럼 단골손님으로 등장하는 사람도 아니고, 늘 마이크를 잡고 분위기를 이끌어가는 타입도 아니다. 그렇다고 주위사람들에게 마구 밥을 사는 기분파도 아니다.

어느 날 J교수의 측근으로 통하는 이에게 슬쩍 질문을 던져보았다.

"J교수님은 화려한 언변도 없으시고, 그렇다고 모임에 열심히 참석하는 편도 아닌데 어떻게 늘 그렇게 모든 사람이 가까이하고 싶어 하죠? 정말 인복을 타고난 분이세요."

그러자 그 측근은 껄껄 웃었다.

"하하. 아직 눈치가 없군. J교수의 의리에 대해 이쪽 동네에선 모르는 사람이 없다네. 자신이 진 신세는 결코 잊는 법이 없지. 상대의 상황이나 처지에 상관없이 위아래로 챙겨주는데, 그런 그를 어떻게 추종하지 않을 수 있겠나?"

그는 J교수에 대해 침을 튀기며 칭찬을 넘어 예찬을 늘어놓았다. 더 중요한 것은 상대가 잘나갈 때뿐 아니라 어려울 때도 늘 한결같기 때문이란 설명이었다.

감사의 마음을 소문내라

부부사이에도 눈으로만 말하면 모르고 '사랑해'라고 입으로 끊임없이 이야기해야 한다고 한다. 하물며 남남끼리는 더 말할 나위도 없다. 상대방 앞에서 이야기하는 것은 당연하지만 한편으로 서로 낯간지러운 일이기도 하다. 웅덩이가 차면 넘치는 법, 감사의 마음을 주위에 이야기하고 넘치게 하라. 소문만큼 발 빠른 것은 없으며, 이는 어떻게든 도움을 준 사람의 귀에 들어간다. 이 같은 감사 동네방네 법칙의 좋은 점은 도움을 준 사람, 그리고 감사해하는 자신, 모두의 평판을 높여준다는 것이다.

요즘 직장에서는 새로 경력사원을 뽑을 때 평판을 조회한다. 인맥을 동심원으로 꺼 나가고 늘 주위에 감사하는 마음을 가진 사람들은 대부분 평판이 좋다. 미국의 한 경영학자는 평판에 대해 "내가 화장실에 가느라 자리를 비울 때 남들이 나에 대해 하는 말"이라고 정의했다. 속 보이는 아부가 앞에 놓고 하는 말이라면, 평판은 뒤에서 하는 말이다. 골프의 티 법칙을 명심하고 인간관계에서 실천한다면 평판은 따놓은 당상이다.

꺼진 불의 법칙을 기억하라

〈있을 때 잘해〉라는 트로트 유행가가 있다. 하지만 인간관계에서는 없을 때 잘하는 것이 더 중요하다. 여기서 '없을 때'란 상대방이 내 눈앞에 없을 때라는 뜻이지만, 상대의 형편이 어려울 때를 의미하기도 한다. 꺼진 줄 알았던 불이 다시 활활 타오르는 경우는 얼마든지 있다.

C부사장은 이에 대해 단적으로 명쾌한 비유를 들려줬다.

"어려울 때 순댓국 한 번이, 잘나갈 때 고급식당에서 열 번 대접하는 것보다 유용하다."

C부사장은 현재의 직장으로 오기 전인 기자시절에 한 유명정치인을 인터뷰했는데 그만 선거에서 낙마했단다. 하지만 세상에서의 부침과 상관없이 등산도 같이하고 술도 사줘가며 그 정치인의 아픔을 위로하고 함께 많은 시간을 보냈다. 그런데 그 정치인은 정치에서 경영으로 뜻을 돌린 후 새로운 사업을 시작해 재기했고, C에게 스카우트를 제의해왔다. 어려운 시절을 함께하는 동안 그의 의지와 면면을 지켜봐온 C는 스카우트에 응했고, 지금은 부사장 자리에 오르게 것이다. 예전의 상사, 선배 등 과거의 인연을 소홀히 하는 사람치고 잘 되는 사람 없고, 소중히 하는 사람치고 안 풀리는 사람 없다는 것이 바로 이런 꺼진 불의 법칙에서 비롯된다. 상대의 부침에 따라 냉온사우나를 오가듯 태도를 돌변하는 사람은 대부분 결정적 순간에 고꾸라진다.

감사하는 마음을 보고하고 소문내고 유통기간을 반영구적으로 늘려라. 성공하는 리더들은 이 같은 골프의 티 법칙을 잘 알고 있다. 그래서 함부로 티를 버리지도, 잃어버리지도 않는다. 골프의 티 법칙에 심취한 나머지 이메일이나 휴대전화 번호조차 안 바꾼다는 사람도 많다.

왜? 혹시라도 오랜만에 연락을 했는데 안 되면 어떻게 하느냐는 생각에서다. 소심하다고? 천만의 말씀이다. 이 같은 사소한 배려가 바로 공감지능이고 사회적 지능의 첫걸음이다.

감사의 마음을 챙기는 골프의 티 법칙

인간관계에서 골프의 티를 챙기는 마음은 바로 '감사'다.
- 상대의 도움에 대한 피드백을 주라.
- 감사의 유통과 유효기간을 늘려라.
- 감사의 마음을 소문내라.
- 상대가 없을 때, 어려울 때 더 잘하라.

10
화에 대처하는 방어운전의 법칙

'목소리 큰 사람이 이긴다'는 말은
믿지 마라

한국학중앙연구원 박현모 교수가 조선시대 역대 왕들이 재임기간 동안 화를 낸 횟수를 조사한 결과를 본 적이 있다. 흥미롭게도, 아니 당연하게도 어진 정치를 편 임금일수록 화를 낸 횟수가 적었다. 《조선왕조실록》에 따르면, 세종이 화를 낸 기록은 재임기간 379개월 동안 크고 작은 화를 모두 합쳐 21회밖에 남아 있지 않다고 한다. 즉 18개월에 한 번 꼴로 화를 낸 셈이다. 화와 성공의 관계는 과거 왕조시대의 임금에게만 통용되는 이야기가 아니다. 얼마 전 발표된 보고서는 화 분출과 성공의 반비례관계는 현대에도 통용되는 금과옥조임을 보여준다.

전문직 여성이 분노를 표출하는 것은 '무능력하다'는 평가와 함께 자신의 직위를 낮추는 결과를 초래한다는 조사결과가 나왔다. 미국 예일 대학 빅토리아 브레스콜 박사는 직장에서 화를 내는 것이 남녀의 직위와 연봉에 어떠한 영향을 미치는지를 3가지 실험을 통해 분석했다. 이 실험은 무작위로 선정된 남녀 응답자들에게 입사 면접 비디오를 보여주면서 각각의 지원자들에게 어떤 직책과 연봉이 적당한지를 평가해달라는 식으로 이뤄졌다. 어떤 결과가 나왔을까? 감정적인 여성은 3만 2,902달러의 연봉이 책정된 반면 비감정적인 여성은 5만 5,384달러가 책정되는 등 연봉 평가에서 큰 차이를 보였다고 한다.

얼마 전 신입사원 공채로 입사해 여성임원의 자리에 오른 H선배를 만났다. 늘 최초를 몰고 다니며 승진하는 그녀이기에 그 비결을 물었다.

"정말 궁금하니? 왜 우리말에 목소리 큰 사람이 이긴다는 말 있잖니? 하지만 나는 잘못된 말이라고 생각해. 실제로 회사생활에서 보면 목소리 작은 사람이 이기더라. 사람들에게 좀 만만해보이는 게 당장은 불편하고 휘둘리는 것 같아도 결국은 더 높이 올라간다는게 내 결론이야. 가령 한 마디 하면 열 마디하며 달려들 것 같은 사람에겐 아무도 참견을 못하고 시비도 못 걸지. 당장 본인은 편할지 모르지만 그 시행착오는 모두 자기가 뒤집어써야 해. 하지만 다른 사람에게 휘둘리고 다소 만만해보이는 이들은 일을 추진하는 과정에서 남의 의견을 모두 수렴하게 된단다. 일을 하는 동안에는 추진력이 없고 남들에게 우스워 보여도 막상 결과는 더 낫더란 게 내 결론이야."

오죽하면 그리스의 철학자 아리스토텔레스가 '누구나 화를 낼 수 있다. 그러나 화를 낼만한 사람에게 적정한 만큼의 화를 적절한 때에 목적에 맞게 옳은 방법으로 화를 내는 것은 쉽지 않다.'고 했겠는가.

그녀의 말을 들어보니 공감되는 부분이 적지 않았다. 다혈질인 나 역시 만만하게 보일까봐 닭볏을 세우고 전의를 불태웠지만 장기적 안목에서 볼 때 손해인 경우가 많았다. 그래서 싸우고서도 진 반면에 목소리 작은 이들은 싸우지 않고서도 승리를 거두는 전과를 사부작사부작 올리는 게 은근히 배 아프곤 했다. 싸우고나서 더 친해진다는 것은 교과서 속 이야기다. 부부도 싸우면 칼로 물 베기가 되지 않는데 조직생활에서는 그야말로 주먹으로 두부 치기가 되기 십상이다. 화를 버럭 낸 후 자존심이 세워지기는커녕 산산이 부서진 자존심, 수습할 수 없이 악화된 상황에 쥐구멍에라도 숨고 싶은 경우가 더 많았다.

H선배를 오랜만에 만난 김에 '마음의 화를 끄는 방화전략'에 대해서도 물어봤다.

"물론 화가 정말 치솟아 내는 경우도 있어요. 하지만 적절한 때에 화를 내지 않으면, 상대가 상사든 부하직원이든 나를 우습게 볼 것 같아 일부러 과장해 화를 낸 적도 있지요. 화를 다스리거나 이용하는 법은 없을까요?"

그러자 그녀는 깔깔 웃더니 실제 그런 경우가 있었냐며 호기심이 잔뜩 어린 눈초리로 다그쳐 물었다.

"얼마 전 제 아래 직원과 마찰을 빚은 적이 있었지요. 몇 번 사소한 일이 쌓였는데 그 친구가 계속 같은 식으로 제게 딴지를 걸더라고요. 그래서 일부러 전화기를 던지는 할리우드 액션을 취했지요."

H선배가 고개를 끄덕거리며 다음 말을 재촉했다.

"문제는 사건 이후 그 직원이 나에게 승복하기는커녕 완전히 등을 돌려 관계가 악화되었다는 거예요."

H선배는 드디어 심각한 표정을 짓더니 나름의 진단을 내려주었다.

"음, 화는 강도나 횟수나 최대한 자제하는 게 바람직하지. 눈에는 눈, 이에는 이, 아무리 화내봤자 이빨 빠진 장님 두 사람만 남을 뿐 아니니? 마지막 순간에 승리하는 것은 상식과 이성이야. 왜 한 양동이의 쓴 물보다 한 방울의 벌꿀이 더 많은 파리를 잡는다는 서양 속담도 있잖아. 자주 화를 내면 자신의 약점을 노출하고 적을 만들게 돼. 무서워 보이기보다는 사실 우스워지기 십상이거든. 직장에서나 사회생활에서나 화를 낼 일이 누군들 없겠어? 그럴수록 화를 내서 얻을 수 있는 게 무엇일까 생각해볼 필요가 있더라. 그런 점에서 운전처럼 대인관계에서도 방어운전이 필요해. 화를 내지 않는다는 것은 인간관계에서 일종의 방어운전이야. 나만 잘한다고 안심할 수 없는 것이 바로 운전이듯 살다보면 남이 모두 나 같을 수는 없단다. 골목에서 갑자기 튀어나오는 어린이는 회사에서 겪는 돌발적 사고에 비유할 수 있고, 중앙선을 침범한 차는 규칙을 위반하고 자기 공만 내세우는 동료라 할 수 있지. 혼자 운전을 아무리 잘하려고 해도 예기치 않은 사고를 당할 우려가 있듯 사회생활도 마찬가지 경우가 발생하지. 곳곳에서 돌발하는 사고요소, 그것에 대처할 필요, 너도 느끼지 않니? 내가 회사생활을 하며 화내지 않기 위해 익힌 방어운전의 법칙, 너에게도 가르쳐줄까? 대신 오늘 저녁값은 네가 내야 한다. 호호."

마음의 화를 끄는 방어운전

결국 나는 저녁으로 먹은 파스타와 피자 값을 부담하기로 하고 그녀에게 '인생의 방어운전 4단계'의 일장 강의를 들을 수 있었다.

1단계, 다른 차의 움직임을 재빨리 판단하라. 서투른 초보운전자일수록 자기 차 운전에만 열중하느라 남의 차 움직임은 눈에 들어오지 않고, 빨리 추월시킬지 어쩔지 몰라 우물쭈물한다. 아니면 난폭운전을 한다. 상대방이 화를 내는 데 반응할 때도 마찬가지다. 액면 그대로 상대가 말하는 것 때문에 화가 났는지, 그 이면에 어떤 '원망과 오해'

의 건더기가 숨어 있는지 재빨리 읽어야 한다. 상대가 내는 화의 이면을 읽지 못하고 눈치 없이 '내 이야기'만 하다가는 논쟁이 원점에서 맴돌기 십상이다. 그리고 화를 낸 다음 뒷감당을 어떻게 할지 빨리 판단하는 것도 필요하다. HP의 전 CEO 칼리 피오리나는 "뒷감당할 마음의 준비가 되어 있지 않으면 협박해서는 안 된다."고 직장인들에게 조언한다. 말버릇이 험한 것을 용납해서는 안 되지만, 뒷감당할 준비를 용의주도하게 해놓은 다음에 협박할지를 결정해야 한다는 이야기다.

2단계, 일단 위험에서 벗어나 안전거리를 확보하라. 즉 화가 났을 때 클랙슨을 빵빵거리고 상향등을 반짝거리며 화를 내는 것은 금물이다. 일단 안전지대로 들어가라. 화가 나면 현장에서 상대방을 마주하지 말고 그곳에서 벗어나 안전공간을 확보하라. 심호흡을 하거나 휘파람을 불며 마음을 가라앉혀라. 가능하면 사무실이나 회의실 등 현재 일이 벌어진 공간에서 한걸음 떨어져 별도의 공간으로 스스로를 격리시켜라. 그런 다음 스스로 감정 조절을 못하고 화를 낸 데 대해 나중에 얼마나 무안할지 생각해보라. 화를 내기 전에 화를 냄으로써 얻는 것과 잃는 것을 계산해볼 필요가 있다. 상대에게 "제가 지금은 기분이 상해 나중에 이야기하는 편이 낫겠습니다." 하고 경보를 울리는 것도 한 방법이다. 화가 나 격앙된 상태에서 감정적으로 부딪치느니 차라리 예고하고 피하는 것이 결과적으로 나은 방책이다.

어느 날 관련부서 팀장이 사정을 알아보지도 않고 고래고래 호통부터 치며 H선배를 탓하더란다. 마음 같아서는 "내 잘못이 아니거든요. 잘 알아보세요." 하며 서류를 내던지고 싶었단다. 하지만 꾹 참고 목소리를 저 아래로 나지막하게 깔고 "저 말입니까?" 하고 간결하게 말하자, 순간 용광로가 남극의 얼음장 분위기로 바뀌면서 싱겁게 끝나고 말았다는 것이다. 결국 주변을 제압한 H선배의 이야기는 사내의 무용담으로 회자되었다.

3단계, 넓은 시야를 확보하라. 화난 이유가 감정적 폭발인지, 상황을 바로잡기 위함인지 거시적 안목에서 생각해보라. 업무를 처리하다 보면 부서이기주의 때문에 화가 치솟는 일이 많다. 그래서 목소리를 높이고 얼굴을 붉히며 말싸움을 하게 된다. 이를 반복하다 보면 감정의 앙금이 쌓여 좋지 않은 관계로 남을 수 있다. 다시 안 볼 사람이라면 '성질대로' 해도 되지만 앞으로 계속 볼 사람이란 생각이 들면 화를 눌러라. 차라리 어르고 달래라. 언성 높이고 관계가 껄끄러워져 사내에 '트러블 메이커'로 찍히면 자신만 손해다. 또한 언젠가는 그 사람의 도움이 절실히 필요할 날이 올 수도 있으므로 화를 내서 적으로 만드는 것은 백해무익하다.

화를 내는 것은 콤플렉스가 원인인 경우도 많다. 자신이 나이 어린 상사라 또는 삼류대학 출신이라 상대가 자신을 무시한다고 지레 판단하지 말라. 넉넉하고 여유로운 마음을 가지면 상대방의 공격을 '나의 발전'을 위한 건전한 비판으로 받아들일 수 있다.

4단계, 외유내강식으로 의사를 표시하라. 시간이 지나 상대의 마음도 차분해질 무렵 그에게 무엇무엇이 문제인데 앞으로 어떻게 시정했으면 좋겠다고 분명히 이야기하라. 화가 났던 점에 대해 정색을 하고 말하기보다는 차를 마시며 부드러운 톤으로 자연스럽게 이야기하라. 적극적으로 의사를 표시할 때 내용보다 더 중요한 것이 톤과 매너다. 내용이 다소 날카롭더라도 톤이 안정되고 부드러우면 효과가 좋지만, 부드러운 내용이라도 힐난하듯 날카롭게 말하면 역효과가 나기 쉽다. 이렇듯 슬쩍 통을 던지는 것이 오히려 반발을 사지 않고 스스로를 돌아보게 만든다. 이는 상사와 부하직원 모두에게 적용된다.

'목소리 큰 사람이 이긴다.'는 허상이다. 이기고 싶으면 작은 목소리로 짧고 단호하게 말하라.

마음의 화를 다스리는 방어운전 4단계

- **1단계 다른 차의 움직임을 재빨리 판단하라** : 상대가 내는 화의 이면을 재빨리 읽어야 한다. 그리고 화를 낸 다음 뒷감당을 어떻게 할지 빨리 판단하는 것도 필요하다.
- **2단계 안전거리를 확보하라** : 화가 나면 현장에서 상대방을 마주하지 말고 그곳에서 벗어나 안전공간을 확보하라. 심호흡을 하거나 휘파람을 불며 마음을 가라앉혀라.
- **3단계 넓은 시야를 확보하라** : 화난 이유가 감정적 폭발인지, 상황을 바로잡기 위함인지 거시적 안목에서 생각해보라.
- **4단계 외유내강식으로 의사를 표시하라** : 시간이 지나 상대의 마음도 차분해질 무렵 그에게 무엇무엇이 문제인데 앞으로 어떻게 시정했으면 좋겠다고 분명히 이야기하라. 화가 났던 점에 대해 정색을 하고 말하기보다는 부드러운 톤으로 자연스럽게 이야기하라.

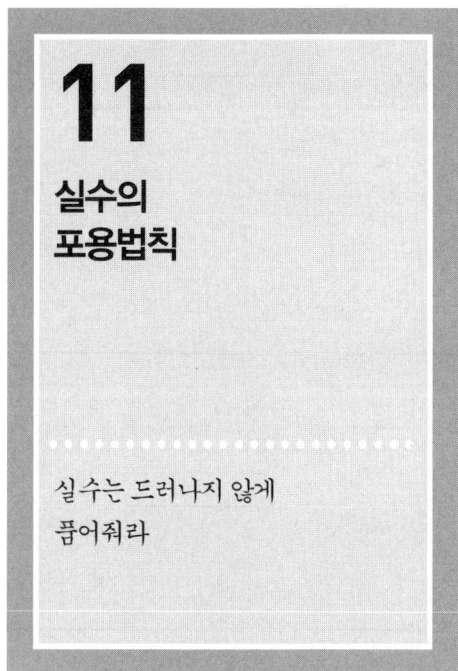

11 실수의 포용법칙

실수는 드러나지 않게 품어줘라

한 시골아가씨가 맞선을 보기 위해 난생처음 도회지 호텔 커피숍을 찾았다. 낯선 분위기에 선보는 자리여서 너무 긴장한 탓인지 자꾸 방귀가 나왔다. 억지로 참다가 한 번 뿡~. 무안한 아가씨는 테이블을 뽀득뽀득 문질러 그 소리가 상대방에게 안 들리도록 했다. 그런데도 체내 내장시계는 사정없이 또 풀가동, 다시 한 번 사정없이 뽀옹~ 방귀가 발사됐다. 이번에는 다소 경망스럽지만 볼펜을 똑딱거리며 소리가 안 들리도록 했다. 그러고 나서는 스스로 민망하기도 하고 방귀소리가 상대에게 들렸는지 안 들렸는지 궁금해진 이 시골아가씨, 슬며시 지나가듯 물어보았다.

"혹시 무슨 소리 못 들으셨어요?"

인상 좋게 생긴 그 총각은 빙그레 웃으며 이렇게 대답했다고 한다.

"첫 번째 소리요, 두 번째 소리요?"

내 대학시절에 유행하던 고전적 유머지만, 그 내용에는 대인관계의 지혜가 담겨 있다. 자, 당신이라면 어떻게 이 상황에 대처하겠는가. 처녀나 총각 입장 각각 어느 쪽이라도 좋다. 소리가 난다고 자신도 모르게 깔깔 웃음보를 터뜨릴 수도 있고, 심하면 나중에 중매인 등 주변 사람들에게 전달해 소문을 낼 수도 있다. 반대로 인간성이 아주 좋은 경우에는 "아, 무슨 소리 말입니까?" 하고 딴전을 피워 상대를 안심시킬 수도 있다.

사람을 친구로 끌어들이는 사람들은 결코 상대의 실수를 웃음거리로 삼지 않는다. 실수를 저지른 순간, 가장 먼저 얼굴이 뜨거워지는 사람은 실수를 한 당사자다. 이때 재빨리 상대의 실수를 드러나지 않게 포용하는 순발력을 발휘하라. 인간관계가 서투른 사람과 뛰어난 사람의 차이는 바로 이때 드러난다. 여유 있게, 누가 실수를 저질렀느냐는 듯이 전혀 내색하지 않고 주위의 시선을 분산시켜주는 것이다.

상대방의 실수에 대해 유연하게 대처하는 행동처럼 당신을 돋보이게 하는 것은 없다. 실수를 무안하지 않게 감싸주는 모습은 아름답다. 상대의 실수에 어떻게 대처하느냐에 따라 적을 만들 수도, 친구를 만들 수도 있다.

실수는 감싸주고 포용하라

이러한 '실수의 포용법칙'을 생각할 때마다 조건반사적으로 떠오르는 이야기가 있다. 바로 가터벨트와 핑거볼에 얽힌 에피소드다.

영국 에드워드 3세가 창설한 가터훈장은 민간인과 군인에게 수여하는 영국 최고의 기사훈장이다. 에드워드 3세의 격언을 새긴 가터, 성 게오르기우스 십자가가 그려진 성장星章, 성 게오르기우스와 용을 그린

휘장이 달린 목걸이, 외투 등으로 구성된다. 이 훈장의 하이라이트는 청색 벨벳의 가터인데, 여기에는 프랑스어로 "Honni soit qui mal y pense(악을 생각하는 자는 악이다)."라는 글이 금실로 수놓아져 있다고 한다.

무릎 부근에 매다는 훈장인 이 가터를 수여하게 된 데는 곡절이 있다. 에드워드 3세가 솔즈베리 여공작 켄트와 춤을 출 때 그녀의 파란색 가터 하나가 바닥에 떨어졌다. 사람들은 이를 보고 왁자지껄 웃었고, 여공작은 당연히 얼굴을 못 들고 부끄러워했다. 이때 에드워드 3세는 떨어진 가터를 정중하게 주워 자기 다리에 매고는 프랑스어로 "악을 생각하는 자에게 수치를"이라는 격언을 말하며 신하들을 꾸짖었다고 한다. 그 후 가터라는 말은 기사들이 숙녀에게 표하는 예의의 상징이 되었으며, 기사훈장인 가터훈장에 가터가 함께 수여되었다고 전해진다.

지금까지 여자 귀족의 실수에 대한 남자 왕의 포용 이야기였다면, 다음은 여자 왕의 남자 귀족에 대한 포용 사례다.

영국 여왕 엘리자베스 1세가 인도의 한 귀족을 초대해 성대한 만찬을 베풀었다. 식탁에는 갖가지 음식과 빵이 차려지고, 손을 씻는 데 사용하는 '핑거볼'이라는 물그릇도 놓여 있었다. 그런데 서양식 정찬에 낯선 인도 귀족은 그만 이 그릇의 물을 마시고 말았다. 여왕은 '틀림없이 주위의 사람들이 어처구니없다는 듯 큰 소리로 웃을 텐데, 인도 귀족이 얼마나 무안해 할까?'라는 생각에 당황하다, 순간 자기의 핑거볼을 번쩍 들어 재빨리 그 물을 벌컥벌컥 마셨다. 다른 영국 귀족들 역시 '그 여왕에 그 신하', 곧 여왕의 뜻을 알아차리고 모두 핑거볼의 물을 맛있게 마셨다는 이야기다.

모 국제행사가 끝나고 뒤풀이를 하는 자리였다. 난 열을 올려 이야기를 하다 그만 와인 잔을 엎고 말았다. 잔이 깨지고 하얀색 테이블보엔 와인이 흘러 얼룩이 졌다. 순간 너무 당황해 어쩔 줄 몰랐지만 참석자들은 정말 내가 투명인간이라도 된 듯 아무런 내색도 하지 않고 이야기를 계속했다. 웨이터들만 부산히 움직일 뿐이었다. 나는 그때 성공하는 리더들은 결코 남의 실수를 지적하며 쯧쯧 혀를 차거나, '조심하지 그랬어요.' 하는 식의 하나마나한 질책성 멘트를 날려 분위기를 썰렁하게 만들지 않는다는 것을 피부로 느꼈다.

얼마 전 L교수를 모시고 아이들 진로에 대한 이야기도 들을 겸 호텔에서 식사를 한 적이 있다. 뷔페 경험이 고작인 아이들은 정식 풀코스 만찬에 잔뜩 긴장한 표정이었다. 양식을 먹는 여러 가지 에티켓을 미리 가르쳐줬지만 애들에게 부담스러운 것은 사실이었다.

처음 스프를 먹는 순서가 됐다. L교수는 웨이터를 부르더니, 일부러 후추통을 가리키며 "이것은 어떻게 사용하는 겁니까?" 하고 사용법을 물었다. 즉석에서 갈아 사용하는 후추통은 초보자들이 도전하기에 약간은 '두려운' 낯선 존재다. 그 마음을 읽은 L교수는 미리 물어 아이들의 어색함을 풀어준 것이다. 그리고 매번 코스마다 아주 기초적인 것까지 상세히 웨이터에게 물어보았다.

성공하는 리더들은 남의 실수를 드러내 분위기를 어색하게 만들지 않는다. 또 이를 이용해 추문이나 웃음거리로 만들지 않는다. 관대함을 넘어 스스로 같은 행동을 함으로써 부끄러움을 지워준다. 더 나아가 실수할 것을 미리 막아주기까지 한다면 최고의 지존 매너라 할 것이다.

상대의 실수를 눈치챘을 때, 혹시라도 실수할까 봐 긴장하는 빛이 역력할 때, 거기에 대해 배려하고 미연에 방지해주는 센스를 발휘하라. 면전에서 부끄러움을 당하게 하는 것은 민망함을 넘어 원망을 불러온다. 이 같은 포용의 자세는 당신에 대한 감사와 영원한 존경을 낳는다. 명심하라, 상대의 실수를 우스꽝스럽게 만드는 자에게는 더 큰 수치가 돌아온다는 것을.

실수의 포용법칙

성공하는 리더들은 남의 실수를 드러내 분위기를 어색하게 만들지 않는다. 관대함을 넘어 스스로 같은 행동을 함으로써 부끄러움을 지워준다. 상대의 실수를 눈치챘을 때, 혹시라도 실수할까 봐 긴장하는 빛이 역력할 때, 거기에 대해 배려하고 미연에 방지해주는 센스를 발휘하라. 상대방의 실수에 대해 유연하게 대처하는 행동처럼 당신을 돋보이게 하는 것은 없다.

12
부탁의 5W1H 공식

부탁의 달인이 되는 노하우

인생을 살면서 우리는 원하든 원치 않든 크고 작은 부탁을 하게 된다. 혼자서 빛나는 별은 별이 아니란 말도 있지 않은가. 부탁이란 결국 남의 마음을 펀딩하는 하트펀딩Heart funding이라고 생각한다. 작게는 개인사 때문에 남에게 도움을 청하기도 하고, 회사 거래처에 부탁을 하기도 한다. 뿐만 아니라 사회공헌사업을 위한 기금 조성 참여 등 따지고 보면 세상일이 부탁으로 시작해 부탁으로 끝난다 해도 과언이 아니다.

부탁을 잘못해 자신의 대인관계를 깡통계좌로 만들어버리는 사람이 있는가 하면, 아쉬운 소리를 하고도 오히려 행복한 대인관계의 종자돈으로 굴리는 사람도 있다. 과연 그 차이는 어디서 오는 것일까? 부탁의 달인들은 상대에게 호의를 부탁할 때 반드시 지켜야 할 필수조건과 반드시 피해야 할 금지조건을 귀신같이 잘 알고 있다. 공적 일이든 사

적 일이든 사람들의 마음지갑을 열지 않고 되는 일은 없다.

벤저민 프랭클린, 당신은 그를 어떤 인물로 기억하는가. 불세출의 정치가이자 피뢰침을 발견한 뛰어난 과학자? 맞다. 하지만 그의 진정한 매력은 바로 사람들의 마음을 모을 줄 아는 하트펀드 매니저였다는데 있다. 프랑스 국왕 루이 16세를 설득해서 30만 프랑을 지원받아 조지 워싱턴 장군의 독립군 전비를 마련한 것을 비롯해 그는 부탁과 협상의 명수였다. 과연 그가 사람들의 마음을 척척 모금한 비결은 무엇이었을까? 그는 자신의 비결에 대해 재능이 아니라 공식이라고 고백했다.

요컨대 확실한 사람부터 부탁해 성공사례를 만들고, 그 후 주변부로 확산하라는 것이다. 먼저 얼마라도 꼭 낼 것이라고 짐작되는 사람들을 찾아가 기부를 부탁하고, 그 다음으로 낼지 안 낼지 불확실한 사람에게는 낸 사람들의 리스트를 보여준다는 것이다. 하지만 중요한 것은 안 낼 거라고 짐작되는 사람도 무시하면 안 된다는 충고다. 잘못 판단한 사람도 있을 수 있기 때문이다. 여기까지 이야기하면 혹자는 "그럼 첫 번째 성공사례를 우선 만들어야 하는데, 그것이야말로 어려운 게 아니겠어?" 하고 질문할지 모른다. 맞다. 성공사례를 만들기 위해서는 부탁의 공식을 익힐 필요가 있다. 이 공식을 따르면 부탁 한번으로 대인관계에서 원금을 까먹기는커녕 오히려 복리이자로 불리기까지 하는 기쁨을 누릴 수 있다. 그럼 부탁의 5W1H 공식을 알아보자.

막연하게 말고 원하는 바를 구체적으로 말하라

목적함수가 분명해야 식은 풀린다. IBM 이휘성 사장은 이렇게 말한다.

"청계산을 가고 싶은지, 에베레스트 산을 가고 싶은지에 따라 준비해야 할 등산장비도 달라지지 않습니까? 부탁도 마찬가지입니다. 자신이 무엇을 원하는지 확실히 말해야 도와줄 수 있습니다. 안타까운 것은 두루뭉수리하게 부탁을 하는 것입니다."

B원장은 누가 부탁하면 문서로 해달라고 이야기한다고 한다. 이렇게 하면 10명 중 7명은 스스로 중도 포기한다는 것이다. 머릿속의 생각을 부탁하지 말라. 부탁은 다른 사람의 마음을 펀딩하는 일이다. 결코 미완성 상품을 내놓고 상대의 마음을 모금하려 하지 말라. 되도록이면 문서로 준비해 가라. 자기도 정리 안 된 것을 남과 이야기한 후 정하겠다고 한다면, 상대는 당신을 무성의하다고 생각할 것이다. 무엇을 부탁하는지 똑 부러지게 말하라. 그리고 그것을 문건으로 보여 줘라.

선택의 열쇠를 누가 가졌는지 알고 부탁하라

적절한 대상자를 골라라. 선택이 반이다. 부탁에서 필패하는 사람들의 공통점은 엉뚱한 문고리를 잡아당기고, 나무 밑에 가서 물고기 구한다는 것이다. 바람둥이들은 결코 아무 여자에게나 작업을 걸지 않는다. 넘어갈 확률이 높은 여자에게 걸기에 성공률도 높아지는 것이다. 가령 어물전 가서 채소 달라고 하면 주인이 팔고 싶은들 팔 수 있겠는가. 부탁도 마찬가지다. 누군가에게 부탁을 할 때는 '대상자 선정'을 정성스럽게 해야 한다. 즉 누울 자리 보고 발 뻗어야 한다는 것이다.

답은 간단하다. 부탁이나 제안을 했을 때 그것을 감당할 능력과 깜냥을 가지고 있으며, 그 일로 이익을 얻을 수 있는 사람이다. 대상을 정하고서 접근방법을 모색해도 늦지 않는다. 그 분야 최고의 사람이 누구인지 찾아라. 최고란 가장 합당한 사람으로서, 그 분야 3~4명에게 물어보면 파악할 수 있다. 최고의 사람과 손잡을 때 당신도 최고가 될 수 있다. 그리고 최고의 적합한 사람과 당신 사이에 인맥의 사다리를 추적해보라. 처음 만나는 사람이라면, 상대가 잘 아는 이의 소개를 받아라. 그의 신뢰 크기만큼 당신의 부탁 수용 가능성도 높아질 것이다.

당신의 부탁 또는 제안에 동참하는 사람들의 리스트가 있다면 보여주라. 사람들은 장황한 프로젝트 시안보다 거기에 관여하는 사람들을 더 신뢰한다. 아이디어 시안은 누구나 '공중에서'도 만들 수 있지만, 사람들의 참여는 결코 실력과 신뢰 없이는 만들 수 없다는 것을 알기 때문이다. "아니, 그런 사람들이 참여할 정도라면 어련히 꼼꼼히 체크했겠어." 하는 믿음이 장황한 당신의 프로젝트 프레젠테이션보다 효과적이다.

상대는 왜 구태여 당신을 도와줘야 하는가

이익, 가치, 아니면 부탁을 들어주고 나서 얻을 인간적 자부심, 이 3가지가 삼위일체를 이루지 못할망정 적어도 그중 하나는 확실해야 한다. 그것이 당신과 상대에게 얼마나 중요한 의미를 갖는지를 열정적으로 설득하라. 때로 사람은 자신이 남에게 도움이 된다는 사실만으로도 순수한 기쁨을 느낀다. 가치와 명분이라 하더라도 막연하게 말고 콕 짚어 설명하는 것이 좋다. 중요성 전달에서 플러스적 측면이 이익이라면 마이너스적 측면인 손해로 설득하는 것도 전략이다. 즉 상대의 경쟁자가 이 제안을 받아들였을 경우 겪게 될 불리함에 대해 이야기해 주는 것이다.

구애를 할 때 연애 '선수'는 마냥 "당신을 사랑한다."고 죽자 살자

매달리지 않는다. 이 같은 100퍼센트 구애작전은 오히려 역효과를 낳을 수 있다. 연애의 선수들은 살짝 다른 이성에 관심을 표하는 척해서 상대를 달아오르게 한 후 덥석 마음을 사로잡는다.

부탁의 기술도 마찬가지다. 가령 애걸복걸보다 살짝 안개 피우며 경쟁의식을 자극하는 것이 유용한 경우가 많다. 기사를 써달라고 부탁을 할 때, 처음에 심드렁해 하던 기자도 라이벌 사에서 쓰기로 했다는 이야기를 들으면 갑자기 눈을 반짝거리며 "자료 나오면 저만 주세요." 하고 관심을 표한다. 이런 작전을 펼 때 간혹 비즈니스의 갑을이 바뀌는 행복한 반전이 일기도 한다. 물론 전제는 알맹이가 있어야 한다는 것이다. 그렇지 않으면 단방으로 끝나고, 심지어는 양다리 모두에게 버림을 받을 수 있다.

상대에게 돌아가는 이익을 원원의 입장에서 분명히 이야기하라. 군대에는 이런 말이 있다고 하지 않는가. "작전에 실패하는 사령관은 영창감이지만 배식에 실패하는 사령관은 사형감이다." 가치든 물질이든 상대에게 돌아가는 이익을 명확히 하라. 사업이 어떤 내용이라는 등 순수한 취지를 아무리 장황하게 설명한들 귀에 들어오지 않는다. 상대에게 돌아가는 열매가 무엇인가에 집중해야 귀를 솔깃하게 할 수 있다.

이때 부탁을 들어주는 상대에게 작용할 장애물이 있다면 초두에 분명히 밝히는 것이 좋다. 말문을 열기가 어렵다고 해서 이 껄끄러운 사항을 뒤로 미루거나 숨기면 후환을 감당할 수 없고 관계는 악화된다.

라면을 끓일 때 면발을 먼저 넣었는지 스프를 먼저 넣었는지에 따라 맛이 달라진다. 부탁도 마찬가지다. 어차피 처음이나 나중이나 똑같다고 생각하지 말라. 먼저 문제 될 사항을 분명하고 세세하게 밝혀야 신뢰를 얻을 수 있다. 어려운 내용, 어려운 인물일수록 대면해 직접 설명하고 전달해 짚고 넘어가야 한다.

이 모두를 이상의 프로세스에 따라 전달했는데도 안 되면 인간적으로 호소할 수밖에 없다. 사람이 기계와 다른 이유는 바로 융통성을 발휘할 수 있는 여유 때문이다. 이러한 인간애를 통한 감동작전은 한국뿐 아니라 미국에서도 통한다.

《뉴욕타임스》의 대표적 여성 칼럼니스트인 모린 다우드, 그녀가 부시 대통령 취재 중 복통이 났다고 한다. 이때 백악관은 대통령 전용기인 '에어포스 원'에 자리를 마련해 기내에서 계속 치료를 받도록 극진히 배려했다. 그 호의에 마음이 움직였는지 다우드는 "대통령은 주치의를 공유할 수 있게 해줄 정도로 매우 관대한 사람"이라며 기사의 예봉을 꺾고 온건한 문투로 돌아섰다. 단 구급약이니만큼 자주 쓰지는 말고 비상용으로만 사용하라.

상대가 편한 시간대를 최대한 고려하라

만나기 위해 무엇이든 하겠다는 자세로 빠른 시일에 편리한 시간대를 조율해 약속을 하라. 간단한 아이디어라 할지라도 전화로 붙잡고 설명하려 들지 말라. 전화로는 감도 오지 않고, 오래 통화하는 것도 고역이다. 접근방법이 틀리면 결과도 안 좋다.

최종선택권을 상대에게 돌려라

문장의 5W1H에서는 'Where'지만 나는 'Whether'로 변형했다. 할지 안 할지의 단계인데, 이때 급한 마음에 상대를 밀어붙이면 부작용이 일어난다. 말 그대로 할지 안 할지 '끈기를 가지고' 상대에게 맡겨라. 그리고 판단할 근거를 제공해 선택하게 하라. 사람은 강요당할 때보다 스스로 영향력을 행사한다고 생각할 때 한결 기분이 좋아진다.

마음이 급하다고 해서 지나치게 비굴한 애걸도 금물이지만, 단도직입적인 일방적 강요는 정말 쥐약이다. 진짜 능력 있는 영업사원은 자사 상품 팸플릿뿐 아니라 경쟁사의 팸플릿도 함께 가지고 다닌다. 실력 있는 종업원은 무조건 단품요리를 여러 개 시키는 고객을 그냥 방치하기보다 세트 메뉴와 비교해 가격 대비 음식의 양을 고려할 기회를 준 후 주문을 받는다. 바로 최종 선택은 당신에게 달렸다는 결정권을 주기 위해서다.

부탁도 마찬가지다. 제안의 장단점, 다른 사람들의 선택상황을 '참고자료'로 흘려주라. 공을 가진 것은 자신이 아니라 바로 상대란 사실을 충분히 인식시키고 '즐기게' 할 필요가 있다. 1만 원짜리 물건이라도 스스로 선택해 샀다고 생각하면 별로 아까울 게 없다. 하지만 남의 강요에 밀려 억지로 샀다고 생각하면 10원짜리 물건이라도 왠지 지갑을 도둑맞은 것 같고 종일 찜찜한 심리, 당신도 잘 알고 있지 않은가. 스스로 결정하게 하라.

최대한 부담스럽지 않게 하라

시간이면 시간, 방법이면 방법, 액수면 액수, 상대에게 편리를 제공하라. 부탁은 크게 덩어리째 던지기보다 쪼개서 하라. 피자 한 판을 한꺼번에 입에 넣을 수는 없지만, 한 쪽씩 자르면 충분히 가능하다.

나는 한국리서치 노익상 사장의 제안으로 장애인부모회에 한 달에 5,000원씩 후원하고 있다. 물론 취지는 좋았다. 그러나 처음에는 그렇게 마음에 철썩 와닿지 않았고, 액수를 얼마나 해야 할지 감도 오지 않았다. 이런 눈치를 챘는지 노익상 사장은 "한 달에 만 원이나 5,000원씩 하고, 더 하고 싶으면 계좌를 늘리면 될 거예요."라고 말했다. 내가 사인을 하고나니 그제야 "하하, 이게 할부가 무서운 거지. 그걸 죽을 때까지 해야 하는데 한번에 100~200만 원하는 게 더 작은 돈이라는 것 알아요?" 하며 웃는 것이었다. 하긴 따져보니 그랬다.

만일 노익상 사장이 내게 처음부터 그런 목돈 기부를 요청했다면, 나는 다소의 찜찜함을 무릅쓰고라도 고개를 저었을 것이다. 하지만 쪼개서 말했기에 총액으로 보면 그보다 훨씬 큰돈을 기부하기로 승낙한 것이다. 숙명여대는 몇 년째 모교사랑기금을 모으고 있는데, 결코 학생들에게 목돈을 기부하라고 강요하지 않는다. 하루에 당신이 마시는 스타벅스 커피 한 잔을 아껴 학교를 사랑하는 데 쓰라고 권한다. 이처럼 통째로 말하지 말고 쪼개서 부탁하라. 같은 값이라도 한결 싸고 부담 없게 느껴진다.

부탁의 고수인 리더들은 설령 매몰찬 'No'를 들었더라도 결코 얼굴에 실망한 표정을 드러내지 않는다. 거절을 새로운 인연의 씨앗으로 만들기 위해서는 이를 악물고 포커페이스를 유지해야 한다. 미국 ATMO의 최고경영자인 짐 맥브라이드의 고백은 읽기만 해도 가슴이 절절하다.

"나는 관련인사들과 친분을 쌓는 등 2년간의 노력 끝에 4,800만 불짜리 계약을 성사시켰지요. 하지만 계약을 맺은 파트너가 마지막 회의에서 계약을 날려버렸습니다. 무척 실망했고, 화도 많이 났죠. 2년간의 공든 탑이 한순간에 무너졌으니까요. 하지만 다음날 새벽 5시, 친절하게 공항까지 파트너를 모셔다 드렸습니다."

그렇다. 거절이 당신의 마음을 시퍼렇게 멍들게 할지라도 결코 울지 말고 입 밖으로 내지도 말라. 거절쪽지에 '새로운 인연을 여는 행복교환권'이라고 써놓고 털어버리자.

자, 부탁의 5W1H공식을 익혔다면 출발!! 당신은 이제 멋진 하트펀드매니저의 자격을 갖췄다.

부탁의 5W1H 공식

- **What** : 원하는 바를 구체적으로 말하라. 무엇을 부탁하는지 똑 부러지게 말하라. 그리고 그것을 문건으로 보여줘라.
- **Who** : 선택의 열쇠를 누가 가졌는지 알고 부탁하라. 부탁을 할 때는 '대상자 선정'을 정성스럽게 해야 한다.
- **Why** : 상대는 왜 구태여 당신을 도와줘야 하는가. 상대에게 돌아가는 이익을 원원의 입장에서 분명히 이야기하라. 가치든 물질이든 상대에게 돌아가는 이익을 명확히 하라.
- **When** : 상대가 편한 시간대를 최대한 고려하되 빠른 시일 내에 약속하라.
- **Whether** : 최종선택권을 상대에게 돌려라. 판단할 근거를 제공해 선택하게 하고 스스로 결정하게 하라.
- **How** : 최대한 부담스럽지 않게 하라. 부탁은 크게 덩어리째 던지기보다 쪼개서 하라.

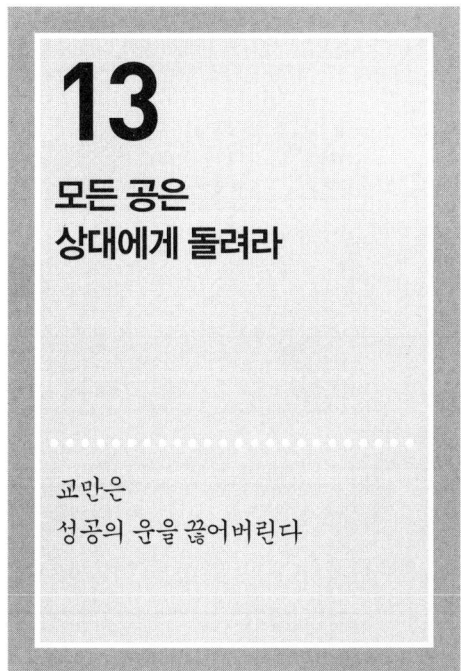

13
모든 공은 상대에게 돌려라

교만은
성공의 운을 끊어버린다

영국 속담에 "실크햇을 손에 들고 사람을 만나면 해결 못할 일이 없다."는 말이 있다. 즉 모자를 벗고 겸손한 태도로 남을 대하면 안 될 일이 없다는 뜻이다. 겸손은 인간관계를 맺거나 유지하는 데도 필수적이다. 사교력이 뛰어난 성공하는 리더들은 한결같이 자신을 낮추고 남을 높일 줄 안다.

모 지자체의 P시장과 함께 식사를 한 적이 있다. 일면식이 없었지만 선배의 소개로 같이한 자리였다. 삼겹살을 먹으며 담소를 나누고 자리를 마쳤다. 그런데 그가 황급히 일어나 일행보다 먼저 나가는 것이었다. 나는 계산을 하려나보다 생각했는데 그것이 아니었다. 바로 식당의 신발장에 놓인 일행의 신발을 일일이 꺼내주기 위해서였다. 그 모습을 본 나는 P시장의 인간성에 반해버렸다. 그 식사자리에서 내가 그와 나눈 이야기는 거의 생각나지 않는다. 하지만 그의 겸손한 신발 대령은 선명한 기억으로 남았다.

I의원이 국회의원 후보시절 모 신문사 편집국을 방문한 적이 있다. 정치인이 인사차 언론사를 방문하는 것은 흔한 일이다. 그런데도 그가 사람들의 기억에 남을 수 있었던 이유는 신문사 경비나 사환에게까지 명함을 일일이 나눠주며 정중하게 인사했기 때문이다. 그 신문사의 기자는 그런 I후보자의 모습을 보고 그가 틀림없이 당선될 것이라 짐작할 수 있었다는 이야기를 들려주었다. 왜냐면 사람의 마음을 살 줄 아는 리더로서 기본자세를 갖추고 있었기 때문이다.

감동에 겨워 내가 침을 튀기며 이 이야기들을 들려주자, 한 지인은 "그게 다 쇼 아니니?"라고 말했다. 하지만 겸손이 쇼라면 쇼를 한들 어떻겠는가. 그렇게 말하는 당신은 과연 겸손 쇼를 할 수 있는가. 사대부가 사대부로 행동하면 그러려니 한다. 접대부가 접대부로 행동해도 당연시한다. 하지만 사대부가 접대부처럼 친절하게 상대방을 대하면 겸손이라 생각하고 감동한다. 이것이 바로 요즘 유행하는 서번트 리더십, 섬김의 리더십이다.

성공한 사람들, 그리고 꿈이 큰 사람들일수록 주위사람들에게 위세를 떨치지 않고 늘 겸손하게 대한다. 남을 높인다고 내가 낮아지는 것은 아니다. 낮아지기는커녕 나도 덩달아 높아지게 마련이다. 겸손함은 그 사람의 꿈의 크기다. 지금 그 자리에서 머물지 않고 크게 성장하고 싶은 꿈이 있다면 주위사람들에게 겸손하라.

'내가 누군데'를 버려라

인천국제공항공사 이채욱 사장은 직업이 CEO라 할 만큼 오랫동안 최고경영자를 지낸 인물이다. 하지만 직접 만나보면 목에 기브스를 한 것처럼 뻣뻣하기는커녕 겸손하기 그지없다. 일행과 함께 커피전문점을 찾았다. 사장이라면 으레 의자에 앉아 다른 아랫사람이 주문받아 가져오기를 기다릴 텐데, 스스럼없이 본인이 다른 사람의 주문까지 받아 서빙을 했다. "딸들과 이런 데 자주 와봐서 잘할 수 있다."며 애교 섞인 자랑까지 하면서.

그는 평소 '내가 누군데'라는 생각을 버리면 겸허한 마음을 간직할 수 있다고 말한다.

"제가 존경하는 고교 은사님이 계셨습니다. 최고의 명문대를 졸업하신 엘리트였는데 고시를 몇 번 실패하는 바람에 지방의 고등학교 선생님으로 오신 거였죠. 그런데 이분이 처음부터 좋은 교사는 아니셨던 모양입니다. 맨 처음엔 자신이 이곳에서 '썩을' 사람이 아니라고 생각해 아무렇게나 행동하셨다는 거예요. 그러다 보니 본인이 '유배된' 곳이라고 생각한 지방학교에서조차 제대로 인정받지 못하고 뒤처지는 찬밥이 되어 있더란 말이죠. 번쩍 정신을 차린 이분은 '내가 누군데' 하는 생각을 버려야겠다고 작정하고, 그 다음부터 학교와 학생들에게 애정을 갖고 매진하셨다는 겁니다. 그러면서 우리에게 늘 '내가 누군데' 하는 생각을 버리라고 강조하셨지요."

이채욱 사장은 신조로 삼은 그 말이 인생에 많은 도움이 되었다고 털어놓았다.

"대기업에서 직장생활을 시작했는데요, 첫 출근을 해보니 그 회사에 한강 이남 대학을 나온 이가 나밖에 없는 것 아니겠습니까? 모두 명문대 출신이고요. 하지만 위축되기보다는 남에게 나를 낮추고서 모르는 것을 물어보고자 했습니다. 명문대를 나온 그들에게 나는 늘 배우려고 했지만, 그들은 나에게 배우려고 하지 않았습니다. 그러다 보니 어느 덧 토끼와 거북이처럼 제가 앞서 있더군요."

업종을 떠나서 정상은 서로 통한다. 개그맨 강호동도 한 언론과의 인터뷰에서 똑같은 말을 했다. 그는 고졸의 학력으로 대학을 졸업한 다른 개그맨과 경쟁해 진행자로서 승리한 비결에 대해 이렇게 이야기했다.

"못 배워 좋은 점은 '똥고집'이 없는 거죠. 제 의견이 없어요. 배우지 못한 자로서의 혜택인 거 같아요. 백지白紙를 내보이죠. '알아서 잘 칠해 주십시오.'라고, 완전히 저 자신을 맡겨버립니다. 다른 진행자들은 얼마간 자기 고집과 색깔이 있으니, 완전 백지가 되기 어렵습니다."

이 인터뷰를 읽고 그가 정상에 서게 된 것은 결코 운이 아님을 알 수 있었다. 그가 말한 대로 '똥고집'을 버리고 백지상태에서 상대에게 한 수 도움을 청할 때 손을 뿌리칠 사람은 거의 없다. 교만이 인간관계의 뺄셈법칙이라고 할 때 겸손은 인간관계의 덧셈법칙이다.

남에게 공을 돌려라

전문경영인 J부장은 뛰어난 성과로 히트상품을 연달아 냈고, 기업성과도 좋았다. 거기에 자신의 경영비결을 집적한 책을 출간해 언론의 스포트라이트를 한 몸에 받았다. 내가 만나본 그는 자신감이 넘쳤고, 기업을 위한 장기 비전도 만만치 않았다. 그런데 며칠 후, 신문의 인사란에서 그의 자리에 다른 사람이 임명됐다는 기사를 발견했다. 바꿔 말해 그가 좌천됐다는 이야기다. 그가 왜 자리에서 밀려났을까 곰곰이 생각해보았다. 소문에 따르면, 그가 지나치게 앞으로 나서면서 사내에 불협화음을 일으켰고 오너 회장에게도 밉보였다고 한다.

재능이 칼이라면, 겸손은 그 재능을 보호하는 칼집이다. 뛰어난 재능은 인물을 돋보이게 하지만 적을 만들기도 한다. 겸손은 남이 시기해 진로를 방해하지 않도록 미리 지뢰를 제거해주는 효과가 있다. 겸손이 사라지는 순간, 재능은 묻혀 있는 지뢰를 밟아 폭발해버린다. 오히려 남보다 빨리 사고를 당할 수도 있다.

C부사장 역시 책도 출간했고 강연 잘 하기로 소문이 나있다. 그런데도 견제를 받기는커녕 회사를 간접 홍보하는 것으로 오히려 인정을 받는다. 그 이유는 항상 강연을 갈 때마다 상사를 한껏 높이고, 모든 성과를 회사의 공으로 돌리기 때문이다. 예컨대 강연 PPT는 늘 그 회사의 사장 얼굴로 시작한다. 그리고 "여러분, 이분이 누구인지 아십니까? 바로 우리 회사 사장님이십니다." 하며 자신이 모시는 사장의 경영철학에 대해 한껏 추어올린다. 물론 강의의 초점을 벗어나지 않는 범위에서. 그리고 본인에게 강연 요청이 오더라도 격이 높은 자리면 반드시 사장을 추천한다. "나는 부족함이 많아 우리 훌륭하신 사장님이 해야 한다."면서. 이처럼 땅에 넙죽 엎드리는 겸손한 태도는 결코 그의 재능을 낮추지 않으며, 오히려 그를 더 돋보이게 하는 요소로 작용한다.

많은 직장인이 상사에 대해 불만을 가지는 이유 중 하나가 '내 공을 가로챈다.'는 것이다. 진정으로 똑똑한 직장인은 상사가 자신의 공을 가로챌수록 기뻐한다. 상대에게 내가 필수불가결한 존재라는 증거이기 때문이다. 그리고 능동적으로 자신의 공을 상사에게 기꺼이 헌납한다. 직장에서의 겸손은 바로 이 같은 '공 돌리기'에서 드러난다.

겸손지수를 수치로 측정하라

스탠퍼드 대학의 데보라 그륀펠트 교수는 인간의 교만본능에 대해 재미있는 연구를 실시했다. 3명의 학생들을 한 조로 사회적 이슈에 대해 토론하게 하고, 무작위로 한 학생에게 나머지 두 사람의 의견을 평가할 수 있는 권한을 부여했다. 30분 뒤에 진행자가 쟁반에 과자 5개를 담아 들어가자, 심사를 맡은 '권력자' 학생은 자연스레 과자 두 개를 집었고(할당량보다 많은), 입을 벌린 채 과자를 먹으며 온통 주변에 과자부스러기를 흩어놓았다. 이 실험을 통해 그린펠트 교수는 "권력은 그것을 가진 사람을 타락시키고, 약자들에게 적용되는 법 위에 자신이 있는 것처럼 군림하게 만든다."고 지적했다.

이처럼 권력은 인간의 본능이다. 반면 겸손은 결코 몸이 편안하게 순응하는 본능이 아니다. 그래서 뼈를 깎는 반성과 학습이 필요하다. 성공하는 리더들은 권력의 본능에 저항하기 위해 피나는 자기수련 노하우를 개발해놓고 있다.

김재우 방송문화진흥회 이사장은 "나의 성공 스토리는 무용담武勇談이 아니라 무용담無用談이라고 생각하며 자기관리를 위해 노력해 왔다."고 털어놓았다. 이것은 단지 우리나라 경영자만의 이야기가 아니다.

"항상 교만해지지 않도록 수치화해서 스스로에게 묻고 대답했다. 이것이 성공비결이다."

아시아 최고 갑부인 리카싱 청쿵그룹 회장의 말이다. 그는 자신이 이사장으로 있는 대학의 졸업식장에서 자신의 성공비결을 "탁월성과 교만(또는 오만) 사이에서 균형을 찾으려는 마음 자세를 수치화한 자부지수自負指數"라고 털어놓았다.

그의 자부지수 계산방식에는 4가지 기준이 있다.

- 내가 지나치게 교만하지 않은가?
- 내가 바른말을 받아들이지 않고 거절하지 않았는가?

- 내 언행이 가져올 결과에 책임지길 원하지 않는가?
- 나에게 어떤 문제와 그 결과, 해결책을 보는 통찰력이 부족한 것은 아닌가?

이렇게 항상 자문자답하면서 수치화했다는 것이다.

그는 "겸허한 마음가짐은 모든 지식의 원천"이라면서 "오만이 커지면 결국 자아 팽창의 환상에 빠지게 마련이고, 이는 곧 실패로 가는 숙명이다."라고 말했다. "측정하지 않는 것은 평가하지 않는 것이다."란 말이 있듯이 매일 자신의 자부지수를 구체적으로 측정하는 것은 반성의 반영이다.

JC인터내쇼날 이종찬 사장도 같은 말을 한다. 천연두 마마보다 무서운 병이 바로 교만이고, 이것이야말로 사탄이란 지적이다.

"옛날 중국의 증자란 사람은 하루에 세 번 내가 잘못한 것이 없나 반성했다고 합니다. 오만은 성공의 운을 끊어버립니다. 내가 제일 잘났다고 생각해 남의 말을 듣지 않으니 실수를 고칠 수 없지요. 또한 더 좋은 해결책이 있어도 받아들일 여지가 사라지지요. 그러다보면 사람들도 내 주위에서 멀어지고, 성공과 행복 모두 잃어버리게 됩니다. 매일매일 경계하고 뽑아버리지 않으면 잡초처럼 무성해지는 것이 교만입니다."

나를 낮추고 남을 높이라. 그리고 실크햇을 벗어 손에 들고 미소를 지으며 상대를 대하라. 혹시라도 부족함이 없는지 매일같이 교만의 잡초를 뽑고 자부지수를 측정하라.

교만은 인간관계의 뺄셈, 겸손은 인간관계의 덧셈

교만해지지 않도록 자신의 자부지수自負指數를 측정하라. 아시아 최고 갑부인 리카싱 청쿵그룹 회장이 말하는 자부지수의 네 가지 기준은 다음과 같다.

- 내가 지나치게 교만하지 않은가?
- 내가 바른말을 받아들이지 않고 거절하지 않았는가?
- 내 언행이 가져올 결과에 책임지길 원하지 않는가?
- 나에게 어떤 문제와 그 결과, 해결책을 보는 통찰력이 부족한 것은 아닌가?

14
인맥의 5광5심 법칙

초심, 조심, 허심, 열심, 뚝심을 가져라

　　　　　　　　　　　　　　많은 사람이 화투와 인생을 비교하곤 한다. 이를테면 한 번 내놓은 패는 다시 집어들 수 없다는 낙장불입이라든가, 한 번 쳐서 두 배의 효과를 내는 일타쌍피 같은 이야기다. 신뢰를 잃으면 결코 인연을 회복할 수 없고, 귀인을 만나면 인생의 반전이 이루어지니 어쩌면 화투에 인연도 빗댈 수 있을 것 같다. 타짜들이 화투에서 5광을 놓지 않듯, 성공하는 리더들은 인간관계에서도 5심을 놓지 않는다. 화투로 짚어본 인맥의 5광5심법칙을 알아보자.

송학, 1광은 1월의 화투장으로 초심初心이다

　새해에 마음먹은 결심을 꾸준히 지켜가면 안 될 일이 없듯, 자신에게 은혜를 베풀어준 인물들을 챙겨라. 화장실 갈 때와 나올 때의 마음이 다른 사람은 반짝인맥을 누릴망정 오래도록 인맥을 유지하지는 못한다. 학이 남산 위 저 푸른 소나무를 바라보듯, 리더가 되고 싶다면 인생의 감사인물 리스트를 작성하고 늘 되새겨보아야 한다.

그리고 상대에게 감사를 표할 뿐 아니라 그 감사의 마음을 동네방네 여러 사람에게 이야기해 퍼뜨려라. 그러면 은혜를 베푼 상대에 대한 존경은 물론 감사의 마음을 잊지 않는 당신에 대한 인정의 마음으로 이어질 것이다.

벚꽃, 3광은 조심操心이다

리더들은 벚꽃이 활짝 핀 전성기일수록 자신을 관리하고 늘 조심한다. 조심의 반대는 마음을 놓는 방심이다. 윤은기 중앙공무원 교육원장은 인생에도 짝궁법칙이 있다고 말한다.

"잘나가고 있으면 그만큼 위기의 크기도 큰 법입니다. 인생의 음양법칙이란 게 바꾸어 말하면 짝궁법칙입니다. 자신이 신나게 살기 위해서는 남을 신나게 해줘야 한다는 것…… 이런 인생의 짝궁법칙을 명심하면 결코 혼자만을 위해 욕심을 부리지 않습니다. 남을 위해 기도하고 노력하는 만큼 거둔다는 진리를 명심하니까요."

변호사 출신의 이진강 방송통신심의위원장에게 들은 이야기다. 그가 자녀들의 대학입시를 앞두고 사찰에 가서 혼자 간절히 축원을 하고 왔다. 집에 돌아오니 아내가 어딜 갔다 오느냐고 묻더란다. 그 질문에 그는 무심코 대답했다.

"큰 애가 고3이잖아. 시험 잘 봐서 원하는 대학 들어가게 해달라고 했지."

그러자 아내는 반색하며 칭찬을 해주기는커녕 언짢은 소리를 했다.

"여보, 우리 아이만 잘 보라고 기도하면 어떻게 합니까. 다른 아이들도 모두 시험 잘 보게 해달라고 해야지요. 그래야 정말로 우리 아이가 잘될 수 있습니다."

부처님 같은 말에 이진강 위원장은 잠깐 머쓱해 하다가 아내가 한 말의 깊은 뜻에 진정으로 동감했다. 혼자서만 잘되겠다고 아옹다옹해서는 결코 멀리 갈 수 없다. 그 이후 이진강 위원장은 송사를 맡을 때도 그렇고, 늘 남을 위해 기도하게 되었다. 그 덕인지는 몰라도 자녀들은 원하는 명문대학에 입학했고, 그가 변호를 맡은 의뢰인들 또한 그의 변호를 받고는 '편안한 마음'을 가진다고 한다.

강한 햇빛에 그을려 그늘이 더 짙어진다는 사실을 명심하고 늘 미래를 위해 투자하고 주위에 대해 배려하는 것이 조심이다. 마음이 풀리지 않게 꽉 잡고 있으라. 그리고 남을 위해 기도하라. 그래야 남도 당신을 위해 기도해줄 수 있다.

공산명월, 8광은 허심虛心이다

8광패를 보라. 빈산을 보름달이 덩그러니 비추는 모습, 어떤 느낌이 드는가. 바로 욕망을 놓고 마음을 비우는 자세다. 공자는 "남이 나를 알아주지 않아도 노여워하지 않으면 또한 군자가 아니겠는가."라고 말했다. 부귀뿐 아니라 생색과 명예는 인간의 기본욕망이다. 한 치도 지지 않으려 하고, 이익을 위해서는 내 머리카락 한 올도 희생하지 않으려고 악을 쓰는 사람을 좋아할 사람은 없다. 인간관계가 무너지는 이유 중 하나가 바로 욕심, 미련과 생색 때문이다. '내가 해준 것이 얼마인데' 하면, 상대는 '그깟 쥐꼬리만큼 해주고 생색을 너무 내네' 하게 된다.

은혜를 입었을 때는 죽을 때까지 잊지 말라고 초심에서 이야기했다. 허심의 단계에서는 반대다. 자신이 은혜를 베풀었을 때는 손을 내민 순간 내민 것조차 잊어라. 사람이나 자리에 대한 집착을 비울 때 오히려 상대를 내 사람으로 만들 수 있고 일에서도 더 좋은 기회를 얻는다. 기꺼이 손해를 청하라. 앞으론 적자라도 뒤론 남는 장사다.

욕심을 버려야 사람을 얻을 수 있다. 소가 기 싸움을 벌일 때 머리를 아래로 낮출수록 뿔은 위로 치받게 되어 결국 승리할 수 있다고 하지 않는가. 내 마음이 앞서면 야심이 되지만, 상대를 배려하면 진심이 된다. 야심형 인간은 남들이 경계하지만, 진심형 인간은 반갑게 환영한다.

오동광은 열심이다

기본적으로 자신의 콘텐츠가 없는 사람이 인맥관리에서 성공하기란 힘들다. 인맥의 기본원칙은 원원이다. 줄 것이 없는 사람은 남에게도 받을 수 없다. 줄 것이 없는 사람은 관계에서 결코 동등해질 수 없거니와 친구도 될 수 없다.

평범한 보통사람은 매력이 없다. 그리고 그런 사람을 좋아하는 사람은 별로 없다. 진짜 인기 있는 사람은 단지 주의를 끄는 것을 넘어 자신의 영역에서 독특한 성과를 거둔 인물이다. 인맥은 재능도, 행운도 아니다. 스스로 구축한 역량과 노력의 결과다. 역량을 바탕으로 자신만의 브랜드가 구축되면 좋은 사람들은 자석에 끌리듯 따라온다.

U사장은 자신 있게 이런 말을 한다.

"만일 자꾸 사기를 당하거나 나쁜 사람들이 옆에 꼬인다면, 그들을 탓할 게 아니라 본인을 탓해야 합니다. 맑은 기는 맑은 기끼리, 탁한

기는 탁한 기끼리 자석처럼 끌어당기게 돼 있습니다. 그들이 당신 주위에 가까이 오게 된 것은 당신이 바로 그런 사람이기 때문입니다. 좋은 사람을 불러 모으기 위해선 당신 스스로 좋은 사람이 되어야 합니다."

열정만큼 사람을 끌어당기는 매력요소는 없다. 매일 힘들다고 죽는 소리를 하기보다는 어디에서든 에너지를 발산하라. 당신이 속한 조직의 브랜드를 만들려면 발품, 머리품, 마음품을 열심히 팔아라.

비광은 뚝심이다

비광은 화투패가 엉망일 때 가장 먼저 집어던지는 패라 싸구려처럼 느껴지지만, 비광 안에 숨겨진 이야기를 알고 나면 비장의 블루칩으로 다시 보게 된다. 비광의 그림을 보면 우산을 쓰고 있는 선비가 나온다. 오노 도후라는 인물로서 '일본의 한석봉'에 해당하는 유명한 서예가다.

비가 억수같이 퍼붓는 어느 날, 오노는 도무지 진전이 없는 서예 공부를 포기하고 싶어 바깥으로 나갔다가 신기한 풍경을 목도했다. 수양 버들이 땅 끝까지 축축 늘어진 어느 길목에서 개구리 한 마리가 홍수에 떠내려가지 않으려고 안간힘을 쓰는 모습이었다. 실패해서 미끄러지면 또 도전하고, 또 뛰어오르는 그 모습을 지켜본 오노는 다시 돌아가 붓글씨 공부에 정진했고 일본 최고의 서예가가 되었다고 한다.

인맥도 그렇다. 첫술에 배 부르기란 쉽지 않다. 처음부터 키맨을 내 사람으로 만들고, 인맥이 파도처럼 넘치게 할 수는 없는 노릇이다. 능수능란해보이는 커넥터들조차 실은 매번 시행착오를 겪고 있다. 다만 겉으로 표가 덜 날 뿐이다. 뚝심을 갖고 첫번째, 두번째 슈팅을 시도

하다가 골을 넣고, 차차 자신감을 얻어가는 것이다. 먼저 자기의 처지를 기반으로 가까운 사람과 네트워크를 시도해보라. 그러면서 성공 경험을 쌓고 당신은 인맥의 범위를 넓혀나갈 수 있다.

김형섭씨는 하버드 대학교 출신의 30대 교육 컨설턴트다. 그는 대학시절 책으로 사람을 만나는 것과 실제로 사람의 기氣를 쐬며 만나는 것은 차이가 있을 거라 생각하고 교훈을 얻고자 직접 편지를 쓰기 시작했다. 그러나 반응은 묵묵부답 또는 반송이었다. 하지만 포기하지 않고 꾸준히 노력한 덕분에 그는 마침내 수백 통의 답신을 받았고, 인생의 교훈도 얻었으며 책도 출간할 수 있었다. 물론 터무니없이 허공에 돌팔매 던지듯 아무데나 들이민 것은 아니다. 우선 대학 앨범을 구해 대학선배부터 접근하고, 다음에는 경영자 명부를 뒤지면서 조금씩 범위를 넓혀갔다. 그러는 동안 일본 경영자와 친해져 교유를 나누고, 또래의 친구도 소개받아 사귀고, 빌 게이츠의 이메일도 받을 수 있었다. 만일 그가 힘들다고, 터무니없는 일이라고 도전을 포기했다면 오늘날의 열매를 거두지 못했을 것이다.

이 같은 키맨과의 관계 구축뿐 아니라 직장 내의 인간관계도 어렵기는 마찬가지다. 매일 사표를 내고 싶게끔 하는 상사, 요리조리 핑계를 대며 말을 안 듣는 뺀질이 부하직원 등에게 일일이 불평불만을 품지 말고, 오히려 뚝심으로 버텨나가자.

이처럼 5광패를 꽉 붙잡고 실천하면 인맥의 타짜가 되는 것은 식은 죽 먹기다.

인맥의 5광5심 법칙

- **송학, 1광은 1월의 화투장으로 초심** : 자신에게 은혜를 베풀어준 인물들을 챙겨라.
- **벚꽃, 3광은 조심** : 전성기일수록 자신을 관리하고 늘 조심한다.
- **공산명월, 8광은 허심** : 사람이나 자리에 대한 집착을 비워라. 욕심을 버려야 사람을 얻을 수 있다.
- **오동광은 열심** : 인맥은 재능도, 행운도 아니다. 스스로 구축한 역량과 노력의 결과다. 발품, 머리품, 마음품을 열심히 팔아라.
- **비광은 뚝심** : 첫술에 배 부르기란 쉽지 않다. 포기하지 않고 꾸준히 노력하면 반드시 열매를 거둔다. 자기의 처지를 기반으로 가까운 사람과 네트워크를 시도해보라. 그러면서 성공 경험을 쌓고 인맥의 범위를 넓혀나갈 수 있다.

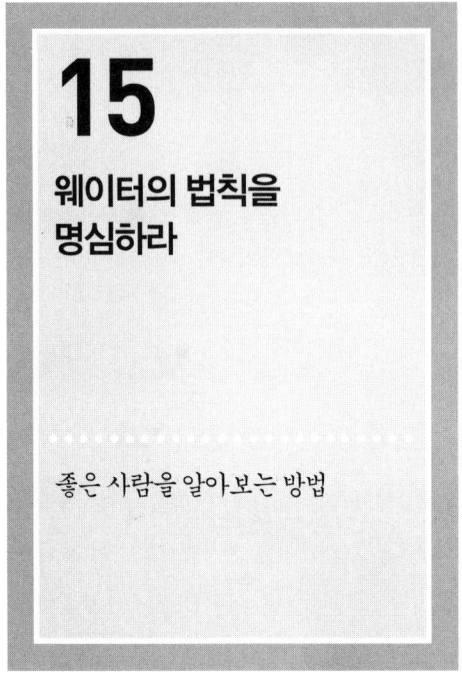

15
웨이터의 법칙을 명심하라

좋은 사람을 알아보는 방법

중국의 정치·외교·군사를 다룬 《반경反經》은 당나라 조유의 저서로, 《자치통감》과 쌍벽을 이룬다. 이 책에는 사람을 알아보는 7가지 방법이 소개돼 있다.

- 은밀히 갑작스럽게 질문한다.
- 비밀스러운 일을 해본다.
- 큰돈을 주고 시험해본다.
- 술을 마시게 해 의지력을 본다.
- 먼 곳에 보내 충성심을 본다.
- 잘 나갈 때 누구를 만나는지 본다.
- 부유할 때 누구를 돕는지 본다.

인재가 뜻하는 바는 여러 가지겠으나, 보통사람에게는 일단 내가 어려울 때나 잘나갈 때나 시종여일 내 편을 들어줄 우군이 아닌가 싶다. 하지만 열 길 물속은 알아도 한 길 사람의 속은 모른다는 말처럼 '사람을 알아보기'란 쉬운 일이 아니다. 그래서 여러 가지로 파악해보는 방법이 나오는데, 대부분 확률오차가 있게 마련이다.

군수업체 레이시언의 빌 스완슨은 CEO가 명심해야 할 비즈니스 룰 33가지를 정리한 《스완슨의 알려지지 않은 매니지먼트 룰》에서 '웨이터 법칙'의 영험함을 자신 있게 강조하고 있다. 바로 웨이터에게 험하게 대하는 사람은 절대로 비즈니스 파트너로 고르지 말라는 귀띔이다. 이런 사람은 식당종업원뿐 아니라 모든 하급직원도 험하게 다뤄 인재가 떨어져 나가게 한다고 지적한다.

아랫사람에게 관대하라

이른바 웨이터의 법칙! 그동안 사람을 알아보는 다양한 방법이 나왔지만 상황에 따른 여러 가지 변수를 피할 수 없었다. 하지만 웨이터의 법칙만은 결코 오차가 없는 확실한 감별법이라고 그는 호언장담한다. 하긴 식당종업원뿐이겠는가. 성공하는 리더들은 운전기사나 수행비서 등 주변인들을 결코 아웃사이더로 홀대하지 않는다. 말은 안 하지만 마음속으로는 웨이터의 법칙, 비서의 법칙, 운전기사의 법칙 등을 시리즈로 꿰뚫고 있다. 그래서 용건 전달을 위해 비서를 통하더라도 반드시 정중하거나 다정한 안부인사로 말문을 열며 비서나 기사를 항상 챙기고 배려한다.

한 경영자는 "칼은 칼자루부터가 아니라 칼끝부터 들어가는 법"이라며 "아랫사람에게 잘 대하는 사람이 진짜 인맥의 달인이 될 수 있다."라고 귀띔했다. 미국 CEO들이 털어놓는 '내가 만난 파트너들은 식당의 웨이터에게 어떻게 대했나' 이야기는 흥미진진하면서도 시사적이다.

미국의 문구종합판매 체인인 오피스데포의 CEO 데일 오스몬드는 명쾌하면서도 결코 확률오차가 없는 확실한 인재 판별법을 내놓고 있다. 그의 룰은 30여 년 전 프랑스 식당에서 웨이터로 일할 때의 경험을 바탕으로 탄생했다. 서빙을 하다 귀부인의 흰색 블라우스에 선명한 보랏빛 셔벗을 엎지르는 아찔한 실수를 저지른 것이다. 이제 죽었구나 하고 새파랗게 질려 있는 그 순간, 귀부인의 너그러운 목소리가 들려왔다.

"당신의 실수가 아니에요. 호호."

그 귀부인의 관대함이 지금까지 회사를 경영하면서 '아랫사람에게 관대하라'는 30년의 교훈이 됐다고 한다.

물론 외국에도 한국의 고약한 부자 못지않은 부자들이 있다. 식당종업원의 사소한 실수에 윽박지르거나 위협을 하며 큰소리치는 경우도 적지 않다. 이렇게 윽박지르는 사람들을 지켜보는 CEO들은 '이 사람은 내 비즈니스 파트너가 아니구나.'라고 깨닫게 된다. 비즈니스를 함께하기 전에 일부러 '웨이터 룰'을 시험해보는 경영자도 있다.

파네라브레드 체인의 CEO 론 샤이치는 회사 법률고문 후보자인 여성과 식사를 하면서 자신에게 그토록 공손하던 그 여성이 식당종업원에게 '깜짝 놀랄 만큼 무례한' 것을 보고 채용을 포기한 적이 있다고 회고했다. 종업원을 무시하는 사람은 회사에서 직원도 무시하고, 결국 조직의 효율도 떨어뜨릴 것이란 우려 때문이었다.

식당에서 종업원을 어떻게 대하는지 관찰해 업무에 참조하는 것은 이른바 현대판 '7규법' 중 하나인 셈이다. 이 같은 아랫사람 접대법은 비즈니스뿐 아니라 데이트에도 적용된다. 미국에서 전문직 2,500명을 대상으로 한 조사에서도 식당종업원에게 무례하게 구는 사람이 '어글리 랭킹 1위'로 나타났다. 무례한 데이트 상대는 지금 잘해주더라도 친해지면 드러날 그 본성과 결과가 뻔하다는 이야기다. 비즈니스 파트너로나 데이트 파트너로나 최악의 상대가 되지 않으려면 지금부터라도 식당에서 공손하게 행동할 일이다.

성공하는 리더들은 한결같이 말한다. "상대방에 따라 태도가 달라지는 사람과는 가급적 비즈니스를 하지 말라." 이 말은 사람을 많이 대하는 사람들을 위한 '사람 보는 법'의 기본이다. 동서양은 서로 통하는지, 앞에서 언급한 조유의 《반경》에도 마침 이런 이야기가 나온다.

"상대의 뜻을 존중해주고 허심탄회하게 그로부터 배우고 받아들이면 자기보다 100배 강한 인재들이 올 것이오. 현사賢士를 구하기는 하지만 끈기 있게 기다리지 않고, 가르침을 구하기는 하는데 꾸준한 마음이 없으면 자기보다 10배 강한 인재를 얻을 것이며, 다른 사람이 능동적으로 찾아와야 비로소 영접하면 다만 자기와 비슷한 사람을 얻을 수 있을 것이오. 남을 마음대로 부린다면 다만 노복을 얻을 수 있을 따름이며, 방종하고 사나운데다 큰소리치면서 부른다면 노예를 얻을 수 있을 따름이다."

남을 마음대로 부리고 방종하고 사나워 큰소리치며 부르니 괜찮은 사람은 다 도망가고 노예만 얻는다는 이야기다. 요즘 세상에는 노예도 없으니 나 홀로 외로움을 씹을 수밖에 없다.

성공하는 리더들은 아랫사람이라고 무시하거나 함부로 대하는 법이 없다. 자기가 잘 보이고 싶은 사람에게만 공손하고 상냥한 것은 누구든 할 수 있는 일이다. 그러나 그 주변의 사람까지 존중하는 '품성'을 가진 사람은 흔치 않다. 그래서 그들이 비즈니스 파트너로 낙점될 확률은 더 높아질 수밖에 없는 것이다.

> **Leader's guide**
>
> **웨이터의 법칙**
>
> 웨이터에게 험하게 대하는 사람은 절대로 비즈니스 파트너로 고르지 말라는 이른바 '웨이터의 법칙'을 명심하라! 상대방에 따라 태도가 달라지는 사람과는 가급적 비즈니스를 하지 말라. 성공하는 리더들은 아랫사람이라고 무시하거나 함부로 대하는 법이 없다.

2

당신의 사람이 당신의 성공을 부른다
: CEO들의 아주 특별한 인간관계 만들기

16. 상대방을 주어로 생각하라
17. 호칭은 힘이 세다
18. 초록은 동색이고, 가재는 게편이다
19. 작은 선물로 큰 감동을 주라
20. 단골음식점의 후광효과
21. 버선발로 뛰어나가 맞이하듯 이름을 불러주라
22. 악수가 첫인상을 결정한다
23. '님'을 '남'으로, 점 하나의 차이를 놓치지 마라
24. 눈물 젖은 빵 이야기를 공유하라
25. 유머의 수사반장 원칙
26. 이메일단소경박의 법칙
27. 미니스커트와 자기소개는 짧을수록 좋다
28. 준비하는 사람은 미래가 두렵지 않다

16

상대방을 주어로 생각하라

1센티미터, 0.5초의 배려가
무한감동을 자아낸다

미국의 미시간 공과대학 조벽 교수를 인터뷰한 적이 있다. 그 학교의 과 티셔츠를 선물 받았는데 좀 이상했다. 각종 수학·물리학 공식이 빼곡히 쓰여 있는데 앞면뿐 아니라 등 뒤로도 같은 무늬(?)였다. 호기심을 참지 못해 그 이유를 물어보니 의미 깊은 대답이 돌아왔다.

"하하, 시험을 볼 때 등 뒤 학생도 보고 참고하라고 그렇게 만들었답니다. 앞면에만 써놓으면 뒤에 앉은 학생은 안 보이잖아요. 하지만 등 뒤에도 써놓으면 뒤에 앉은 학생도 공식을 보고 문제를 풀 수 있잖아요. 상대의 입장에 서서 생각하는 배려의 마음을 아이들에게 알려주고 싶어서요."

'ambulance'란 철자를 옆면에는 제대로 쓰지만 앞 범퍼에는 뒤집어놓은 미국의 구급차도 이와 같은 배려를 나타낸다. 앞선 차량은 백

미러를 통해 뒤에 있는 사물을 인식하므로 거울에 비춰 보았을 때 제대로 알게 하려는 의도이다. 앞선 차량에 대한 배려, 즉 상대 중심의 철학 때문이다. 국가나 학교나 사람이나 이처럼 소통에 성공하고 있는 이들은 국민, 학생, 고객 중심으로 생각하는 것이 뼈에 스며 있다.

앞서나가는 리더나 국가들은 상대를 주어로 생각하는 1센티미터, 0.5초의 배려가 몸에 배어 있다. 펠레가 축구황제로 등극할 수 있었던 것도 바로 0.5초 빠르게 움직였기 때문이고, 조르지오 아르마니가 명품패션계의 황제로 명성을 날리는 것도 1센티미터 앞서나가는 디테일한 능력을 발휘했기 때문이다. 조르지오 아르마니는 이렇게 말했다.

"인생에서 뭔가 의미 있는 것을 이루기 위해서는 가장 작은 디테일에 신경을 쓰는 것이 필수적입니다. 비범한 것을 창조하기 위해서는 집요할 정도로 가장 작은 디테일에 몰두해야 합니다."

가끔 출판사나 지인들로부터 책을 선물 받곤 한다. 한번은 양지실업 정석주 회장이 보내준 시사잡지를 받았는데, 특정 페이지에 포스트잇이 붙어 있었다. 그 페이지에는 바로 그 분 인터뷰가 실려 있었다. 만일 그가 포스트잇을 붙이는 '1퍼센트의 배려'를 하지 않았다면 나는 그 책을 무심코 책꽂이로 직행시켰을지도 모른다. 상대의 무관심이나 무반응을 탓하기 전에 이렇듯 관심과 동조를 하지 않으면 안 되도록 장치를 해놓으라. 그것이 바로 상대방 입장에서 반발짝 더 배려하기다.

0.5초 빨리 1센티미터 앞서 배려하라

배우 출신의 로널드 레이건 대통령은 탁월한 의사소통으로 미국의 역대 대통령들 가운데 베스트로 뽑히는데, 그 이유는 그가 달변이었기 때문이 아니다. 그 비결은 의외로 단순하다. 바로 "나는 대통령으로서 이렇게 하겠다."고 폭포처럼 웅변을 쏟아놓지 않았다. 대신에 국민을 주어로 국민의 입장에서 고민하고 생각하는 연설을 함으로써 국민을 자기편으로 만들 수 있었다.

"전문가라는 사람들이 여러분을 속 터지게 하지요? 그들 때문에 저도 미치겠습니다. 그럼 문제의 핵심이 무엇인지 한번 짚어볼까요?"라는 식으로 국민과의 대화를 풀어갔다. 또한 "여러분이 저보다 더 잘 아시겠지만……"이란 말로 자신을 낮추곤 했다.

《성공하는 사람들의 7가지 습관》의 저자 스티븐 코비는 자녀를 집에서 교육시킬 때 결코 가르치지 않았다고 한다. 오히려 자녀들이 아버지를 가르치게 하는 '학교놀이'를 하는 게 효과적이었다는 것이다.

입장을 바꿔 상대방을 주어로 만들라. 상대방을 주어로 생각한다는 것은 스스로를 상대에 맞추려는 노력이다. 말은 쉽지만 실천은 쉽지 않다. 역지사지, 영어로 '바꿔 생각하다.'는 'Put yourself in one's shoes.'이다. 생각해보라. 남의 신발에 나의 발을 끼워 넣어 신으려면 작아서 아프거나 커서 질질 끌리거나 둘 중 하나일 것이다. 신데렐라의 언니만 봐도 커다란 발을 유리구두에 억지로 구겨 넣으려다 피눈물을 흘리지 않았는가. 그런가 하면 어린 시절 엄마나 아빠의 커다란 구두를 억지로 신고 비틀거리다 넘어진 경험이 한두 번쯤은 있을 것이다. 남의 신발을 신어보는 배려지수를 높이려면 본능적으로는 힘들며, 학습과 끊임없이 노력하는 훈련의 과정이 필요하다.

한국리더십센터 김경섭 회장도 이런 배려 교육은 쉽지 않았다고 털어놓는다.

"예전에 딸아이를 데리고 꽃박람회에 간 적이 있습니다. 아름다운 꽃들이 흐드러지게 피어 향기가 진동하는데, 딸애가 갑자기 꽃이 무섭다고 말하는 것 아니겠습니까? 어이가 없을 뿐 아니라 걱정스럽기까지 했지요. 아니 이 아름다운 꽃들이 무섭다고 하다니 정신이 이상한 것 아닐까 해서요. 울며 징징거리는 아이를 달래기 위해 그 자리에 쭈그리고 앉았는데 바로 꽃 너머에 숨어 있는 고양이가 보였습니다. 만일 내 눈높이에 맞춰 꽃만 있는데 무슨 소리냐고 아이를 윽박질렀다면 큰일 날 뻔했지요."

김경섭 회장은 그런 산교육의 과정을 겪은 후 정말로 눈높이 대화의 중요성을 실감했다고 토로했다. 주변에서 신뢰를 얻는 사람들은 하나같이 상대의 눈높이에 맞춰 배려하는 지수가 높다.

모임 약속을 정하기 위해 홈플러스그룹 이승한 회장의 비서에게 전화를 걸었다. 그 회장에 그 비서라고, 같은 조직의 사람들은 닮아가는 모양이다. 신호음이 울리고 비서의 상냥한 목소리가 들리자, 나는 내 소개를 하고 용건을 전했다. 그때 비서의 응답은 내가 이제까지 한 번도 들어보지 못한 감동천리의 멘트였다.

"아, 지금 회장님이 안 계셔서 시간을 여쭤봐야 할 것 같은데요. 혹시 실장님이 바쁘셔서 잊으실지 모르니 내일 제가 다시 시간 확인해서 전화 드리겠습니다." 하는 것 아닌가. 말 한마디로 천 냥 빚을 갚는다는 말을 실감케 했다. 보통 "다시 한 번 전화 주시겠습니까?" 하는 게 통례다. 그런데 상대를 배려해 '당신이 바쁘겠지만' 한 구절이 들어가 이렇게 전화 받는 상대를 춤추게 할 수 있다니. 다음날 부리나케 내가 먼저 전화를 걸었음은 물론이다.

식사자리에서 부지런히 자신의 입에만 숟가락을 넣을 것이 아니라 살짝 상대의 반찬 접시를 살펴보라. 그리고 눈치껏 보충 주문을 하라.

젓가락이 잘 가는 반찬이 있으면 그 앞에 슬그머니 밀어줘라. 아마 열 마디 화려한 언변보다 큰 효과를 발휘할 것이다. 대화를 나눌 때면 흥에 겨워 떠들지만 말고 자신이 말하는 문장을 가만히 점검해보라. 자기가 주어인 문장과 상대를 주어로 한 문장이 얼마나 되는지 비율을 확인해보라. 그것이 바로 주위사람들에 대한 당신의 배려지수일 것이다. 이야기의 주어가 바뀌면 주인공도 바뀌고, 당신의 이야기도 자연스럽게 전달돼 상대를 춤추게 할 수가 있다. 열 마디 자신에 대한 장광설이 한 마디 상대에 대한 질문요청보다 약발이 없다. 상대를 주어로 바꿔 생각하라. 0.5초 빨리 1센티미터 더 나간 작은 배려가 상대에게 무한감동을 자아낸다. 당신을 명품 이미지로 각인시킨다.

1센티미터, 0.5초의 배려

앞서가는 리더들은 상대를 주어로 생각하는 1센티미터, 0.5초의 배려가 몸에 배어 있다. 이야기의 주어가 바뀌면 주인공도 바뀌고, 당신의 이야기도 자연스럽게 전달돼 상대를 춤추게 할 수가 있다. 자기 자신이 생각 또는 문장의 주어가 되면 상대는 강요로 느끼기 쉽다. 상대를 주어로 바꿔 생각하라. 0.5초 빨리 1센티미터 더 나간 작은 배려가 상대에게 무한감동을 자아낸다.

17

호칭은
힘이 세다

잘 부른 호칭 한마디는
천 냥 빚도 갚을 수 있다

히딩크 감독이 한국 축구 국가대표팀을 맡으면서 가장 먼저 뜯어고친 대표팀의 고질병이 무엇인지 아는가. 수비 불안이나 골 결정력 부족 같은 것이 아니다. 그가 처음 주목한 것은 선후배 선수들 간의 '호칭' 문제였다. 그라운드에서 선수들이 호흡을 제대로 맞추기 위해서는 제때 '골 플레이'가 이뤄져야 하는데, 엄격한 위계질서 때문에 선배의 이름을 함부로 부르지 못해 주저하는 동안 조직력에 구멍이 뚫렸던 것이다. 이 때문에 그라운드 안에서는 이름만 부르게 하는 '대수술'을 단행했고, 결국 2002년 한일월드컵에서 4강 신화를 쓸 수 있었다.

반대로 수직적 호칭이 조직효율에 플러스가 되는 경우도 있다. 모 교수는 유학 시절에 한인학생들에게 한글을 가르쳤는데, 수업분위기가 너무 어수선하고 엉망이었다는 것이다. 1학년부터 6학년까지 고루

섞여 있으니 중구난방이었다. 이때 그가 나이에 따라 언니, 오빠라는 호칭을 정해주고 그렇게 부르게 하니 위계질서가 서며 학습 분위기가 조성됐다는 이야기를 들려주었다. 그러면서 그는 한국적 DNA에는 역시 호칭에 따른 위계질서의 힘이 크게 작용한다는 나름대로의 결론을 덧붙였다.

이 두 가지 사례를 통해 호칭의 힘이 크다는 사실을 알 수 있다. 호칭을 조정함에 따라 오합지졸 약체팀을 전 세계 4강팀으로 우뚝 세우기도 하고, 중구난방의 교실을 학습 분위기 최고의 우등생반으로 변화시키기도 한다. 작은 호칭 하나가 이처럼 조직과 인간관계를 전진시키거나 후퇴시킬 수 있다. 사람을 얻고 싶다면, 조직에서 인정받고 싶다면 호칭부터 제대로 불러라.

이처럼 인간관계에서 이름 못지않게 중요한 것이 호칭이다. 아니 어떤 면에서는 이름보다 더 중요하다. 만일 어떻게 불러야 할지 잘 모르겠다면 당장은 좀 불편하더라도 당사자에게 직접 어떤 호칭으로 불러야 할지 물어보는 것이 낫다. 호칭은 관계 규정이므로 애매한 호칭으로 계속 부르기보다 첫 만남의 자리에서 양해를 구해 규정하고 시작하라. 괜히 자기 편의대로 불렀다간 한두 번 부르는 것도 아닌데 그때마다 거슬릴 수 있다.

사람마다 사장이나 대표 또는 소장 등 각각 자신이 편하게 느끼는 호칭이 있다. 조직문화에 따라 아주 이색적인 호칭을 청하는 경우도 있다. 혼다그룹의 창업자 혼다 소이치로는 부하직원들이 사장이라 부르는 것을 싫어했다고 한다. 그보다는 구멍가게 같은 조그만 업체에서 친근감을 담아 주인에게 붙이던 '오야지親父'란 호칭을 선호했다고 한다.

혼자 판단해 마음대로 부르기보다는 "제가 호칭을 어떻게 부르면 좋을까요, 사장님이라 불러도 괜찮겠습니까?"라고 물어보는 것이 안전한 방법이다. 호칭은 부르는 사람도 편해야 하지만, 그보다 더 중요한 것은 듣는 상대방이 만족스러워야 한다.

호칭에 덤을 듬뿍 얹어라

내가 단골로 가는 시장 순댓집이 있다. 그 집은 늘 손님들로 장사진을 이뤄 오후 5시면 손을 털고 가게문을 닫는다. 어느 날 줄을 서서 기다리면서 순댓집 주인의 상술을 세밀히 관찰해 보았다. 그는 손님이 주문을 하면 순대를 한 덩어리 숭덩 잘라서 솜씨 좋게 자르고는, 손님이 말하기도 전에 반 덩어리 또 잘라서 "덤입니다." 하며 인심 좋게 얹어주었다. 그것이 원래 담아주어야 할 양인데 조삼모사 작전으로 나눠서 주는 것인지, 아니면 정말 덤인지는 잘 모르겠다. 하지만 순대를 다 담은 봉지를 열고 덤으로 더 넣어주니 받는 손님은 입이 귀에 걸릴 수밖에 없다. 호칭에도 이처럼 순댓집 주인의 덤이 필요하다. 택시기사를 '기사님'이라고 부를 때와 '아저씨'라고 할 때, 나를 대하는 태도가 달라지지 않는가.

언론에도 소개된 적 있는 창원지법의 최인석 부장판사도 비슷한 경우다. 보통 법정에서는 소송관계자를 피고나 원고라고 부르는 것이 관례인데, 그는 소송관계자의 호칭을 원래대로 불러서 일이 잘 풀렸다. 50대 후반의 두 아주머니가 원금과 이자 4천만 원을 놓고 소송이 걸려 찾아왔는데, 그가 감정적으로 대립한 원고와 피고를 판사실로 불러 조정을 시도하면서 두 당사자에게 '여사님' 또는 '누님'이라고 부르며 분위기를 누그러뜨리고 화해를 권고했다는 것이다. 판사실에 들어와서도 낯선 감정으로 대립하던 두 소송 당사자는 부장판사가 '여사님'이나 '누님'이라고 부르는 사이 감정이 조금씩 누그러졌고 결국 합의에 이르렀다고 한다. 덤을 얹어 잘 부른 호칭 한마디는 천 냥 빚도 갚을 수 있다.

일반적으로 잘 모르는 남자를 지칭할 때 '선생님'이라 부르던 예전과 달리 요즘엔 '사장님'으로 바뀐 것을 보면 변화된 세태를 읽을 수 있다. 예전에는 지식과 덕망이 뛰어나 문자 그대로 '나보다 먼저 태어난' 것으로 보이는 선생님이 존중을 받았기에 모르는 사람에게도 선생님이라 부르며 대우해 주었다. 하지만 이제는 경제력이 존중받는 자본주의 정점의 사회이기에 서로를 사장님이라고 덤을 얹어 불러주는 것이다.

과거 여러 가지 직함을 거친 사람을 만날 때는 현직을 포함해 가장 전성기 때 호칭을 부르는 것이 좋다. 어쨌든 호칭의 최고우선법칙은 듣는 상대가 기분이 좋아야 한다는 것이다. 이렇게 덤을 얹어 불러도 시원찮을 판에 어떤 이는 오히려 호칭을 낮춰 불러 화를 자초하기도 한다. 이를테면 직장상사나 친지가 승진을 했는데도 예전 호칭대로 부르는 경우다. 승진해서 직급이 달라졌는데도 입에 익었다는 이유로 부장에게 자꾸 부지불식간에 과장으로 부르거나 대리로 부른다면, 센스 없고 자기계발 업그레이드가 안 되는 사람으로 찍히기 쉽다. 물론 조직생활도 빡빡해질 것이다. 이런 사소한 문제에 대한 공격은 정면으로 오지 않고 전혀 예측하지 못한 스리쿠션 방식으로 엉뚱한 데서 날아와 더욱 당혹스럽다. 잘못 부른 호칭, 직급을 낮춰 부른 호칭은 당신도 모르는 사이 당신의 점수를 깎아내린다. 호칭은 전략이다. 순댓집 주인처럼 덤을 듬뿍듬뿍 얹을수록 정이 쌓이고, 자기편이 늘어나기 때문이다.

호칭, 무지개 색깔로 가져라

　호칭에는 미묘한 감정전선이 깔려 있다. 감정에 따라 호칭을 바꿔 부르기도 하지만, 호칭에 따라 감정이 변하기도 한다. 호칭의 등급 구분은 계급 이외에 친밀도를 반영한다. 외국영화를 보면, 두 사람이 만나 서로 호감을 느낄 때 제일 먼저 묻거나 이야기하는 내용 가운데 하나가 "내가 너의 퍼스트네임을 불러도 되겠니?" 또는 "나를 내 퍼스트네임인 톰으로 불러줘." 등이다. 어느 정도 관계가 진전됐는데도 예의를 모두 갖춰 풀네임으로 부르는 것은 상대방과 거리감을 두겠다는 경계심의 반영이다. 최근 일부 기업에서 위계질서 파괴의 기치를 내걸며 모든 임직원이 평등하게 '님'으로 부르자는 바람이 분 적이 있다. 예컨대 '김철수 님' 하는 식으로. 이런 경우 직급 파괴는 되지만, 가령 친한 사람끼리는 어떻게 그 친밀도를 표시할까 궁금했다. 아니나 다를까, 그 직장에 다니는 지인에게 들어보니 비밀병기가 있었다.
　"서양에서는 퍼스트네임을 부르는데 우리는 라스트네임, 즉 성에 '님'을 붙이는 거예요. 그게 너와 내가 친한 사이란 표시지요. 그래서 성이 주씨인 사람은 주님이라 불리게 돼 좋아한답니다. 하하."
　그 말을 듣고 '서로의 친밀도를 구분해 표현하고 싶은 것은 동서양을 막론하고 같구나' 하고 생각했다. 친한 정도는 결코 평등할 수 없고, 그것이 적절히 표현될 때 한울타리 사람으로 한층 가깝게 여기게 되는 것은 인지상정이다.
　K전무는 직원에게 화가 났을 때 정식 풀네임을 부르는데, 직급에 '님'까지 붙여 부르면 직원들은 긴장하고 바싹 얼게 마련이다. 다양한

호칭의 스펙트럼에 따라 직원들은 K전무의 분위기를 짐작한다. 이처럼 호칭은 자신의 감정적 분위기를 대변하는 도구 노릇도 한다.

호칭을 사용할 때 친밀도를 기준으로 층위를 달리 하라. 그리고 상대에게 친밀도의 최상급 호칭을 사용하고 있음을 알리고 공유하라. 친밀의 점성이 훨씬 끈끈해질 것이다. 호칭은 인간관계의 전략이다. 앞서 예를 든 순댓집처럼 듬뿍듬뿍 덤을 얹어주는 전략, 상대방이 듣고 싶어하는 대로 불러주는 배려, 그리고 무지개처럼 다양한 스펙트럼을 가지고 친밀도에 따라 다양하게 변주할 때 공존지수는 쑥쑥 올라간다. 정확하고 정감 있게 불러라. 그러면 열릴 것이다. 호칭은 힘이 세다.

호칭을 제대로 불러라

작은 호칭 하나가 조직과 인간관계를 전진시키거나 후퇴시킬 수 있다. 사람을 얻고 싶다면, 조직에서 인정받고 싶다면 호칭부터 제대로 불러라.

1. 어떻게 불러야 할지 잘 모르겠다면 상대에게 직접 어떤 호칭으로 불러야 할지 물어보는 것이 좋다.
2. 과거 여러 가지 직함을 거친 사람을 만날 때는 현직을 포함해 가장 전성기 때 호칭을 부르는 것이 좋다.
3. 호칭을 사용할 때 친밀도를 기준으로 층위를 달리 하라. 그리고 상대에게 친밀도의 최상급 호칭을 사용하고 있음을 알리고 공유하라.

18
초록은 동색이고, 가재는 게편이다

친숙한 이미지로 다가가라

　　　　　　　　　　　　　　　　　　미스코리아를 뛰어넘는 출중한 외모가 호감을 줄까, 아니면 평범한 옆집 누나 같은 편안한 이미지가 호감을 줄까? 평범한 외모를 가진 사람들에게 큰 위안을 주는 한 연구결과가 있다.

　독일의 심리학자 주디스 랭글로이스 연구팀은 남자들에게 33장의 여자 사진을 보여준 다음, 가장 마음에 드는 사진을 고르게 했다. 그 결과 단연 1위로 꼽힌 얼굴은 이 세상에 존재하지 않는 얼굴이었다. 그 얼굴은 32명 여성들의 얼굴 사진을 모아서 눈, 코, 입, 얼굴형 등의 평균치를 찾아낸 다음 그것을 조합한 사진이었기 때문이다. 즉 가장 높은 선호도를 보인 것은 평균치의 얼굴이었는데, 왜 이런 반응이 나타난 것일까? 이는 진화심리학적 관점으로 설명이 가능하다. 사람들은 익숙하지 않은 것들에 대해서는 예측이 어려워 자신에게 해가 되는 행동을 할까봐 경계하는 본성이 있기 때문이다. 그래서 인간은 튀지 않아야 선택받는 것이라고 한다.

랭글로이스의 연구결과는 우리의 생각을 뒤집는 것이다. 튀지 않는 평균치를 선호하는 경향은 외모에서만 나타나는 것이 아니다. 인간은 기본적으로 매일 다니는 길이나 즐겨 먹는 음식 등 일상생활에서 몸에 익숙한 것을 좋아한다. 그래서 훌륭한 홍보 참모는 전략을 세울 때 해당인사가 얼마나 출중한 엘리트인가를 부각시키기보다 보통사람, 이웃집 아저씨나 아줌마 같은 면을 돋보이게 해 '보통사람과 같은 류'임을 강조하려고 노력한다. 일상적이며 사소한 것들을 의도적으로 노출하고 퍼뜨린다. 인간은 우수한 별종보다 자신의 모습을 반영한 친숙함에 끌림을 알기 때문이다. 들에 핀 꽃과 이야기하려면 폭포처럼 내리꽂혀서는 곤란하며, 시냇물처럼 졸졸거리며 흘러야 대화를 할 수 있다.

2008년 쓰촨성 대지진이 일어났을 때, 원자바오 총리가 대지진 수습현장에서 흘린 눈물은 백만불짜리 대히트였다. 그가 만일 사고수습대의 현장보고를 받고 지시를 내리는 모습만 나왔다면 어땠을까? 이재민의 손을 붙들고 눈물을 글썽인 그의 모습은 인민을 하나로 묶고 감동시켰다. 중국의 언론은 이 일에 대해 '친민親民' 리더십이라 칭하며 '인민의 총리'라 평했다. 친근함은 처지를 공감하고 상대가 자신과 공통점이 많다는 것을 발견하면서부터 시작된다. 논리나 주장은 감정과 정서보다 중요하지 않다.

평범함은 곧 친숙함이다

미국 최초로 흑인대통령이 된 버락 오바마. 그의 부인인 미셸 오바

마는 선거전 가운데 주먹으로 하이파이브를 하는 등 미국 주부들이 '하지 않는' 호전적 제스처를 취했다. 그런가 하면 "이제야 비로소 미국인으로서 자부심을 느낀다."고 자신의 주장도 강하게 표현했다. 그녀의 당당함은 우먼파워의 표상으로서 과연 국민의 마음을 얻었을까? 천만의 말씀이다. 결국 그녀는 위기 돌파를 위해 친숙한 보통주부 전략으로 작전을 변경해야 했다. 부시 전 대통령의 부인 로라 부시가 "남편이 일찍 잠들어 버리기 때문에 혼자 TV 인기 드라마 〈위기의 주부들〉을 보며 밤을 지샌다."고 한 조크로 단번에 자신을 대중에게 친숙한 인물로 각인시켰듯이 말이다.

최근 외신보도에 따르면, 미셸은 토크쇼에 출연해 변호사로서 일해온 경력이나 국가정책에 대해서는 한마디도 하지 않는다고 한다. 대신 평범한 가정에서 태어나 두 딸을 키우는 엄마로서의 행복을 소재로 수다를 떨었다고 한다. 아침식사 메뉴로 베이컨을 내놓는다든지, 너무 불편해 팬티스타킹을 신지 않는다는 시시콜콜한 사생활까지 털어놓으며 말이다.

사람을 대하는 데서도 마찬가지다. 진정으로 상대를 감동시키고 동감시키는 것은 무엇인가. "우리가 남이가."란 말도 있듯이 내가 너와 다른 별종이란 차별성이 아니라 동종이란 동류의식이다. 천재보다는 범재가 많으므로 평범함이 결국 코드가 된다. 그리고 정서적으로 동화됨을 구체적 행동과 말로 표현하는 것이다.

KS마크, 즉 경기고와 서울대 출신이란 엘리트 딱지를 떼고 싶었던 한 정치인은 선거유세전 가운데 순댓국에 소주를 먹고, 와이셔츠 소맷자락으로 소주잔을 쓱 닦았다고 한다. 자신의 서민적 풍모를 강조하고 싶어서다.

진짜 접대를 잘하는 사람은 귀한 손님이 왔을 때 별 5개짜리 고급 레스토랑으로 안내하기보다 상대방이 좋아하는 기호를 파악하는 것을 최우선으로 삼는다. 때로는 김치찌개 잘하는 집을 찾아가 정답게 무릎을 맞대고 먹는다. 최고라고 해서 최적은 아니기 때문이다.

선진전자정부를 벤치마킹하기 위해 방문한 외국사절단에게 식사를 대접한 적이 있다. 그런데 그들은 한식당이 아니라 그들 나라의 음식을 대접했을 때 더 만족스러워했다. 처음 외국에서 온 손님을 맞이할 때는 무조건 한국식당으로 안내하곤 했으나 외국인들은 좌식에 익숙하지 않을 뿐 아니라 입맛에 안 맞는 음식 때문에 내내 불편해했던 것이다. 그 이후 한국음식을 꼭 대접해야겠다는 욕심을 접고 상대가 편하게 식사할 수 있는 곳에서 대접했다.

캘리포니아에서 통상사절단이 한국을 방문했을 때 일이다. 캘리포니아의 와인을 미리 준비했다. 결과는? 물론 대성공이었다. 그들은 태평양 건너 이역만리에서 자신들과 친숙한 '고향친구'와 조우하며 감격했고, 우리의 배려에 고마워했다. 여기저기서 "Cheers!"가 절로 터졌고, 밤늦도록 서투른 영어로나마 대화를 나누며 웃음꽃이 피었다.

상대가 내게 호감을 느끼게 하고 싶은가. 친숙한 이미지로 다가가라. 수프를 접시에 담아 먹던 여우에게 학이 되어 수프를 병에 담아 애써 따라 먹으라고 훈계하거나 그런 수고를 강요하지 말라. 나를 설명하거나 자랑하기에 앞서 상대의 문화와 이야기에 관심을 표하라. 상대가 불편해할 만한 낯선 것을 먼저 제안해 절대 당황하게 하지 말라. 그 순간, 어렵게 구축해 놓은 관계의 사다리는 삐걱거리기 시작할 것이다.

'보통사람'은 최상의 홍보 전략

인간은 기본적으로 매일 다니는 길이나 즐겨 먹는 음식 등 일상생활에서 몸에 익숙한 것을 좋아한다. 훌륭한 홍보 참모는 전략을 세울 때 해당인사가 얼마나 출중한 엘리트인가를 부각시키기보다 보통사람, 이웃집 아저씨나 아줌마 같은 면을 돋보이게 해 '보통사람과 같은 류'임을 강조하려고 노력한다.

사람을 대하는 데서도 마찬가지다. "우리가 남이가."란 말도 있듯이 내가 너와 다른 별종이란 차별성이 아니라 동종이란 동류의식이다. 천재보다는 범재가 많으므로 평범함이 결국 코드가 된다. 그리고 정서적으로 동화됨을 구체적 행동과 말로 표현하는 것이다.

19
작은 선물로 큰 감동을 주라

선물을 받고
기분 나빠하는 사람은 없다

영화 〈러브 액추얼리〉에는 한 여비서가 자신의 상사를 유혹하는 이야기가 나온다. 젊고 예쁜 여비서와 사랑에 빠진 중년의 남자는 좋아서 어쩔 줄 모른다. 드디어 크리스마스가 다가오고, 남자는 여비서에게 필요한 게 뭔지 물어본다. 그때 그 여비서의 대답이 걸작이었다.

"필요한 것 말고 원하는 것으로 해주세요."

그 대사에 나는 무릎을 쳤다. 그렇다. 선물은 실용적이며 필요한 것이 아니라 상대가 원하는 것을 해줄 때 기억에 오래 남는다.

필요한 것은 누구나 헤아릴 수 있지만, 원하는 것을 '발굴'해내는 작업은 상당한 관심과 성의가 없으면 힘들다. 선물이 지나치게 무거우면 상대에게 경계심을 품게 하고, 너무 가벼우면 상대방이 무시당한 기분을 느낄 수 있다. 어떻게 하면 선물이 말 그대로 제 역할을 다해 상대와 나를 이어주게 만들 것인가.

성공하는 리더들은 만남이 있을 때 꼭 작은 선물을 준비한다. 최근에 내가 받은 인상적인 선물은 작은 칫솔과 이쑤시개가 담긴 치아 관리용품 미니 케이스였다. 국내에서는 아직 판매가 되지 않는데 현지공장 홈페이지를 통해 구입했다는 설명을 듣고 'the only one'이란 생각이 들어 뿌듯했다. 사실 일회용 라이터만한 크기에 별로 비싸 보이지도 않았지만, 재미있는 선물이라는 생각과 더불어 선물한 사람에 대해 좋은 인상을 간직하게 됐다.

필요한 것이 아닌 '원하는 것'을 선물하라

JC인터내쇼날 이종찬 사장은 지인들에게 선물을 자주 하는 편이다. 어느 날 그가 나에게 귀한 보이차를 선물했는데, 차에 대해 문외한이었던 나는 받은 날로 그냥 서랍 속에 넣어두고 잊고 말았다. 오랜만에 그를 다시 만났을 때 보이차 맛이 어떤지 묻는데, 나는 당황해 제대로 대답도 하지 못했다. 언짢아할 줄 알았는데 오히려 그는 내게 이렇게 말해주었다.

"선물은 내가 좋아하는 게 아니라 상대방이 좋아하는 걸 해줘야 하는데…… 차를 좋아하지 않는 걸 미처 헤아리지 못한 내 잘못이지요."

미안한 마음이 들었지만, 그 일로 선물의 기본원칙을 다시금 깨닫게 되었다. 금액의 높고 낮음을 떠나 상대방이 원하는 것을 선물할 때 효과는 배가 된다는 것이다. 물고기에게 달콤한 아이스크림을 준들 좋아할 리가 없지 않은가. 오히려 지렁이가 더 입에 맞는 법이다.

필요한 것이 아니라 원하는 선물을 하려면 좀더 많은 관심이 필요하다. 대화를 나누면서 상대의 취향을 파악할수록 정성은 더욱 빛을 발하게 마련이다. 선물의 가격대를 고민하기보다 받을 사람이 원하는 바에 대해 연구하라.

지난 명절에는 내가 이종찬 사장에게 답례로 선물을 했다. 어떤 선물을 해야 할지 고민이 됐는데, 평소 신세진 일이 많아 더욱 그랬다. 갑자기 그와 나눈 대화가 떠오르며, 그가 평소 아침마다 성경을 베껴 쓴다는 이야기가 기억났다. 그 순간 어떤 선물을 준비하면 좋을지 아이디어가 떠올랐다. 바로 성경을 옮겨 쓸 노트를 선물한 것이다.

결과는 어땠을까? 비싼 선물이 아니었는데도 기대 이상으로 흡족해 하셨고, 다음 만남에서는 선물 이야기로 꽃을 피울 수 있었다. 평소 나눈 대화를 통해 떠올린 선물 아이디어였는데 아주 성공한 경우였다.

혹시 단체로 선물하는 경우에는 이러한 방법이 어렵다며 고개를 가로저을지도 모르겠다. 일단 선물의 기본특징은 특이성과 희소성인데, 그런 면에서 단체선물은 감동을 주기에 역부족이다. 그렇다면 과연 이런 단점을 극복할 수는 없을까?

이승한 홈플러스그룹 회장은 단체선물에서도 놀라운 감동을 창출해냈다. 일괄로 주문한 기성품이 아니라 자신이 직접 디자인한 해외출장용 가방을 선물하는 것이다. 해외출장을 다닐 때마다 빨랫감이나 소품을 담을 주머니 많은 가방이 아쉬웠다는 이야기와 함께 정성 들여 직접 디자인한 가방을 선물하는 그에게 상대는 한 수 접고 들어갈 수밖에.

감동은 여기서 멈추지 않았다. 두 번째 만남 때의 일이다. 그의 집무실에서 나오는 내게 비서가 미소를 지으며 살며시 물어왔다.

"지난번에 해외출장용 서류가방 받으셨지요?"

두 번째 선물을 준비할 때 앞의 선물과 중복되지 않도록 하기 위한 배려였다.

선물에 울고 웃는 것이 유치해 보이지만, 성의가 담긴 선물을 받고 기분 나빠하는 사람은 거의 없다. 특히 자신이 원하는 것, 심지어 자신도 생각지 못한 뜻밖의 선물을 받았을 때는 상대방의 센스에 더욱 감동을 받는다.

조직에서 선물은 '내리선물'이 한결 효과적이다. 우리나라 최고의 홍보대행사인 프레인의 여준영 대표는 감기로 늘 골골하는 팀장에게 보약을 지어줬다고 한다. 그 이후 그 팀장은 팀원에게도 똑같이 보약을 지어줬다는 것. 이처럼 작더라도 내리선물의 약발은 세고 심지어 조직문화까지 바꾸는 나비효과를 불러일으킨다.

아브라카다브라! 선물로 내 마음의 감사를 전하라. 선물만으로도 부족하지만 마찬가지로 마음만으로도 부족하다. 내 마음이 담긴 감성 선물은 삶에 마법의 금빛 가루를 뿌려준다.

성공하는 리더들은 대부분 선물쟁이다. 그들은 사람과 인연을 맺을 때 늘 작은 선물을 준비한다. 그것이 자신과 상대의 물길을 터주는 마음길이 된다는 사실을 본능적으로 체득하고 있기 때문이다.

Leader's guide

선물로 내 마음의 감사를 전하라

선물에 울고 웃는 것이 유치해 보이지만, 선물을 받고 기분 나빠하는 사람은 거의 없다. 특히 자신이 원하는 것, 심지어 자신도 생각지 못한 뜻밖의 선물을 받았을 때는 상대방의 센스에 더욱 감동을 받는다. 내 마음이 담긴 감성 선물은 삶에 마법의 금빛 가루를 뿌려준다. 성공하는 리더들은 대부분 선물쟁이다.

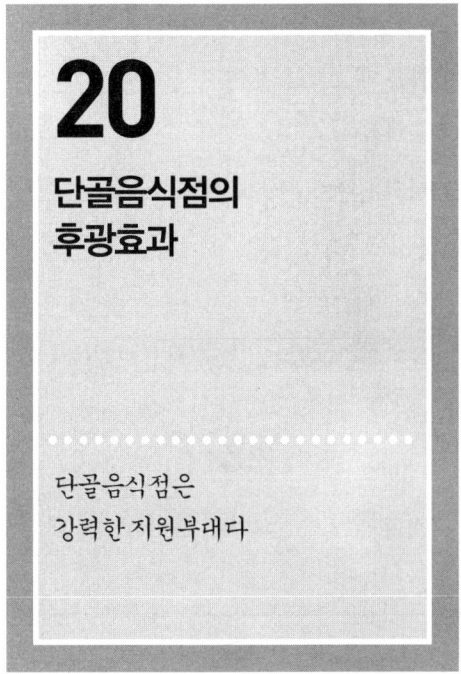

20
단골음식점의 후광효과

단골음식점은
강력한 지원부대다

"산다는 게 뭐 별겁니까? 맛있고 멋있게 사는 것이지요."

만나면 기분 좋고 유쾌한 TV 뉴스 앵커 H씨의 모토다. TV 화면에 비치는 엄숙하고 날카로운 모습과 달리 스튜디오 밖에서 보이는 그의 모습은 오히려 개그맨에 가깝다. 그가 칙칙이 바보를 흉내내며 자기 삶의 모토를 말하면 배꼽을 잡고 웃지 않을 수 없다. 똑똑하면서도 사람 좋은 그의 주변에는 항상 형, 동생이 몰린다. 그를 만나면 재미있을 뿐 아니라 같이 가는 음식점에서 늘 대우를 받고 콩나물무침, 계란찜 하나라도 더 서비스되기에 특급손님이 된 듯한 기분이 들기 때문이다. 그의 인기에는 이 같은 '먹을거리'도 한몫하는 셈이다.

그가 TV에 나오는 유명인이라서 가는 곳마다 대우를 받는 것일까? 아니다. 친해지고 보니 그가 잘 가는 곳은 선술집에 음식점 3~4곳이다. 다만 다양한 스펙트럼과 성격을 가지고 있기에 폭넓게 느껴질 뿐이었다. 차이점은 확실한 단골집을 확보하고 있다는 점이었다.

단골을 가지면 어떤 점이 좋을까?

"왜 어떤 극장에선 '영화 이상의 감동'을 캐치프레이즈로 내걸더군요. 바로 단골음식점도 그렇다고 봅니다. 친구와 같이 갔을 때 종업원이 데면데면하기보다는 사장님이 반갑게 안부 인사를 건네면 벌써 '폼'이 난다고 할까요? 또 깜박 예약하는 걸 잊었을 때는 어떻습니까? 무리하지 않는 범위에서겠지만 줄 선 손님 사이를 비집고 들어가 자리를 맡는 예외적 특혜도 누릴 수 있지요. 더구나 단골식당들은 고객의 데이터베이스를 기억해 놓기 마련이지요. 가령 주문을 받으면서 '아, H차장님의 멸치국수에 계란지단은 빼놓고 준비하겠습니다.' 하면 벌써 우선 저도 편하고 위상도 단번에 격상되는 것이지요. '사장님이 알아서 갖다 주세요.' 하는 것만으로도 커뮤니케이션이 되는 메뉴 이상의 메뉴를 대접받는 것, 이른바 단골음식점의 후광효과라고나 할까요, 허허."

그는 앵커 특유의 입담으로 단골음식점의 이점을 재치 있게 설명해주었다.

당신에게는 그런 단골, 당신의 얼굴 자체가 명함이 되어 반기고 대접받는 음식점이 있는가. 아니면 지금이라도 개발하라. 단골의 후광효과는 또 다른 인맥 측정의 지수가 될 수 있다.

모 방송사의 I팀장은 늘 깔끔한 외모에 문학적 서정성이 감도는 소식 메일을 정기적으로 전해 사내외에서 인기도 좋고 따르는 후배도 많은 언론인이다. 하루는 그와 저녁식사를 같이하게 됐다. 그가 장소로 정한 곳은 대학가 뒤의 올드 가요 바. 들어서자 다소 퀴퀴한 냄새도

풍겼지만 한쪽 벽면을 가득 메운 LP레코드판에 정겨운 7080가요, 그리고 DJ가 신청곡을 받아 틀어주는 친근한 1980년대 분위기가 그대로 살아 있었다. 그날 중년의 일행들은 '탁월한 장소 선택'을 즐거워하며 정다운 담소를 즐겼다. 사실 만남의 성공은 장소 선정에서 반 이상 좌우된다. 성공하는 리더들은 장소 선정을 결코 허투루하지 않는다. 여기에 메뉴 등은 기본이고, 자신이 융숭하게 대우받는 후광효과까지 노려서.

단골 음식점을 개발하라

사람들을 많이 만나는 보험업계 FP 모 소장 역시 음식점과 인맥의 함수관계에 대해 일가견이 있다. 마침 상담할 일이 있어 떡 본김에 제사지낸다고 이 문제에 대해 나름의 노하우가 있는지 물었다.

"아니, 마당발 김 선생이 아직까지 그걸 모른단 말입니까. 좋은 사람들의 모임에 밥이란 필요충분조건이지요. 아무리 어려운 거래도 일단 밥상까지 가면 반은 이루어진 것입니다. 그런 점에서 자신의 캐릭터가 드러나는 멋지고 분위기 있는 음식점을 알아두는 것은 인간관계의 기본입니다."

내가 귀를 쫑긋 세우는 눈치를 보이자, 그는 아예 현장실습이 필요하겠다며 남산에 위치한 이탈리안 레스토랑으로 가자고 했다. 아니 설렁탕만 좋아하는 줄 알았는데, 그런 좋은 데를? 그는 레스토랑에 전화를 걸어 자신의 출발을 알렸다. '아니 식사도 아니고 차 한 잔 마시러 가면서 무슨 행차같이 알린담?' 내심 중얼거리며 남산의 분위기 좋은 한 레스토랑으로 향했다.

우리가 도착하자 품위 있어 보이는 여사장이 문 앞까지 나와 반갑게 맞아주었다. 서로 안부 인사를 정겹게 나누는 그의 모습이 예전과는 사뭇 달라 보였다. 도심 한복판에 위치하면서도 투명유리창 앞으로 널따랗게 펼쳐진 아름다운 정원, 그리고 입구부터 오솔길을 따라 내려가게 된 나무계단의 정취까지 분위기부터 남달랐다. 내가 자신을 다시금 보는 눈치가 느껴졌는지 그는 자못 어깨를 으스대며 현장실습에 곁들여 설명을 계속했다.

"솔직히 영업비밀인데 김 선생이 단골음식점과 인맥관계에 대해 궁금해하는 눈치니 내가 특별히 가르쳐주지요. 사실 나는 단골장소를 공개하는 데도 등급을 달리합니다. 물론 상대의 선호가 가장 중요하지만 이처럼 고급스럽고 아늑한 분위기의 레스토랑은 누구나 좋아하지요. 초면의 사람과는 절대로 오지 않습니다. 내가 정말 인연의 그물에 가두고 오래 친구하고 싶은 인사를 모시고 오지요. 나이가 들수록 자주 찾는 단골은 그 사람의 스토리와 브랜드를 의미합니다. 같이 가자고 제안하는 곳이 바로 상대를 어떻게 배려한다는 정성의 반영이기도 하죠. 같이 와서는 '여기는 정말 내가 특별히 생각하는 분만 모시고 오는 곳입니다.' 하고 의미를 부여하는 멘트도 필요하고요. 사람들은 누구나 자신이 특별한 존재가 되기를 원하니 말입니다."

그의 이야기를 듣고부터 나는 약속을 정할 때 특히 장소를 고르는 데 신경을 많이 쓴다. 약속 장소 선정부터가 상대에 대한 배려이고, 나의 브랜드를 전하는 무언의 메시지가 될 수 있다는 교훈을 깨달았기 때문이다.

단골음식점 하나만으로도 당신에 대한 소개가 만리장성까지 전해지게 할 수 있다. 그것이 7080이 잘 가는 올드 팝송 바이든, 한강이 내려다보이는 풍광 좋은 레스토랑이든 상관없다. 아니면 욕쟁이 할머니가 마구 욕을 해대고 냉장고에서 직접 소주를 꺼내 먹어야 하는 포장마차여도 좋다. 상대가 재미있어 하고, 내가 상대를 소중히 해 함께 간 '비장의 장소'라는 사실을 인식시킬 수 있는 단골 몇 곳을 확보하라. 그곳에서 마치 주인처럼 편안하게 분위기에 묻히고 쥔장에게 대우받는 모습은 당신을 좀더 매력적으로 부각시킬 것이다. 도시에만 랜드마크가 필요한 것이 아니다. 사람을 사귀는 데도 단골음식점이라는 랜드마크가 필요하다.

단골의 후광효과

만남의 성공은 장소 선정에서 반 이상 좌우된다. 그래서 성공하는 리더들은 장소 선정을 결코 허투루하지 않는다. 메뉴 등은 기본이고, 자신이 융숭하게 대우받는 후광효과까지 노린다. 약속 장소 선정부터가 상대에 대한 배려이고, 나의 브랜드를 전하는 무언의 메시지가 될 수 있다. 상대가 재미있어 하고, 내가 상대를 소중히 해 함께 간 '비장의 장소'라는 사실을 인식시킬 수 있는 단골 몇 곳을 확보하라.

21
버선발로 뛰어나가 맞이하듯 이름을 불러주라

열 마디 찬사보다
한 마디 반가운 호명이
상대를 내 편으로 만든다

MBC PD 출신의 주철환 씨. 그가 이화여자대학교 교수직을 그만두고 경인방송 CEO로 부임했을 때, 직원들과 융화하기 위해 제일 먼저 한 일은 회사 직원 250명의 이름을 모두 외우는 일이었다고 한다. 그는 사장으로서 직원들의 이름을 불러야 소통할 수 있다는 생각에 한 사람 한 사람의 이름을 외우기 시작했다. 취임한 지 한 달이 지났을 무렵 그는 직원들에게 한 가지 게임을 제안했다.

"저는 여러분의 이름을 전부 외웠습니다. 그런데 여러분은 제가 진짜 이름을 다 외웠는지 궁금할 것입니다. 그러니 제가 지나갈 때 여러분의 이름을 물어보십시오. 제가 못 맞히면 벌금으로 2만 원을 내겠습니다. 하지만 이름을 맞히면 대신 여러분이 만 원을 벌금으로 내야 합니다."

결과는 어땠을까? 주철환 사장은 재임기간 동안 벌금을 한 푼도 낸 적이 없다고 한다. 직원들의 이름을 모두 외웠기 때문이다. 이름을 외운다는 것은 직원 개체를 존중한다는 표현이다. 최고경영자가 직원의 이름을 일일이 불러주고 정성껏 대우하는데 화목해지지 않을 수 있겠는가.

직장생활을 하다 보면 크고 작은 비즈니스 모임에 참석할 일이 많다. 평판이 좋은 모임에 가보면 주최자가 직접 입구까지 나와 반갑게 손님들을 맞이하며 안내해준다. 반면 분명히 참석한다고 알렸는데도 명찰조차 미리 준비해 두지 않아 그 자리에서 즉석 명찰을 만드는 경우도 있다. 그럴 때는 홀대받는 것 같아 다음엔 그 모임에 참석하고픈 마음이 들지 않는다.

사실 30명 이상의 모임이라면 명함을 교환해도 누가 누군지 기억하기가 쉽지 않다. 최근에 참석한 어느 모임에서 아주 기억에 남는 명찰을 받았다. 민들레영토 지승룡 소장이 '소풍'이란 주제로 준비한 CEO들의 모임이었는데, 참석자의 사진을 넣어 이름표를 만들었던 것이다. 그 정성에 감복할 수밖에 없고, 내내 그 모임을 소중히 기억하게 되었다.

이런 이야기를 들려주면 어떤 사람들은 "아, 나는 천성이 사람 이름을 못 외워서……" 하고 머리를 긁적이며 기억력을 탓하곤 한다. 하지만 이름을 기억하는 것은 머리가 아니라 관심의 표현이다.

한국인간개발연구원 장만기 회장은 인맥의 달인으로 소문난 분이다. 30년간 매주 조찬강연을 개최해 왔으니 그간 이곳을 거쳐 간 강사와 청중이 얼마나 많겠는가. 그런데 장만기 회장은 신기하게도 그들의 이름을 모두 외운다. 또한 조찬강연장 앞에서는 일일이 이름을 부르고 근황을 물으면서 반갑게 참석자들을 맞이한다. 대기업 최고경영자라면 몰라도 중소기업 경영자들의 이름까지 모조리 기억하기란 쉽지 않은 일이다. 정말 대단한 분이라 생각하며 이름 외우는 비결이 따로 있는지 묻자, 그는 마치 중고생의 영어단어 연습장처럼 까맣게 볼펜이 칠해진 수첩을 보여주었다.

"이름 외우는 데 별다른 왕도가 있나요? 시간 날 때마다 오늘 만날 사람 또는 만난 사람의 이름을 쓰며 그의 얼굴이나 신상을 떠올려 보지요. 수십 번씩 쓰다 보면 절로 이름이 외워집니다. 오랜만에 만나서도 이름을 부르면서 아는 척해주면 상대방이 얼마나 좋아하는지 모릅니다."

이름을 제대로 불러주라

인간관계는 상대의 존재를 인식하고 이름을 제대로 불러주는 일부터 시작된다. 반기문 UN 사무총장이 글로벌 리더가 되기까지는 버선발로 뛰어나가 반기듯 전화를 받아주고, 상대를 기억하는 태도도 한몫했다고 한다.

상대의 이름을 부를 때는 반갑게, 그리고 정확하게 불러주라. 열 마디 찬사보다 한 마디 반가운 호명이 상대를 내 사람으로 만든다.

때로는 자신도 모르게 마구 바꿔 부르는 이름과 성은 당신을 소중한 인간관계의 반열에서 순식간에 내동댕이칠 수도 있다. 그까짓 거라며 무시한다면 천만의 말씀이다. 별로 친하지 않은 사이라도 오랜만에 전화했을 때 이름을 정확하게 불러준다면, 비록 그것이 이름을 기록해 놓은 디지털 기기의 덕분이라 할지라도 당신의 호감도는 배로 커질 것이다. 내가 아는 국내 굴지의 로펌 변호사는 자신의 출신학교 앨범을 늘 책꽂이 전화기 가까운 곳에 비치해둔다. 얼굴이 잘 떠오르지 않는 동창이 전화 걸어 "나 누구야~" 하며 아는 척하고 전화할 때 재빨리 보조를 맞추며 아는 척하기 위해서다. 이름을 잘 외우고 호칭을 제대로 부르며 사람을 반갑게 대하기만 해도 인간관계에서 후한 점수를 받을 수 있다. 이름을 잘 외워라. 그것만으로도 상대를 소중히 여긴다는 것을 표현하고, 상대 마음의 대문을 열고 들어갈 수 있다. 모임 전문 공간 '토즈'의 김윤환 대표는 이를 "사람을 대할 때 늘 반갑게 대하는 인사가 인상을 바꾸고, 결국 인생을 바꾼다."고 말한다. 이름 잘 외워 반색하는 것 이상의 인사는 없다.

반갑게 그리고 정확하게 이름을 불러주라

어떤 사람들은 "아, 나는 천성이 사람 이름을 못 외워서……" 하고 머리를 긁적이며 기억력을 탓하곤 한다. 하지만 이름을 기억하는 것은 머리가 아니라 관심의 표현이다. 인간관계는 상대의 존재를 인식하고 이름을 제대로 불러주는 일부터 시작된다. 상대의 이름을 부를 때는 반갑게, 그리고 정확하게 불러주라. 열 마디 찬사보다 한 마디 반가운 호명이 상대를 내 사람으로 만든다.

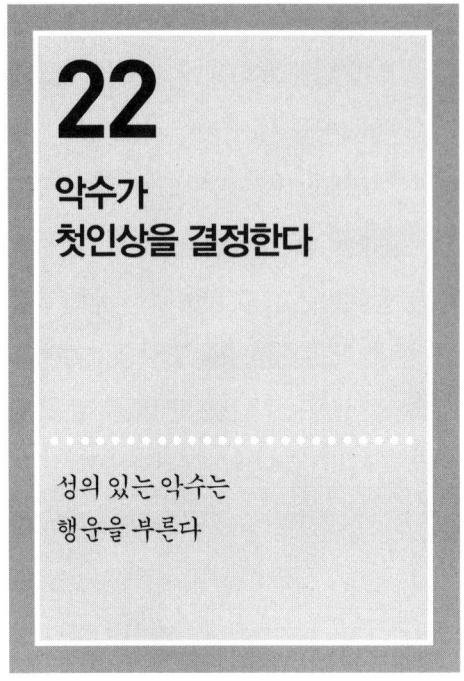

22
악수가 첫인상을 결정한다

성의 있는 악수는
행운을 부른다

인간관계에서 빠지지 않는 것이 악수다. 온라인 백과사전 위키피디아의 정의에 따르면, 악수란 두 사람이 서로 상대방의 손을 잡으면서 가볍게 흔드는 짧은 의식을 말한다. 사실 악수라는 의식은 오래전부터 있었다고 한다. 고대에 낯선 사람을 만날 경우 상대의 손에 무기가 없거나 싸울 의사가 없으면 다가가 손을 내밀었다. 이때의 악수는 평화의 메시지를 담고 있었다. 근대에 들어 악수는 계약을 굳건히 지키겠다는 약속의 의미가 추가됐다. 그래서 19세기까지만 해도 남과 악수를 할 때는 신중을 기했다고 한다. 오늘날 기업끼리 계약이 성사됐을 때 악수하는 사진을 꼭 남기는 이유도 여기에 있다.

악수하는 방식도 여러 종류여서 한번의 악수만으로 성격이 대체로 드러난다. 손바닥을 밑으로 향하면서 악수를 청하는 사람들은 남을 지배하려는 성향이 강하다. 이들은 'topper'라고 하는데, 상하수직적 위계질서를 강조하는 사고방식을 가진 사람들이다. 반대로 손바닥을 위로 향해 악수를 하는 사람들은 대개 수동적인 성격의 소유자라고 한다. 정치후보자들이 유세를 다닐 때 두 손으로 붙잡고 하는 악수는 '장갑형 악수'라고 한다. 장갑 끼듯이 상대방의 손을 싸안고 악수를 하기 때문이다. 정치가의 악수 또는 세일즈맨의 악수라고도 한다. 매너 교육자들은 아무리 반갑거나 상대가 상급자라 할지라도 이 같은 장갑 악수는 예절이 아니라고 말한다. 악수에서도 정도가 지나치면 도리어 부족함만 못한 법이다. 허리를 꺾어서 두 손으로 감싸는 장갑형 악수는 삼가라. 서양에서는 이렇게 악수하는 사람을 아예 피하고 경계한다고 한다.

정치인으로 변신한 모 경영자를 만나 악수를 하고는 격세지감이 든 적이 있다. 경영자 시절에 한 손으로 당당히 악수하던 그가 정치인이 된 후에는 두 손으로 내 손을 감싸쥐고 90도로 허리를 꺾는 것이었다. 게다가 눈도 내리깔고 "부탁드립니다, 감사합니다."를 만나는 모든 사람에게 반복했다. 자연스런 변화겠으나 어쩐지 낯설어 보였다.

또 다른 금지 악수법으로는 물고기 악수가 있다. 'fish shake'라고 하며 'dead fish shake'로 표현하기도 한다. 죽은 물고기를 만지듯 힘없이 상대의 손을 슬쩍 잡고 마는 악수인데, 무성의하게 보이고 힘도 없게 느껴지므로 안 하느니만 못하다. 악수를 받는 사람까지 기운 빠지게 만든다. 자신감이 부족한 사람들이 이런 물고기 악수를 한다.

그런가 하면 폭력에 가까울 정도로 무지막지하게 손을 흔들어 상대방을 당혹스럽게 하는 과격한 파워레인저 악수도 있다. 예전에 미국대선 당시 공화당의 존 매케인 후보의 부인 신디 매케인이 지지자의 과도한 파워레인저 악수에 팔목이 삐어 붕대를 감고 나온 것을 보면, 무례한 악수의 스테레오타입 몇몇은 범세계적인 것 같다.

한편 손가락으로 간질이는 악수는 이성을 유혹하는 뜻이 담겨 있다. 이처럼 장갑형 악수, 물고기 악수, 파워레인저 악수 등은 모두 피해야 할 악수의 종류들이다.

성의 있는 악수가 행운을 부른다

악수는 사람의 첫인상을 결정짓는 의례다. 손을 잡는 행위만으로도 나의 많은 정보가 상대에게 전달되고 상대의 많은 정보가 나에게 전달되면서 성공 에너지를 불러들인다. 믿기지 않는가.

제대로 한 악수는 영전의 발판이 되기도 하지만, 성의 없는 악수는 날개 없는 추락을 낳기도 한다. 이상철 LG유플러스 부회장은 이런 에피소드를 들려주었다.

"성의 있는 악수는 직위 수명과도 연결되더군요. 모 호텔 전무에게 들은 이야기입니다. 그분은 여러 인사를 접대하고 악수를 하면서 상대의 직위수명이 얼마나 갈 수 있나 족집게처럼 맞추곤 했지요. 알고 보니 그 묘수란 게 아주 간단했어요. 자기보다 사회적 지위가 낮은데도 공손하고 예의바르게 악수하는 이는 장수하는 반면, 무성의한 악수를 하는 이는 단명하더란 이야기였죠. '다음 다음' 하며 앞사람을 응시하지 않고 다음 줄만 쳐다보면서 고개만 까닥하거나, 손은 잡는 둥 마는 둥 무성의한 악수는 상대의 기분을 상하게 하지요."

악수는 자신의 이미지를 단박에 인식시키는 첫 번째 관문이다. 악수로 자신의 매력과 배려를 한껏 부각시켜라. 직능경제인단체 총연합회 문상주 회장이 바로 그 경우다. 그는 겨울이면 남들에게 차가운 손이 혹시 실례가 될까 손을 비벼 따뜻하게 만든다. 그런가 하면 여름에는 땀이 축축하게 밴 손이 혹시 상대의 기분을 상하게 할까 싶어 악수 전에 깨끗이 손을 닦아 뽀송뽀송 말린 손으로 악수를 한다. 이 같은 배려가 담긴 사전단계를 거친 악수는 상대에게 악수 이상의 감동을 전달한다.

  악수를 할 때는 상대의 눈을 마주 보고 손을 살짝 적당한 손힘으로 잡아 3번 정도 위아래로 가볍게 흔들라. 그 평범한 동작이 당신을 인상 깊게 기억하게 할 것이다. 단 악수를 청하는 순서는 윗사람이 아랫사람에게, 또래일 경우에는 여자가 남자에게 청하는 것이 매너다. 연배나 직위가 차이 날 때는 직위가 성별보다 우선한다. 죽은 물고기 같은 힘없는 악수나 딴전 피는 악수로 당신의 인생에 악수惡手를 두지 말라. 멋지고 당당한 악수가 행운을 부르고, 당신을 멋지게 각인시킨다.

멋지고 당당한 악수가 행운을 부른다

악수를 할 때는 상대의 눈을 마주 보고 손을 살짝 적당한 악력으로 잡아 3번 정도 위아래로 가볍게 흔들라. 그 평범한 동작이 당신을 인상 깊게 기억하게 할 것이다.

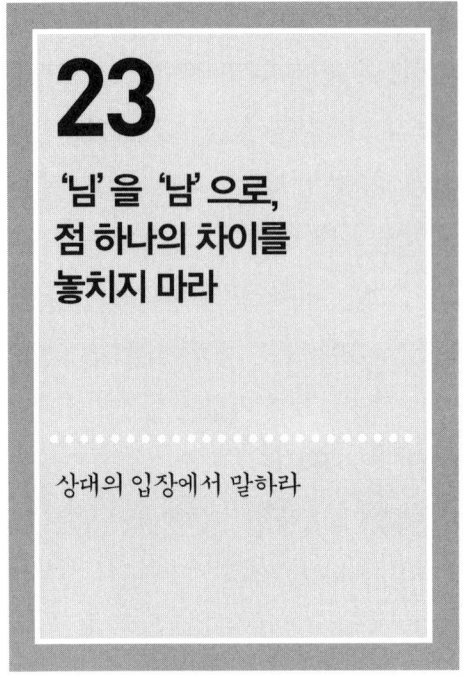

23
'님'을 '남'으로, 점 하나의 차이를 놓치지 마라

상대의 입장에서 말하라

말론 브란도가 나오는 고전영화 〈대부〉는 열 번을 보아도 늘 새롭고 재미있다. 이 영화에서 나는 "I am going to make him an offer he can't refuse(거부할 수 없는 제안을 하마)."라는 대사가 기억에 남는다. 양아들 조니가 월츠라는 감독의 영화에 출연시켜 달라고 부탁하자 이탈리아 마피아 두목 돈 콜리오네(말론 브란도 분)가 하는 말이다. 묵직한 영화만큼이나 대사 역시 묵직하면서 울림이 있다. 만일 거부할 수 없는 제안을 말 그대로 '강요'로 표현했다면 얼마나 '말 맛'이 없었을까?

사실 영화대사뿐 아니다. 우리가 살아가는 데도 이처럼 같은 말이지만 '아 다르고 어 다르다.'는 것이 피부로 느껴지는 경우가 많다. 성공한 리더들은 상대방의 기분이 상하지 않게, 또 나의 일에 흠이 가지 않게 말을 바꾸는 데 능숙한 '연금술사'들이다. 감정적이거나 부정적인 내용은 어떻게든 말을 바꾸어서 표현한다. 훌륭한 정치가이자 과학자이며 세기의 협상가인 벤저민 프랭클린은 자서전을 통해 안전판 언어 표현의 필요성을 이렇게 강조한다.

"'틀림없이'라든지 '확실히'라는 따위의 융통성 없는 말로 내 의견을 단정적으로 드러내는 표현은 사용하지 않기로 했다. 대신 '나는 이렇게 생각한다' '이렇지 않을까' '이러리라고 생각한다' '지금 같아서는 이렇게 생각하고 있는데'란 겸양의 말투를 쓰기로 했다. 내가 틀렸다고 생각하는 것을 다른 사람이 옳다고 주장할 때도 단도직입적으로 그 의견에 반대한다든지 그런 말은 모순이라고 공박하면서 즐기는 짓 따위는 그만두었다. 그리고 상대의 말에 대답할 때도 '자네 의견은 때와 장소에 따라서 옳기는 하지만 여기서는 틀린 것 같고, 나는 이렇게 생각한다.'고 하는 식으로 말투를 바꿔갔다. 이 같은 태도를 취함으로써 설득력이 높아졌고 반대도 줄어들었다."

벤저민 프랭클린은 단어 하나하나가 지닌 뉘앙스의 차이가 상대방의 기분을 얼마나 좌우지하는지를 누구보다 잘 알고 있었기 때문에 정치가이자 협상가로서 소기의 성과를 거둘 수 있었다.

반대로 특별히 어떤 악의를 품지 않았는데도 관계에 서툰 사람들은 대부분 이런 뉘앙스에 둔감한 편이다. 상대는 미묘한 뉘앙스의 차이로 상처를 입었을지라도 왠지 드러내 말하면 쩨쩨해 보인다. 그래서 속으로 곪아 들어가 관계에 악성종양을 일으킬 수 있으므로 더욱 조심해야 한다.

푸르덴셜생명 황우진 사장은 어려운 시절을 이겨내고 오늘날의 자리에 오른 자수성가형 경영자다. 그는 대학시절 '세신원洗身員'을 하며 학비를 벌어 힘들게 공부했다. 내가 그를 어렵사리 만나보고 싶었던 이유도 바로 그런 입지전적 이야기 때문이었다. 인터뷰를 마치고 돌아왔는데, 그에게 전화가 걸려왔다.

"그럴 리는 없겠지만 제 젊은 시절 이야기를 쓰실 때, 꼭 때밀이라고 말고 세신원이라고 써주십시오. 제가 그런 일을 했다는 사실을 쓰는 것은 상관없지만 혹시라도 그쪽 분야 종사자 분들에게 폐가 될까 걱정이 되어서요. 꼭 부탁드립니다."

그의 전화를 받고 '진정으로 그를 정상에 오르게 한 것은 세상을 향한 강한 도전정신 이전에 이런 상대에 대한 세밀한 배려였구나.' 하는 생각이 들었다.

내가 S대 총장후보 모 교수의 선거연설문을 작성할 때의 일이다. 그의 공약 중에는 "각 단과대에서 중앙본부에 보고를 올린다고 돼 있는 현행 표현을 '전달한다'로 바꾸겠습니다."라는 내용도 포함되어 있었다. 난 내심 우습다고 생각하며 이런 내용도 공약감이 될 수 있는지 주변의 다른 교수에게 의견을 구했다. 그러자 그 교수는 심각한 표정으로 보충 설명을 했다.

"표현은 단순히 말로 그치는 게 아니라 사고의 반영입니다. 솔직히 올린다면 어떻고, 전한다면 어떻겠습니까? 그런데 이 같은 사소한 표현을 그냥 놔두면 우리의 중앙집권적, 수직적 사고는 그냥 굳어진다는 것이 문제지요. 그런 점에서 언어 표현의 개혁은 결국 사고의 개혁인 셈입니다."

인간관계에서도 마찬가지다. 미묘한 뉘앙스의 차이가 상대에 대한 당신의 생각을 반영한다. 특별히 악의가 없는데도 관계에 서툰 사람들은 대부분 이런 뉘앙스에 둔감해 '님'을 '남'으로 만들어 버린다.

강도 센 언어에는 안전판을 깔아라

완곡하게 돌려서 하는 표현은 상대에게 그 뜻을 분명히 전달하면서도 공격성은 한결 둔화시킨다. 현재상태를 묘사하는 형용사보다 한 단계 낮추되 '매우' 등을 사용하는 것이다. 이를테면 '화나다'를 '매우 놀라다'로 표현하는 식이다.

얼마 전 내가 모 사장에게 행사 참여 시 낭송을 부탁했을 때의 일이다. 그가 답장을 이메일로 보내는 과정에서 약간의 오해가 있어 내가 답장을 못 받았다고 착각을 하고 독촉전화를 했던 것이다. 행사가 임박할 때까지 대답을 못 들은 터라 사실 나는 좀 화가 났었다. 이런 상황에서 내가 연락을 하자 그는 차분한 목소리로 "저는 분명히 초대장 받자마자 회신을 드렸는데요. 그리고 수신확인 메일도 받은 것으로 기억하는데, 다시 제게 확인을 하셔서 놀랐습니다."라고 말했다. 순간 실수를 깨달은 나는 등골에 땀이 흘렀다. '놀랐다'가 '화났다'는 뜻이었음은 물론이다. 내 잘못이긴 했지만 만일 그가 '화가 나는군요.'라고 표현했다면 어땠을까? 아마 반발심이 들었을 것이다.

이런 뉘앙스의 차이를 고려하지 않고 직설적으로 표현하면 구설수에 휘말리기 쉽다. 미국산 쇠고기 파문의 와중에 알렉산더 버시바우 전 주한미국대사가 "한국인들이 미국 쇠고기에 대한 과학과 사실을 더 많이 배워야learn 한다."고 해 언론의 표적이 된 것도 같은 맥락이다. 요컨대 내용을 떠나 'learn'이란 표현이 기분 나빴던 것이다. 바로 우리 한국민의 수준을 낮춰본 듯한 어감 때문이었다. 이처럼 직설적 표현은 상대의 오해를 불러일으킬 수 있으므로 피하는 게 좋다.

대화를 하면서 기분이 상하는 경우 중 하나는 자기만 안다는 식으로 말하는 것이다. 모임이 끝나면 뒷담화에 꼭 "그 사람은 건방져서 안 되겠어."라고 지목되는 사람이 있다. "알고보면 괜찮은 사람"이란 변명 아닌 변명을 해줘도 모임에 참석한 사람들은 반감을 감추지 못했고, 다른 모임에서도 같은 불만이 반복됐다. 그 이유가 궁금해 그의 대화법을 유심히 살펴본 결과 잘난 척 하는 듯한 말투 때문이었다.

가령 "뉴욕에 가보면 이렇거든요." 등 자신의 경험을 불쑥불쑥 이야기하는데, 그 말이 상대에게는 자랑처럼 들렸던 것이다. 이럴 때 대화에 능숙한 사람들은 항상 안전판을 미리 깔아놓는다. 즉 '선생님도 잘 아시는 대로' '선생님이 지적하셨듯이' 하며 상대도 잘 알고 있다는 것을 전제하고 이야기를 한다. 결코 자신 혼자 읽고, 보고, 경험한 식으로 말하는 법이 없다.

완곡하게 돌려 말하기, 상대 참여시키기 다음으로 대화에서 필요한 것은 긍정적 표현이다. 상대가 어떤 공격적인 질문을 하더라도 감정에 동요되지 않고 긍정적으로 표현하는 능력이다.

구글의 CEO 에릭 슈미트의 한국방문 회견에 다녀온 한 기자는 "눈깜짝 안 하고 말을 바꾸는 능력이 탁월하더라."며 혀를 내둘렀다. 어떠한 부정적이고 공격적인 질문에도 자기 페이스를 잃지 않고 '긍정어'로 표현하더란 이야기였다. 한 기자가 구글이 정보를 독점하는 것 아니냐고 지적하자, 얼굴 표정 하나 바꾸지 않고 '정보 공유'로 재해석해 표현하는 여유를 발휘하더란다.

하긴 우리 역시 전통적으로 이렇게 긍정적 표현으로 바꾸는 지혜를 가지고 있었다. 우리 조상들은 '죽었다'고 하는 대신에 '산 지키러 갔다'고 말을 바꾸어 표현하지 않았던가.

대화를 통해 호감을 얻으려면 말을 바꾸고 양념을 치는 데 능숙하라. 부정적이거나 감정적 뉘앙스의 단어는 불에 덴 아이처럼 깜짝 놀라 피하라. 뉘앙스의 차이를 민감하게 포착해 상대의 기분이 상하지 않도록, 그리고 내 자존심이 흔들리지 않는 범위에서 말을 바꿔라. 감정을 노골적으로 표현하는 말, '결코' 등의 박절한 말이나 상대방을 조금이라도 얕보는 듯한 차별적 단어는 절대 금물이다. 긍정적이며 완곡하고 유연한 표현으로 상대와 나의 대화에 안전판을 까는 것이 상위 1퍼센트 리더들의 화법이다.

호감을 얻는 대화 요령

성공하는 리더들은 상대방의 기분이 상하지 않게, 또 나의 일에 흠이 가지 않게 말을 바꾸는 데 능숙한 '연금술사'들이다. 완곡하게 돌려서 하는 표현은 상대에게 그 뜻을 분명히 전달하면서도 공격성은 한결 둔화시킨다. 현재 상태를 묘사하는 형용사보다 한 단계 낮추되 '매우' 등을 사용하는 것이다. 이를테면 '화나다'를 '매우 놀라다'로 표현하는 식이다. 감정을 노골적으로 표현하는 말, '결코' 등의 박절한 말이나 상대방을 조금이라도 얕보는 듯한 차별적 단어는 절대 금물이다. 긍정적이며 완곡하고 유연한 표현으로 상대와 나의 대화에 안전판을 까는 것이 상위 1퍼센트 리더들의 화법이다.

24
눈물 젖은 빵 이야기를 공유하라

성공담보다는 실패담이
공감을 일으킨다

　　　　　　　　　　　　눈물 젖은 빵을 먹어 보지 않은 사람과는 인생을 논하지 말라. 실패담을 안고 있지 않은 성공담은 단팥 없는 찐빵이다. 입에 은숟가락을 물고 나온 사람들이 소통에 어려움을 겪는 이유는 바로 다른 사람들에게 연민을 못 사고, 남들과 공감할 수 없기 때문이다. 그런 점에서 행복한 유년과 청년시절을 보냈다는 사실은 배려지수가 낮을 가능성이 높다. 상대로 하여금 연민의 감정을 맘껏 즐기고 누리게 하라. 그럴수록 주변에는 사람들이 모일 것이다.

　눈물 젖은 빵을 먹었고, 도시락을 못 싸가서 점심시간이면 학교 수돗물로 배를 채웠으며, 비 오는 날 정류장에서 눈이 빠지게 애인을 기다렸지만 바람맞았다는 이야기를 들을 때 청중은 연민을 느낀다. "그래, 난 저 정도는 아니었어." 아니면 "맞아, 저 사람도 인생을 좀 알겠

구면." 하며 말이다. 상대가 원하고 관심을 가지는 것은 성공의 크기보다 성공에 이르게 된 굴곡진 경로다. 반전이 없는 드라마는 시청률이 낮을 수밖에 없다.

예전 한 패스트푸드 CF에 노인 분장을 한 배우가 일엽편주 조각배를 타고 가며 "너희가 게맛을 알어?!" 하던 장면이 있었다. 실패와 역경을 겪지 않은 사람은 스스로도 인생의 맛을 알기 힘들고, 남에게도 감동을 주기 어렵다.

현역시절 날리던 유명 스타플레이어보다 주전자 들고 왔다 갔다 하며 벤치를 지키던 선수들이 더 좋은 감독으로 성공하는 이유도 바로 상대에 대한 공감지수가 높기 때문이다. 그들은 그늘에서 주목받지 못하고 소외당하는 무명의 설움을 알고 어루만질 수 있기에 모두를 안고 갈 수 있는 것이다.

역경지수가 높은 사람은 배려지수가 높다. 득의양양 들려주는 성공담은 비현실적이고, 거부감마저 일으킨다. 하지만 실패를 딛고 일어선 이야기는 감동과 격려, 분발심을 선사한다.

"그래, 살다보면 옛날이야기로 알고 살아갈 날이 오겠지."

어려운 일이 있을 때마다 우리 어른들은 그렇게 말하곤 했다. 바로 그런 옛날이야기, 고난과 역경의 이야기는 바로 현대판 영웅담이다. 그런 영웅담이야말로 상대를 경계심 없이 내 편으로 만들 수 없는 최대의, 최고의 흥행요소다. 《설득의 심리학》의 저자 로버트 치알디니는 취약점을 먼저 이야기하고, 그것의 극복방안을 설명하라고 강조한다. 상대에게 나의, 우리 조직의 취약점을 이야기하는 순간 귀는 쫑긋해지기 마련인데, 바로 그때 그 취약점을 반전시키는 극복방안을 말하면 효과적이라는 뜻이다.

마이크로소프트의 창업자 빌 게이츠와 애플의 스티브 잡스를 비교해보라. 당신에게 두 사람 중 한 명의 강연회를 들을 기회가 주어진다면 누구를 택하겠는가? 나라면 단연코 스티브 잡스다. 둘 다 실력은 막상막하지만 누구에게 더 끌리는가. 그들은 서로 동갑내기로서 각각 자신의 분야에서 넘버원으로 신화적 업적을 쌓아온 인물이다. 그러나 빌 게이츠에게 '성공 스토리'란 말이 적합하다면, 스티브 잡스에게 그 정도 표현은 왠지 부족하게 느껴진다. '성공 신화'란 극적 표현이 좀 더 어울릴 것 같다.

평범한 중산층 가정에서 태어나 사립고등학교에 하버드 대학교(물론 중퇴했지만), 그리고 성공적 창업과 탄탄대로…… 빌 게이츠에게는 성공을 이루게 된 극적인 드라마가 적다. 반면에 스티브 잡스는 출생부터가 드라마다. 미혼모의 아들, 게다가 바뀐 양부모, 인도 문화에 경도된 히피 청년 시절, 그리고 등록금이 없어 중도 탈락한 대학생활과 자신이 설립한 애플 컴퓨터에서 '엉덩이 차여' 쫓겨난 이야기…… 드라마로 만들어도 수십 회는 될 거리가 충분하다. 상대는 바로 그런 이야기를 당신에게 원한다. 의사도 병을 앓아 환자 노릇을 해본 의사와 안 해본 의사의 환자를 대하는 태도는 천지차이다.

눈물 젖은 빵 이야기를 마케팅하라

소통능력이 특히 뛰어난 인물들이 인생 초반에 많은 실패를 겪은 것은 결코 우연이 아니다. 링컨과 프랭클린 루스벨트가 그런 경우다. 링컨은 사업과 정치에서 거듭되는 실패를 겪었다. 실점보다 득점이 컸을 뿐이지, 그가 인생 초반에 겪은 실점은 만만찮았다. 프랭클린 루스벨트 대통령도 눈물 젖는 빵 반열에서 선두그룹에 속한다. 지독한 마마

보이에 지극히 평범한 학생이었던 그는 백악관에 입성할 때까지 수준 이하의 인물로 여겨졌다. 만일 젊은 시절에 소아마비에 걸리지 않았다면 최고의 대통령이 되는 데 필요한 용기와 깊이 있는 사고, 풍부한 감정을 계발해내지 못했을 것이라고 학자들은 말한다. 개인적인 비극이나 실패와 좌절은 사람을 성숙하게 만들고 공감지수를 높여준다. '눈물 젖은 빵 이야기' 그 자체가 다른 사람의 고통을 공유하고 이해할 태세가 되어 있다는 증거이기 때문이다. 공감능력은 비포장된 인생길을 산전수전 공중전을 겪어가며 통과한 사람만 얻을 수 있는 능력이다.

델포이 신전에는 "상처받은 자가 치유한다."라는 말이 쓰여 있다고 한다. 동서양의 영웅담에는 한결같이 절정에 이르기 위한 '갈등'이 복선으로 깔려 있다. 우리 인생에서 갈등과 시련이란 바로 눈물 젖은 빵이다.

선거철이 되면 귀공자나 귀공녀처럼 보이던 정치인들이 앞 다투어 모두 가난한 집 자제라며 홍보하고 선전한다. 이른바 가난 마케팅이 홍수를 이루는 것이다. 당신의 고난기, 즉 눈빵 이야기를 마케팅하라. 상대는 당신을 훨씬 인간미 넘치는 사람으로 받아들일 것이다.

서울대학교 경영대학 조동성 교수는 내가 멘토로 모시는 분이다. 그는 이른바 KS 출신에 미국 유학파로서 탄탄대로를 걸어왔다. 겉으로 보기에는 눈물 젖은 빵 요소가 전혀 없다. 어느 날 슬쩍 눈빵 이야기를 청하자 그가 이야기를 풀어놨다. 그가 여러 사람에게 공감지수가 높다는 말을 듣는 데는 역시 까닭이 있었다.

"미국 유학 시절 등록금이 없어 클럽 입구에서 안내일을 맡기도 했지요. 심지어 시체실 근무도 해보았고요. 유학 가서는 말도 안 통하는 가운데 벙어리, 귀머거리로 엄청나게 고생하며 공부했죠. 그 시절의 경험 덕분에 수업을 못 따라가는 학생들의 답답함을 이해하게 되었지요."

부인은 한의사이고 본인은 변호사로서 유복하기 그지없는 생활을 하고 있는 L씨와 식사를 할 일이 있었다. 만나기 전에 프로필을 살펴보는데 청년시절 대학과 직장생활 사이에 몇 년의 공백기가 있었다. 문득 궁금해서 그 공백기간의 이유를 물어보니 바로 눈빵 이야기가 실타래 풀리듯 풀려나왔다. 물어보지 않았으면 그의 진면목을 모를 뻔했다는 점에서 안도의 한숨이 나올 정도였다.

"아, 그거요. 제가 워낙은 소설가가 너무 되고 싶었지만 그럴 수 없었죠. 그래서 대학교를 중퇴하고 동생들 뒷바라지하며 고시 공부를 했지요. 아이고, 그 시절을 이야기하려면 오늘 하루종일 해도 시간이 부족할 겁니다."

곁가지를 쳐가며 한바탕 눈빵 이야기를 파노라마처럼 듣다보니 그가 한결 가깝게 느껴졌다. 만일 그 자리에서 그런 소재를 이야기하지 않았다면 아마도 굉장히 형식적인 자리가 되었을 텐데 말이다.

집안 제사 때마다 명문대에 입학한 또래친척과 비교를 당하며 눈물을 삼킨 이야기, 술에 빠져 살다 폐렴까지 걸려 콜록콜록 거의 죽을 지경에 이르렀다가 군대에서 읽은 책 한 권으로 개과천선해 인생이 180도 달라진 이야기, 운동권 출신의 병든 남편을 뒷바라지하며 회사를 멋지게 일군 이야기, 한강에 떨어져 죽을까 몇 번을 망설인 끝에 굳세게 떨치고 일어나 사업에 성공한 이야기, 일찍이 낯선 나라에 이민 가서 괄세받은 이야기 등…… 곳곳에 널려 있는 숱한 눈빵 이야기는 상대에게 감동을 선사한다. 그리고 오래도록 갈피갈피 감동의 기억으로 남는다.

　선진국이나 앞선 리더들은 일부러 이런 '사서 고생'을 청하고 자녀들에게 눈물 젖은 빵을 경험할 수 있는 기회를 마련한다. 그것이 나중에 사람들과 소통하는 데 자산이 된다는 사실을 알기 때문이다. HP의 전 CEO인 칼리 피오리나가 어렸을 때 장애인을 도와주는 자원봉사를 한 것이 평생토록 다른 사람들을 이해하는 데 자산이 되었다고 말한 것도 같은 맥락이다.

　당신의 눈빵 이야기는 무엇인가. 그 이야기를 상대에게 들려주라. 또는 그 이야기를 상대에게 청하라. 기꺼이 기다렸다는 듯 이야기보따리를 풀어놓을 것이다. 숨기고 싶어할지 모른다고? 천만의 말씀이다. 전쟁에서 승리한 영웅이 자신의 승전담을 창고 속에 간직하고 싶어하는 경우를 보았는가. 당신의 이야기든 상대의 이야기든 어느 쪽이든 눈빵 이야기는 매력 있는 대화의 소재다. 눈빵 이야기를 공유했다는 사실 하나만으로 뭔가 뿌듯하고 관계가 기대 이상으로 진전되는 것을 경험할 수 있을 것이다.

빌 게이츠 보다는 스티브 잡스

역경지수가 높은 사람은 배려지수가 높다. 득의양양 들려주는 성공담은 비현실적이고, 거부감마저 일으킨다. 하지만 실패를 딛고 일어선 이야기는 감동과 격려, 분발심을 선사한다. 고난과 역경의 이야기는 현대판 영웅담이다. 그런 영웅담이야말로 상대를 경계심 없이 내 편으로 만들 수 있는 최대의, 최고의 흥행요소다. 당신의 고난기, 즉 눈물 젖은 빵 이야기를 마케팅하라. 상대는 당신을 훨씬 인간미 넘치는 사람으로 받아들일 것이다.

25 유머의 수사반장 원칙

나만의 유머를 개발하라

자신을 웃기는 사람과 결혼하겠다며 내기를 건 공주가 나오는 동화가 있다. 그 공주를 어떻게든 웃겨서 왕의 사위가 되고 싶어 하는 전국 방방곡곡의 총각이 별수를 다 쓴다. 결국 그 공주를 웃긴 '행운의 주인공'은 만지기만 하면 손이 붙어 떨어지지 않는 오리를 잡느라 한 동네 사람이 굴비두름처럼 엮이도록 한 시골총각이었다.

예전에는 그 공주를 쓸데없는 일로 백성들을 괴롭힌 고집불통 철부지로 여겼고, 동네사람들도 한심하다고 느꼈다. 그런데 최근 그 동화를 다시 읽으니 느낌이 사뭇 다르다. 세상에 웃지 못하다니…… 성형수술 부작용으로 얼굴이 경직돼 전혀 웃지 못하는 무표정이 연상되며 공주의 고통이 실감난다. 그리고 유머 시합으로 나라의 에너지가 낭비된 듯하지만 국력이 소모되지는 않았을 것이다. 나라 전체가 웃음을 만들기 위해 얼마나 창의성 대결을 벌였겠는가. 아마도 웃음 소동을 겪은 후 백성들의 살림살이는 훨씬 나아지고 행복해졌을 것이다. 그 유머 시합을 대대손손 '추억거리'로 돌이키면서 같이 웃고 떠들다보면 절로 창의성지수가 높아졌을 것이다.

웃길 수 있는 남자가 미인을 차지한다. 이제 동화 속 이야기만은 아니다. 여자들의 이상형 1위로 유머러스한 남자가 꼽히는 것을 보면, "용감한 자가 미인을 차지한다."란 옛말이 이제 "웃길 줄 아는 사람이 미인을 차지한다."로 바뀌어야 할 모양이다. 요즘에는 신입사원 면접 때 한번 웃겨보라고 요구하는 기업도 있다. 개그 테스트는 아니고 그 사람의 품성을 알아보기 위한 고도의 종합 테스트다.

유머는 이처럼 단박에 자신의 매력을 강력히 드러내고 돋보이게 한다. 뿐만 아니라 상대를 무장해제시켜 친구로 만든다. 촌철살인의 재치 있는 유머는 적을 동지로 변화시키고, 심지어 우러르게까지 하니 만병통치약인 셈이다.

처칠과 링컨, 그리고 레이건이 금세기 최고의 정치가로 꼽히는 데는 뛰어난 유머도 한몫하고 있다. 미국의 대통령들은 본인은 물론 영부인까지 웃음 관리 컨설턴트를 둔다고 한다. 레이건 대통령이 여배우 조디 포스터의 스토커인 힝클리로부터 저격을 받고 중상을 입었을 때 긴급한 상황에서도 국민들을 안심시킨 병상 유머 일화는 유명하다. 당시 미국인들은 불안에 휩싸였고 매시간 뉴스에 초조하게 귀를 기울였다. 그러나 총에 맞은 레이건은 극심한 고통 속에서도 여유를 잃지 않았다. 수술이 시작되기 직전에 외과의사가 말했다.

"각하, 이제 수술을 시작하겠습니다."

그러자 레이건이 담당 의사를 비롯해 다른 의사들을 둘러보며 물었다.

"당신들은 물론 모두 공화당원이겠지요?"

이 말을 들은 의사가 빙그레 웃으며 대답했다.

"각하, 최소한 오늘은 전부 공화당원입니다."

수술을 마치고 흘러나온 이런 내용의 병상 뉴스들은 불안과 초조에 빠진 국민들을 안심시켰다. 나아가 레이건의 동태에 촉각을 곤두세우던 국제사회에 '미국은 건재하다'는 메시지를 전하며, 위급한 상황에서도 국민들을 안심시키는 지도자라는 강한 인상을 남겼다고 한다. 아마 모르긴 모르지만 '최소한 오늘 하루'라고 했던 그 의사들은 레이건 대통령의 임기 내내 공화당원이 되지 않았을까 싶다.

유머의 고수가 되기 위해서는 "뭐 웃을 일이 있어야지요."라거나 "어디 한번 네가 날 웃겨봐." 하는 고압적인 자세에서 벗어나 삶에 대해 즐겁고 긍정적인 태도를 가져야 한다. 내가 어느 나라 공주나 왕자도 아닌 바에야 웃겨주길 기다리기보다는 먼저 웃고 먼저 웃길 필요가 있다.

거울 왕자, 거울 공주가 되라

김대곤 오방리더십 연구소장은 사무실 책상 위에 거울을 올려놓고 하루에 한 번씩 웃는 표정을 점검한다. 그가 주위사람들에게 주는 선물도 바로 손거울이다. 거울 왕자의 탄생이라며 농담처럼 말하는 사람도 있지만, 격무와 스트레스의 와중에도 거짓말처럼 일이 즐거워졌다는 고백이다. 낙관과 비관은 종이 한 장 차이다. 유머에서도 주도적 사고가 중요하다.

"어느 날 화를 내는 내 모습을 거울로 봤는데, 정말 내가 봐도 무섭더군요. 그후로 되도록이면 웃으려고 해요. 주름살이요? 웃어서 생기는 주름살과 찡그려서 생기는 주름살은 아예 모양이 다르다고 합디다. 허허."

 이렇게 활짝 웃는 것만으로도 일단은 성공이다. 유머 하면 내가 말하는 것을 먼저 생각하고, 듣는 자세에 대해서는 별로 신경 쓰지 않는다. 그러나 실제로는 유머를 듣는 자리가 더 많다. 남이 하는 유머에 크게 호응하고 박장대소하는 것만으로도 10번 유머를 과시한 것보다 더 큰 효과를 얻을 수 있다.

 내 친구 K는 이렇게까지 말한다.

 "내 말에 웃어준다는 것은 조직에서는 영향력, 관계에서는 호감을 의미한다고 생각하거든. 누군가의 유머에 많이 웃어준다는 것은 어떤 점에서 정치적인 행동이지. 왜 별로 웃기지도 않은데 커다란 폭소가 터져 나오는 경우를 잘 관찰해보라고. 대개 그 자리를 이끄는 사람이 하는 유머일 때 그렇거든."

 상대에게 당신의 호감을 표시하고 싶은가. 크게 웃어주고 너무 재미있어 어쩔 줄 모르는 표정을 지어주라.

 한편 반대의 경우도 있다. 상대가 애써 유머를 준비했는데 먼저 아는 척하며 분위기를 망치는 사람이다. 시주는 못할망정 쪽박은 깨지 말라는 말이 있듯, 직접 유머는 구사하지 못하더라도 유머를 하는 사람의 기를 꺾는 행동은 삼가야 한다. 자신이 이미 들은 내용이면 모르는 척하고, 퀴즈를 내면 말이 떨어지기 무섭게 손을 들어 정답을 발표하기보다는 가만히 기다려라. 그것이 스스로의 주가를 높이는 길이다.

 거울 왕자(공주)가 돼 표정을 관리하고 상대의 말에 소리 높여 웃어주는 등 유머의 기본자세가 갖춰졌으면 일단 신발끈은 맨 셈이다. 이제 유머를 구사하는 단계로 한 발 더 나아가보자.

연습 없는 유머는 백전백패

유머를 준비했는데 썰렁한 반응으로 펭귄들이 집단으로 오가는 바람에 중도에 접었던 아픈 경험을 한번쯤은 갖고 있을 것이다. 나 역시 그렇다. 열심히 준비해 읊어댔는데 사람들이 밥 먹는 데만 열중하며 웃지도 않고 바로 다음 화제로 건너뛰어 머쓱했던 적이 있다.

하지만 유머 역시 근육을 단련하듯 연습하고 학습하면 증진될 수 있다. 개그맨 유재석도 10년 이상 설움을 겪었다는데, 유머감각이 상대적으로 떨어지는 일반인이야 이만큼만 해도 어디인가 하며 스스로 편하게 생각하는 것이 좋다. 마음은 편안하게 갖되 연습은 치열하게 할 필요가 있다.

남부럽지 않게 웃음 컨설턴트를 고용하지는 못해도 몇 가지 원칙을 알면 유머가 쉬워진다. 웃음으로 마음의 병까지 치료한다는 한국웃음연구소 이요셉 소장은 이를 수사반장의 원칙이라고 정리한다.

'수사반장'은 수집하라, 사용하라, 반복하라, 장점을 살려라의 약자다. 좋은 유머를 들으면 기록했다가 반복해서 사용하고, 장점을 살려 자신만의 버전으로 창조하면 유머형 인간으로서 좌중을 휘어잡는 것은 식은 죽 먹기라는 뜻이다. 다양한 유머를 개발해 그때마다 다른 유머를 활용하면 좋지만 일단 초보단계에서는 같은 유머를 반복해 자기 것으로 만들 필요가 있다. 노래에도 애창곡인 18번 가요가 있듯, 유머도 자신만의 18번 유머를 개발하는 것이다. 이렇게 반복 과정을 거치는 동안 자신도 모르게 감정도 실리고 살도 붙으면서 자연스러워질 수 있다.

다음으로 옷차림에 적용되는 TPO Time, Place, Occasion의 원칙을 유머를 구사할 때도 적용할 필요가 있다. 밤의 술자리와 낮의 식사자리에 어울리는 유머가 따로 있고, 선배나 윗사람을 모신 자리와 편한 동료들 사이에서 통하는 유머도 다르다.

내성적이라 사람들 앞에서 말하는 것조차 떨리고 부담스럽다면 최후의 처방이 있다. 작은 메모지를 들고 다니는 것이다. 모 대기업의 K 상무는 10개 정도의 유머 모음집을 갖고 다닌다. 만나는 사람에게 명함과 함께 건네고 나중에 유머를 말하는 자리에서 읽어주는 것이다. 상대방이 그걸 읽으며 박장대소하면, 분위기는 한번에 부드러워지고 이야기는 일사천리로 진행된다. 요즘 같은 디지털 시대에는 아예 휴대전화에 저장하는 것도 좋은 방법이다.

유머를 할 때 부담스러운 부분은 상대방에게 나의 망가진 모습을 보여주게 될지도 모른다는 염려다. 유머가 고정관념과 틀을 깨야 하는 건 사실이지만 유머의 목표가 삶의 활력소를 찾고 원활한 관계를 만드는 데 있다는 점을 생각하면 지켜야 할 것과 피할 것이 분명해진다. 웃음은 줘야 하지만 웃음거리가 되는 것은 피하라.

남을 많이 웃기고 많이 웃는다는 것은 그만큼 긍정적 태도를 가졌다는 뜻이다. 그것만으로도 충분하다. 웃음을 통해 무의식 속에 자리한 근심이나 걱정도 물리칠 수 있다. 또한 도저히 해결의 실마리가 보이지 않는 비관적 상황에서 거리를 두고 객관화할 수 있게 하는 마법의 효과도 발휘한다. 잘 웃고 잘 웃길 때 관계 경영은 물론 삶의 경영까지 쉬워진다. 웃어라. 자신이 웃으면 복이 온다. 남을 웃기면 더 많이 온다.

유머의 수사반장 원칙

남부럽지 않게 웃음 컨설턴트를 고용하지는 못해도 몇 가지 원칙을 알면 유머가 쉬워진다. 일명 '수사반장의 원칙'있다. 수집하라, 사용하라, 반복하라, 장점을 살려라의 약자를 딴 수사반장의 원칙. 좋은 유머를 들으면 기록했다가 반복해서 사용하고, 장점을 살려 자신만의 버전으로 창조하면 유머형 인간으로서 좌중을 휘어잡는 것은 식은 죽 먹기라는 뜻이다. 웃어라. 자신이 웃으면 복이 온다. 남을 웃기면 더 많이 온다.

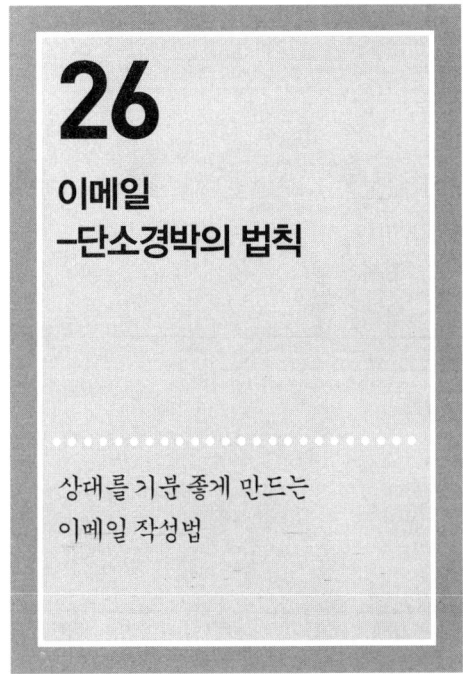

26
이메일
-단소경박의 법칙

상대를 기분 좋게 만드는
이메일 작성법

이메일을 100퍼센트 활용하는 기본 스텝은 의외로 간단한다. 먼저 상대의 스텝에 맞춰 춤을 춰라. 즉 회신을 바로 제때 함으로써 상대를 외롭게 하지 말라는 것이다. 받고 싶으면 줘라. 그것도 덤까지 얹어서. 이메일에도 일종의 바터(교환) 법칙이 성립하는 것이다.

삼성석유화학 허태학 상담역은 메일을 받으면 따뜻한 안부를 담아 즉시 회신을 보낸다. 해외나 지방에서든 상관하지 않는다.

"상대방이 2줄을 쓰면 저는 4줄을 써서 보냅니다. 상대방이 3줄을 쓰면 6줄을 써서 보내지요. 상대방이 손짓을 하면 저는 발짓과 몸짓을 담아 보냅니다. 상대방의 사회적 지위가 높고 낮음을 가리지 않습니다. 그래야 쌍방향 커뮤니케이션이 이루어지는 것 아니겠습니까."

일단 상대의 스텝에 맞춰 춤을 추는 법, 즉 이메일에 회신하는 법을 익혔다면 이제 내가 먼저 스텝을 밟는 법, 즉 비즈니스 메일을 보내는 단계로 한 걸음 나아가보자.

"Keep it short and simple." 간단하고 짧게 하라는 말은 귀가 아프도록 들었을 것이다. 짧게 하라는 말은 구체적으로 이메일 내용을 한 화면에서 모두 볼 수 있게 보내는 것을 의미한다. 이것이 바로 효율적인 비즈니스 이메일의 기본 에티켓이다.

간단하게 짧게 그러나 센스있게

이메일을 잘 보내는 리더들은 제목을 정하는 것부터 다르다. 가령 '○○씨에게'가 아니라, 구체적 관계를 지칭하는 것이다. '지난번 ○○에 대해 문의합니다'라거나 '설문조사 문의 건' 등 목적을 분명히 밝힘으로써 휴지통에 들어가는 것을 미연에 방지한다. 또한 모임 공지 메일일 경우에는 '12월 24일 당나귀 모임, 청담동 뱅앤비노'와 같이 내용을 열어보지 않고도 장소를 바로 알 수 있도록 배려한다. 이러한 3초의 배려가 당신의 센스를 돋보이게 만든다.

대학에서 대인관계에 대한 강의를 할 때, 이메일에도 단소경박短小輕薄의 법칙이 존재한다는 이야기를 들려주자 한 여학생이 자기만의 차별성을 부각시킬 방법은 없는지 질문을 던졌다. 나는 그 질문에 상대를 호칭하면서 호감을 표현하는 것이 한 방법이라고 대답해 주었다. 삼성경제연구소 유경화 PD의 기분 좋은 메일이 떠올랐다. 그녀의 메일을 받으면 우선 호칭부터 산뜻하게 시작하기 때문에 미소를 띠게 된다. 가령 '봄날 분홍색 옷이 너무 잘 어울리던 김 박사님께' 또는 '소녀 같은 웃음이 매력적인 ○○○에게' 등 상황에 따라 다양한 수식어가 따라붙는다. 3~4줄 정도의 간단한 메시지만으로도 상대방을 기분 좋게 만드는 멘트는 그녀의 이메일을 차별화시키는 매력 포인트다. 짧은 내용의 이메일이라도 점심시간에는 "점심은 맛있게 드셨나요?", 월요일에는 "산뜻한 월요일 열고 계시지요?" 하며 간단한 인사로 시작할 때 저절로 입가에 웃음이 감돌게 된다.

이메일의 장점 중 하나는 한꺼번에 수십 명에게 내용을 전달할 수 있다는 것이다. 동시에 이런 장점은 이메일을 받은 수십 명 가운데 누구도 책임감을 느끼지 않고 회신하지 않도록 만드는 단점이 되기도 한다.

수십 개에 이르는 수신자들의 주소를 줄줄이 한꺼번에 보내면 이중으로 손해다. 우선 수신자에게는 'only one'이 아니라 'one of them'의 인상을 갖게 한다. 자신에게만 보내는 이메일이 아니니까 회신을 안 해도 괜찮다는 생각에 회신율이 떨어지는 것은 당연하다. 그런가 하면 여러 사람들의 이메일 주소가 노출된다는 점에서 다른 사람의 신원을 지켜주지 못하는 무신경한 사람이라는 평가를 받을 수도 있다.

그렇다면 이메일의 장점인 '여러 사람에게 동시다발 송신'을 포기해야 할까? 물론 아니다. 메뉴 중 '개인별로 보내기'를 이용하면 동시다발로 복수 메일을 보내더라도 다른 사람들의 이메일 주소를 보호하면서 'only one'으로 대접해주는 효과가 있다. 물론 예외적으로 수신자를 복수로 하는 것이 더 좋을 때도 있다. 안면이 있는 10명 내외의 소모임을 공지하는 경우 서로 참여하는 면면이 누구인가 확인하는 효과를 내기 위해서라면 오히려 단체 메일이 환영받는다.

이처럼 제목, 수신자, 내용을 정리하는 이메일 에티켓만 지켜도 이메일의 열독률이나 가독률을 크게 높일 수 있다. 여기에 하나를 더 추가한다면, 자신의 이메일을 종합선물세트로 만드는 것이다. 수미쌍관,

즉 머리인 제목과 호칭을 매혹적으로 만들었다면 꼬리도 보조를 맞춰 줄 필요가 있다. 예컨대 서명 부분에 자신의 블로그나 회사 홈페이지, 트위터, 페이스북 등을 연계하면 자연스럽게 홍보 효과를 얻을 수도 있다.

나는 이메일 서명에 개인 블로그를 연계해 두었는데, 그 홍보 효과에 스스로 놀란 적이 많다. 첫 비즈니스 미팅이었는데도 상대방이 이메일에 연계된 블로그를 미리 방문해 내 글을 읽고 왔기 때문에 별로 어색함 없이 편하게 대화를 나눌 수 있었다. 블로그뿐 아니라 본인의 좌우명이나 자신의 정체성을 반영한 아바타를 사용하는 것도 자신을 상대방에게 알리는 좋은 방법이다.

자, 그렇다면 이메일을 이처럼 활용하면 관계의 징검다리로서 만병통치약이 될까? 여기에도 장미의 가시는 있다. 명심할 것은 불편한 진실일수록 오프라인에서 대면해야 한다는 점이다.

이메일 찬양론자인 Y사장은 이메일을 100퍼센트 적극 활용하려면 수륙양동작전이 꼭 필요하다고 강조한다. 즉 이메일은 인간관계의 보조도구이지 주력도구로 착각해선 안 된다는 귀띔이다. 가령 칭찬에는 이메일이 유용하지만 질책을 하거나 사과를 할 때 이메일을 보내는 것은 절대금물이다. 우선 이메일을 받은 상대방의 반응을 모른다는 점에서 일방통행이 될 우려가 있다. 그리고 말로 한 것과 달리 글은 두고두고 남기 때문에 상대에게도 오랜 상처가 될 수 있고, 그것이 다른 사람에게 공개돼 증빙으로 남을 경우에는 뜻하지 않은 피해를 입힐 수도 있다.

"누구에게나 대면해서 상대방이 듣기 부담스러운 말을 하는 것은 어려운 일입니다. 지위고하를 막론하고 마찬가지죠. 그래서 저도 처음엔 이메일을 활용해서 상대방에게 시정사항을 전달했습니다. 그런데 웬걸요, 부작용이 한결 크더군요. 거기다 감정을 거르지 않고 질책하는 이메일을 보냈다가 그것을 직원들이 공람이라도 하게 되면 정말 걷잡을 수 없는 상황이 발생할 수도 있지요. 시간이 없으면 차라리 이야기를 미룰지언정 부정적인 내용으로 이메일을 보내지는 마십시오."

이처럼 이메일의 함정을 피하고 이메일 에티켓을 잘 지키기만 한다면, 누구에게나 열어보고 싶고 받아보고 싶은 자기만의 센스가 돋보이게 할 수 있다. 그리고 자신에게는 시간을 절약시켜 주는 커뮤니케이션 도구로 열 번 만남 부럽지 않은 효자로서 톡톡히 제 역할을 해낼 것이다.

센스 100퍼센트 비즈니스 이메일 작성법

- **가능한 간단하고 짧게** : 내용을 첨부하지 않고 한 화면에서 모두 볼 수 있게 보내라.
- **센스 있는 제목 붙이기** : 목적을 분명하게 드러내는 제목을 붙여라.
- **차별화된 호칭 사용하기** : 호칭할 때는 호감을 적극적으로 표현하라.
- **특별한 사람으로 대접하기** : 여러 사람에게 동시다발 송신보다는 '개인별로 보내기'를 이용해 'only one'이라는 인상을 줘라.
- **이메일 서명을 통한 홍보 효과** : 서명 부분에 블로그, 회사 홈페이지, 트위터 등을 연계해 자연스럽게 홍보하라.

27
미니스커트와 자기소개는 짧을수록 좋다

재미, 의미, 진미 3박자를 갖춘
자기소개법

'1865'는 국내에 시판되는 칠레 와인 중 최고의 인기를 누리고 있다. 물론 맛도 좋지만 그 인기의 비결은 바로 이름 풀이에 있다. '1865'는 와이너리인 산 페드로의 설립연도를 레이블로 옮겨놓은 것이다. 처음부터 이 와인의 인기가 높았던 것은 아니다. 그런데 누군가가 1865라는 숫자를 '18홀을 65타에 치라'는 행운의 의미로 해석하면서 골퍼 와인으로 인기가 치솟기 시작했다. 최근에는 '18세부터 65세까지 모든 연령층이 좋아하는 와인'이란 새로운 해석까지 덧붙여졌다.

자기 브랜딩에도 이러한 1865의 성공담(?)을 차용할 필요가 있다. 꿈보다 해몽식의 의미 부여와 귀에 쏙 들어오는 간결한 별칭은 가치를 돋보이게 한다. 덴마크의 유명한 미래학자 롤프 옌센이 '브랜드'를 '프렌드'라 정의한 것을 보고 무릎을 친 적이 있다. 진정한 브랜드는 처음 보는 사람에게도 나를 친구처럼 친밀하게 느끼게 하는 것이 아니겠는가.

  사회생활을 하다보면 여러 모임에 참석하면서 다양한 사람들을 만나게 된다. 그때 단 한 번 만났을 뿐인데 프로필이 바로 떠오르는 사람이 있는가 하면, 여러 번 만났는데도 인상이 선명하게 기억나지 않는 사람도 있다. 그 차이는 바로 자기소개를 할 때 얼마나 인상적으로 전달했느냐에 달려 있다.

  명품이 진정한 명품으로 거듭나는 방법은 제품 생산 후 로망을 담는 것이라고 한다. 그냥 에르메스백이 아니라 켈리백이라는 명칭이 미국 여배우이자 모나코 왕비였던 그레이스 켈리의 우아함을 떠올리며 여성 소비자들에게 훨씬 더 어필하는 것도 같은 이유다. 'V740'이나 'S350'과 같이 딱딱한 모델명을 그대로 부르거나 '더블폴더 DMB폰' 또는 '크로스 위성 DMB폰' 등 기능 위주의 별명을 붙이는 것보다 '초콜릿폰'이 한결 쉽게 어필하는 것도 역시 마찬가지다. 이처럼 명품이 명품으로 탄생하기 위해서는 품질뿐 아니라 손에 잡히고 눈으로 그려지는 로망이 담겨 있어야 한다.

자기소개에 스토리를 담아라

  명품 자기소개도 마찬가지다. 자신의 이름, 관등성명, 가족등록부를 읽는 듯한 소개는 '스토리'가 없어 재미가 없다. 자기소개에 스토리를 담는 방법 중 하나는 애칭을 살짝 곁들이는 것이다. 채소 등의 원래 재료에 달콤새콤한 소스를 곁들이면 일품 전채요리가 되듯, 잘 만든 애칭은 자신의 소개에 입체감을 불어넣는다.

  애칭에는 그 사람의 스토리가 함축되어 있다. 동아일보 최수묵 위원은 자신의 별명을 호림虎林이라고 소개한다. 골프를 좋아하고 잘 치고자 하는 기원의 마음으로 골프 황제 타이거 우즈의 이름에서 타이거의 '虎', 우즈의 '林'을 따 호림이라고 별명을 지었다는 것이다. 그후로도 그를 만날 때마다 절대로 헷갈리지 않고 취미와 애칭을 한꺼번에 기억하며 미소짓게 되니, 확실히 그는 브랜딩 효과를 거둔 셈이다.

BMW코리아 김효준 사장이 자신의 별명을 '시구·말구'라 소개한 것도 센스 있는 자기소개로 인상적이었다. 골프장에 가면 처음 라운딩과 끝 라운딩만 하고 카트를 타고 고객과 만나기 위해 홀마다 돌아다니느라 그런 별명이 붙었다는 것이다. 고객감동 서비스를 실현하겠다는 그의 실천적 의지가 담긴 성공적 애칭이란 생각이 들었다.

짧은 애칭이나 별명은 이렇듯 자기를 분명하게 각인시키는 수단이 된다. 애칭이 스토리라면 캐릭터가 분명한 자기소개는 캐리커처에 가깝다. 시트콤이나 리얼 버라이어티쇼를 보면 출연자가 떼거리로 나오는데 각각 분명한 캐릭터가 있다. 유반장 유재석, 식신 정준하, 허당 이승기, 야동 이순재 등 분명한 캐릭터가 그들을 확실히 각인시켜 준다. 자신을 뚜렷하게 인식시키기 위해서는 이와 같은 분명한 캐릭터 설정이 필요하다.

뚜렷한 캐릭터 설정은 밋밋한 자기소개보다 효과적이다. 예컨대 사람들은 다음과 같은 자기소개를 절대 잊어버리지 않는다.

"제가 가무가 능하다고 '가무 진철'이라 부르지요."
"저를 보면 설렌다고 '설렘 보현'이라고 부른답니다."
"봄날처럼 웃는 모습이라고 해서 '봄날한창'이라고 하지요."

이처럼 자신이 기억되고 싶은 대로 그 캐릭터가 유통된다면 소기의 성과를 거둔 것이다. 다소 고전적이긴 하지만 자기 이름으로 삼행시를 준비해 다니는 것도 요긴하고, 세대와 상관없이 두루 쓰이는 방법이다.

"제 이름을 삼행시로 풀어 말씀드리겠습니다. 제 이름은 김성회인데요. 여러분, 제 이름을 한 자씩 불러주시겠습니까? '김!' 김치같이 친근하고, '성!' 성냥같이 사람들 사이에 불을 붙여주는 매치메이커로 '회!' 회합에선 절대 빠져선 안 되는 사람, 저 김성회입니다."

이때 중요한 점은 단어 첫 글자를 맞추고, 자신이 부각시키고 싶은 이미지나 자신이 하는 일 등과 연결고리가 있어야 한다는 것이다.

정성스런 소개가 콘텐츠라면 그것을 전달하는 방식도 못지않게 중요하다. 흔히들 자기소개 하면 말 그대로 자신에 대한 이야기를 자세하게 늘어놓아야 상대의 머리에 각인된다고 생각한다. 하지만 천만의 말씀이다. 오히려 자리를 마련한 측에 대한 감사와 주위참석자들에 대한 인상 등을 이야기할 때 자신의 가치와 주가는 올라간다. 짧지만 기승전결을 갖춰 재미, 의미, 진미(진정한 인간미)의 3박자에 맞춰 말하면 브랜드 효과는 충분하다.

자기소개를 하는 데 꼴불견 중 하나는 여러 사람이 순서대로 돌아가야 하는 상황에서 마이크를 오래 붙들고 장광설을 늘어놓는 경우다. 보통 자기소개는 식사시간 전에 하게 되는데, 듣는 사람들로서는 배에서 나는 꼬르륵 소리가 더 절실할 수밖에 없다. 할당된 시간을 절대 초과하지 말라. 앞의 사람이 길게 해 자신의 시간이 줄었다면 그에 맞춰 차라리 짧게 하라. 그래야 눈길도 더 많이 끌 수 있다. 미니스커트와 자신에 대한 소개는 짧을수록 임팩트가 강하다.

모임 후 다시 만난 자리에서 상대방이 알아보지 못해 민망해본 적은 없는가. 돌아서면 자신의 이름을 잊어버리는 상대를 탓하기 전에 선명한 자신의 애칭을 만들어 살짝 소개하라. 자신의 하는 일과 특징을 압축한 키워드를 만들어 간결하게 전달하자. 수십 장 돌린 명함보다 한결 자신을 기억하게 하는 데 효과가 있을 것이다. 재미, 의미, 진미라는 3미가 갖춰진 자기소개만으로도 당신은 모임의 스타가 될 수 있다.

모임의 스타가 되는 자기소개법

- 짧은 애칭이나 별명은 자기를 분명하게 각인시켜라.
- 뚜렷한 캐릭터 설정은 밋밋한 자기소개보다 효과적이다.
- 자신에 대한 소개는 짧을수록 임팩트가 강하다.
- 자리를 마련한 측에 대한 감사와 주위참석자들에 대한 인상 등을 이야기할 때 자신의 가치와 주가는 올라간다.
- 자신의 하는 일과 특징을 압축한 키워드를 만들어 간결하게 전달한다.

28
준비하는 사람은 미래가 두렵지 않다

비즈니스 약속 후
챙겨야 할 몇 가지

내가 속한 독서모임에 저자를 초빙하기 위해 K교수를 어렵게 섭외한 적이 있다. 모임 며칠 전, 여러 가지를 논의하기 위해 모 호텔 커피숍에서 K교수를 만나기로 했다. 그런데 황당한 일이 벌어졌다. 약속시간이 지났는데도 그 교수가 나타나지 않은 것이다. 한참을 망설이다 교수와 전화가 연결되면서 서로 장소를 잘못 알고 있었다는 사실을 알게 되었다. 밀레니엄 힐튼호텔과 남산 힐튼호텔이 헷갈렸던 것이다. 서로 멀리 떨어진 장소인데다 퇴근시간에 차가 한참 밀리는 때라 상대에게 가기는 힘든 상황이었고, 결국 그날 약속은 불발이 되었다. 이런 상황에서 누구의 잘못도 아닌 비슷한 이름의 호텔 탓만을 해야 할까?

사회생활을 하다보면 비즈니스 미팅을 할 기회가 많다. 사람들은 대부분 약속을 하기 위해 안간힘을 쓰다가도 막상 약속이 성사되면 그 이후 일에 대해서는 크게 신경 쓰지 않는다. 그러나 약속의 한자어를 자세히 살펴보라. '約'과 '束' 모두 묶는다는 뜻이다. 약속을 맺고 지키고 확인하는 과정에서 상대를 내게 묶어 나의 영원한 인맥으로 삼을 수 있다. 그러기 위해서 약속은 맺기보다 지키기까지의 세심한 배려가 훨씬 더 중요하다. 굳이 숫자로 표현한다면 4대6 정도의 비율로 약속을 정해서 만나기 전까지의 모든 과정에 60퍼센트의 정성을 쏟아야 한다. 그럴 때 상대방에게 감동과 함께 신뢰를 심어줄 수 있다.

사회생활에서 비즈니스 약속을 한 후 챙겨야 할 몇 가지 사항을 소개해보겠다.

동선을 파악하라

상대에게 이메일로 약속장소를 전달할 때는 약도를 첨부하고, 주의사항을 미리 알리는 것이 안전하다. 예를 들어 논현동의 한식집 '민들레'가 아니라 청담동에 있는 한식집 '민들레'라고 알리면서 형광펜이나 볼드체로 강조하면 금상첨화다.

나는 동창 P와의 약속을 통해 프로는 준비로 완성된다는 말을 실감했다. 오랜만에 만나 저녁을 같이하기로 했는데, 평소와 달리 비싸기로 유명한 L호텔의 레스토랑에서 한턱 내겠다는 것이었다. 의아해하던 내 궁금증은 곧 해결되었다. 그 친구는 다음날 비즈니스 약속이 있었고, 구조가 복잡하기로 소문난 그곳의 동선을 미리 파악해두기 위함이었다. 음식은 물론이고 화장실 위치, 엘리베이터, 주차장으로 나가는 길 등을 일일이 직접 가보는 것이었다.

세련된 매너와 여유는 철저한 준비에서 비롯된다. 오늘날 세계적인 영화배우로 자리매김한 김윤진 씨는 인터뷰에서 이렇게 말했다. 그녀는 할리우드 영화사에 인터뷰를 하러 갈 때 1주일 전부터 매일 직접 운전하여 찾아가는 실전 연습을 완벽하게 했다고 한다. 할리우드 영화사는 생각과 달리 궁벽한 곳에 위치해 찾기가 쉽지 않은데, 첫 만남부터 "길을 잃었다." "장소를 못 찾아서 늦었다."라고 이야기하면 궁색한 변명이 될 것이기 때문이다.

변명과 돌발상황이 많다는 것은 운이 나빠서가 아니며, 단지 철저한 준비가 없었기 때문이라는 사실을 명심하라.

비즈니스 미팅의 장소는 상대가 선택하게 하라

상대방과 만나는 장소를 정하는 일은 생각보다 복잡하고 민감한 '정치적' 문제다. 약간 과장해서 말하자면 밥 먹는 장소를 잘 정하는 것만으로도 절반은 성공한 셈이다. 한식처럼 매일 먹는 음식을 좋아하는 사람이 있는가 하면, 낯설더라도 매번 새롭고 이색적인 음식에 도전하고 싶어하는 사람도 있다.

과연 성공하는 리더들은 만날 장소를 어떻게 선정할까? 답은 간단하다. 상대에게 물어보는 것이다. 편한 위치, 좋아하는 음식 등 모두 상대에게 공을 넘겨라. 그것이 잘못된 선택의 위험을 줄이는 방법이다. 식당에서 주문을 할 때도 그렇지 않은가. 괜히 자신이 나서서 마음대로 시키기보다는 주방장에게 "오늘 특별 메뉴는 무엇인가요?" 또는 "이 집에서 손님들에게 가장 인기 있는 메뉴는 무엇인가요?" 하고 물어본 후 결정하는 것이 성공확률이 가장 높다.

만약 당신의 사무실 쪽으로 손님이 오기로 했다면, 즉 홈그라운드에 있는 입장에서는 장소 선택이 불가피할 것이다. 이때 한 가지 유념해야 할 점은 무조건 자신이 원하는 곳으로 데려가지 말아야 한다는 것이다. 먼저 상대가 중식이나 일식 또는 양식 중 무엇을 좋아하는지 반드시 물어보라. 한번은 H교수를 만나 같이 식사를 한 적이 있다. 그는 만남 전에 보신탕부터 샤브샤브까지 4가지 선택 항목을 만들어 고르게 했는데, 이것 또한 활용해볼 만한 방법이다.

메뉴를 고를 때도 명심할 점이 있다. 당신이 접대받는 입장이라면 당연히 가격 등을 고려해 상대를 배려해야 한다. 가격 부담이 크지 않은 선에서 메뉴를 결정한다면 그것만으로도 예의 바른 사람으로 인정받을 수 있다.

반면 호스트라면 이야기는 달라진다. 가령 부서 회식으로 중국집에 갔는데 부서장이 '짬뽕' 하고 선도하는 바람에 탕수육 먹고 싶다는 말을 차마 못한 경험이 한번쯤은 있지 않은가. 당신이 호스트라면 메뉴 선택을 선도하지 말라. 자칫 상대에게 무례하게 비쳐질 수 있다. 아무리 저렴한 메뉴를 고르고 싶은 유혹이 생기더라도, 아니면 최고의 메뉴로 호기를 부리고 싶더라도 상대에게 먼저 권한 후에 주문하라.

잔칫집에서 고기 한 근 아끼려다 인심 잃는다는 말이 있다. 이왕 접대하려고 작정했으면 상대가 왕이 된 듯한 기분을 느끼도록 극진히 모셔라. 비록 그 주 내내 당신은 라면만 먹으며 손가락을 빨더라도 말이다.

또한 연령이나 직위와 상관없이 상대방을 '상석'에 앉혀라. 여러 복잡한 룰이 있지만 문에 가까울수록 말석이라는 것이 기본이다. 문 쪽을 마주보고 정 가운데가 원형이든 사각이든 상석이라고 생각하면 쉽다.

내가 아는 한 언론사 선배는 편집국에서 기자로만 활동했다. 그러다 광고국으로 발령을 받아 갑자기 '을'로서 여러 고객을 만날 상황이 됐다. 어느 날 접대 자리에서 자신도 모르게 입구 맞은편 가운데 상석에 앉았다가 광고주가 벌컥 화를 내는 바람에 깜짝 놀랐다고 한다. 알고 보니 고객을 말석에 앉히는 결례를 범했기 때문이다. 자리가 무슨 대수냐고? 천만의 말씀이다. 늘 강조하지만 사람들은 큰 명분보다 작은 실리, 그리고 사소한 배려에 훨씬 더 신경 쓰고 감동한다.

문가 쪽이 말석이 된 것은 일본 무사시대에서 유래했다고 한다. 문을 등지고 있으면 뒤에서 자객이 공격했을 때 대책이 없는 반면, 마주 보고 있으면 적의 동향을 파악할 수 있기 때문이다.

그 선배가 들려준 말이다.

"다음부터 늘 모임 10분 전에 가서 좌석의 배치를 생각해 놓게. 창가 자리라 전망이 좋다는 등 경우에 따라 상석에 변수가 생길 때도 있지. 헷갈릴 때는 식당직원에게 어디가 상석인지 꼭 확인해 둔다네."

화제를 개발하라

만날 사람에 대해 미리 알아본다면 화제를 다양하게 개발할 수 있다. 상대방의 고향이나 출신학교, 업무 등에 대해 이야기를 나눠도 좋다. 음식에 대한 관심도가 높은 요즘에는 찾아가본 맛집을 이야깃거리로 삼아도 괜찮다. 중요한 것은 만남을 갖기 전에 미리 TGIF Twitter, Google, Iphone, Facebook 등 인터넷 정보나 지인들을 통해 상대에 대해 알아보고 가야 한다는 점이다. 이렇게 예습을 한다면 만남에서 큰 효과를 발휘할 수 있기 때문이다.

여기에 적절한 고품격 유머를 준비하면 자칫 화제가 끊어졌을 때 요긴하게 사용할 수 있다.

술자리에서 건배할 때 하는 한마디는 당신의 이미지를 각인시키고 분위기를 선도할 확실한 기회란 점에서 반드시 준비해야 할 아이템이다. '~위하여'라는 진부한 표현은 이제 피하자.

참고할 만한 건배사

직원 회식	• 개나리 : 계급장 떼고 나이는 잊고 릴렉스하라! • 통통통 : 의사소통, 운수대통, 만사형통! • 주전자 : 주인답게 살고, 전문성을 갖추고 살고, 자신감을 갖고 살자! • 초가집 : 초지일관 가자 집으로, 2차는 없다!
분위기 띄울 때	• 지화자 : 지금부터 화끈한 자리를 위하여! • 단무지 : 단순 무식하게 지금을 즐기자! • 니나노 : 니랑 나랑 노래하고 춤추자! • 거시기 : 거절하지 말고 시키는대로 기쁘게!
송별 모임	• 고감사 : 고생하셨습니다. 감사합니다. 사랑합니다! • 고사리 : 고맙습니다. 사랑합니다. 이해합니다! • 껄껄껄 : 좀 더 사랑할걸, 좀 더 즐길걸, 좀 더 배울걸! • 변사또 : 변함없는 사랑으로 또 만납시다!
골프 모임	• 올보기 : 올해에도 보람있고 기분좋게 지냅시다! • 올 파 : 올해에도 파이팅합시다! • 올파파 : 올해에도 파이팅하고 파이팅합시다! • 올버디 : 올해에는 마음속에 욕심을 버리고 비워서 디~이기 오래 건강하게 삽시다!
남녀동반 모임	• 해당화 : 해가 갈수록 당당하고 화려하게! • 원더걸스 : 원하는 만큼 더도 말고 걸러서 스스로 마시자! • 사이다 : 사랑합니다. 이 생명 다 바쳐서 사랑합니다! 다시 태어나도 당신만을 사랑합니다! • 우아미 : 우아하고 아름다운 미래를 위하여! • 변사또 : 변치말고 사랑하자. 또 사랑하자!
성공 · 행복 기원	• 단무지 : 단순하고 무식해도 무지 행복하게 살자! • 대나무 : 대화를 나누며 무한성공을 위하여! • 오바마 : 오래오래 바라는대로 마음 먹은대로!
건강 · 우정 기원	• 9988 234 : 99세까지 팔팔하게 살다가 2~3일 앓고 떠나자! • 재건축 : 재미나고 건강하게 축복받으며 삽시다! • 사우나 : 사랑과 우정을 나누자! • 오징어 : 오래도록 징그럽게 어울리자!

약속 하루 전날 일정을 다시 한 번 확인하라

돌다리도 두들겨보고 건너라. 약속은 사람 간의 일이므로 '설마' 하는 상황이 의외로 자주 발생한다. 백수가 과로사한다는 말이 있다. 백수조차 바쁜데 일반 직장인들은 어떻겠는가. 대개 며칠 전에 미리 약속을 하거나, 심지어 한 달 전에 정하는 경우도 있다. 그러다 보면 날짜나 시간을 놓칠 수 있으므로 약속일 하루 전에 다시 한 번 일정을 확인하는 것이 좋다.

약속을 했으면 다른 약속을 피하고 한 약속에 집중하는 것이 예의다. 다음 약속에 가기 위해 시계를 보며 초조한 모습을 보이지 말고, 지금 당장 앞에 마주한 사람을 위해 충분한 시간을 투자하라. 주식 투자에서는 계란을 바구니 3개에 나눠담으라고 하지만, 약속은 분산 투자보다 집중 투자가 훨씬 수익률이 높다. 자신이 매우 바빠서 어쩔 수 없는 것이었을지라도 상대는 그렇게 생각하지 않는다. 자신을 우선순위로 놓지 않았다고 불쾌해 할 수도 있다.

비즈니스계에서 P여사장은 매너 좋기로 소문나 있다. 그녀의 매너 비결 가운데 하나는 약속시간뿐 아니라 헤어질 시간도 사전에 양해를 구하는 태도에 있다. 그녀는 자신이 몇 시에는 자리에서 일어나야 하고, 다음 약속으로 어떤 일이 있기 때문이라며 미리 양해를 구한다. 그러면 먼저 일어나더라도 혹시 불편하기 때문이라는 오해는 받지 않을 수 있다. 그녀는 별로 대단한 일이 아닌 것처럼 보여도 상대방은 미리 양해를 구하는 자신의 배려에 고마워한다며 빙그레 웃었다. 그와 관련해 한 가지 흥미로운 이야기를 들려주었다.

"한 병원에서 환자들을 대상으로 주사를 맞을 때 어떤 간호사가 가장 좋은지 설문조사를 했다고 합니다. 어떤 간호사를 가장 좋아했을까요? 주사 아프지 않게 놓는 베테랑 간호사였을까요? 저도 처음엔 그렇게 생각했는데 아니더군요. 환자들은 이 주사가 아플 테니까 마음의 준비를 하라고 일러주는 간호사를 가장 선호한다는 조사결과가 나왔다고 합니다. 오히려 주사를 아프지 않게 놓는 기술이 뛰어난 간호사는 2위로 밀렸고요. 미리 상대에게 마음의 준비를 하도록 만드는 게 중요하다는 생각이 듭니다."

작은 선물을 준비하라

나는 몇 명의 대학생들에게 멘토 역할을 하고 있다. 한번은 그 학생들과 연말송년회를 가졌는데, 그들이 초콜릿과 비누를 예쁘게 포장해 선물로 준비해왔다. '받아서 맛이 아니다.'라는 말도 있지만, 선물은 확실히 받아서 맛이다. 상대가 오늘의 만남을 위해 얼마나 성의를 기울였나를 가늠할 수 있기 때문이다. 작은 초콜릿이라도 좋고, 가벼운 시집이라도 좋다. 오늘의 만남을 소중하게 여긴다는 마음이 표현되기만 하면 충분하다.

선물이 부담스럽다면 만남의 소감을 메일에 담아 보내는 것도 좋은 방법이다. 이때 중요한 점은 자신의 생각을 줄사탕으로 늘어놓기보다 상대와 상대의 멘트에 초점을 맞추는 것이다. 상대가 한 이야기 가운데 인상 깊었던 부분에 중점을 두고, 자신의 느낌은 간략하게 이야기하면 그것으로 족하다. 감사는 감사를 낳는다. 이런 피드백 메일이나 문자는 우선 상대에게 나의 감사를 전하는 효과가 있다. 뿐만 아니라 상대에게 나의 이메일 주소나 휴대전화 등 연락처를 다시금 입력할 수고를 덜어준다.

싱가포르의 한 유명한 거부는 부자가 되는 방법을 간단히 설명했다. 상대의 자원, 즉 시간과 돈을 절약시켜주는 노력만 하면 된다는 것이다. 새로운 상대와 일회성 만남이 아닌 만남을 위해 미리 동선을 파악하고 일정을 확인하며 감사 피드백까지 하는 사람과 아무 생각 없이 덜렁덜렁 나오는 사람 중 당신은 누구와 친밀한 관계를 맺고 싶겠는가.

번거롭다고 생각하는가. 옷깃만 스쳐서는 절대로 인연이 되지 않는다. 인연을 귀하게 만들기 위해서 이런 노력은 필수다.

비즈니스 약속 후 챙겨야 할 몇 가지

- 동선을 파악하라.
- 미팅 장소는 상대가 선택하게 하라.
- 화제를 개발하라.
- 약속 하루 전날 일정을 다시 한 번 확인하라.
- 작은 선물을 준비하라.

3

성공하는 리더에게는 뭔가 특별한 것이 있다
: 성공을 부르는 작지만 아주 특별한 습관

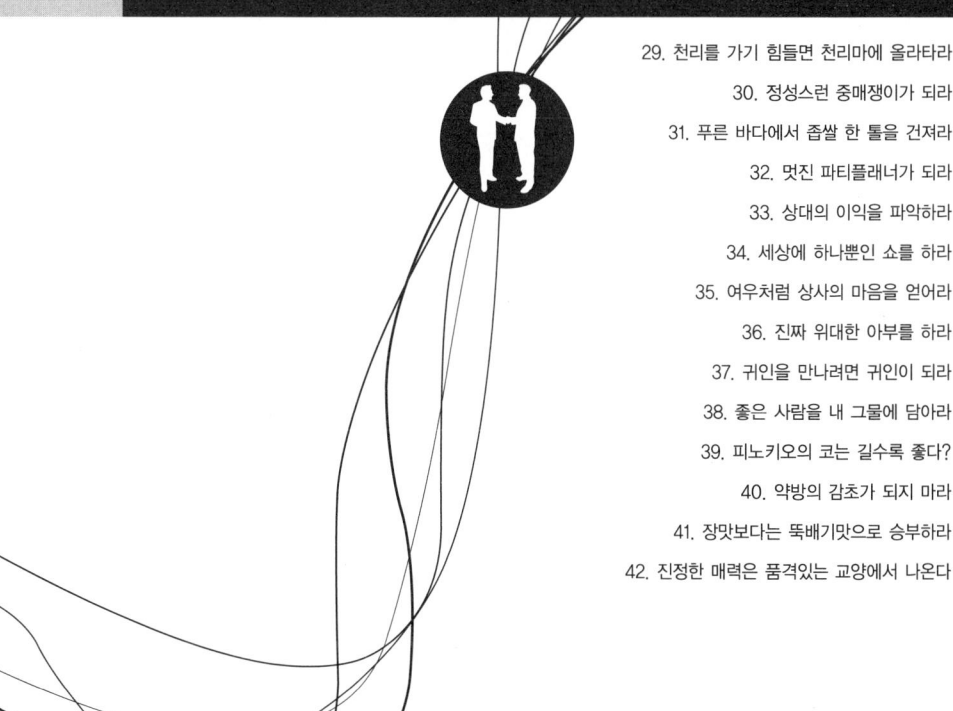

29. 천리를 가기 힘들면 천리마에 올라타라
30. 정성스런 중매쟁이가 되라
31. 푸른 바다에서 좁쌀 한 톨을 건져라
32. 멋진 파티플래너가 되라
33. 상대의 이익을 파악하라
34. 세상에 하나뿐인 쇼를 하라
35. 여우처럼 상사의 마음을 얻어라
36. 진짜 위대한 아부를 하라
37. 귀인을 만나려면 귀인이 되라
38. 좋은 사람을 내 그물에 담아라
39. 피노키오의 코는 길수록 좋다?
40. 약방의 감초가 되지 마라
41. 장맛보다는 뚝배기맛으로 승부하라
42. 진정한 매력은 품격있는 교양에서 나온다

29
천리를 가기 힘들면 천리마에 올라타라

멘토는
성공으로 이끌어줄
황금인맥이다

　　　　　　　　　　　　　　　　대서양을 항해하던 사람이 파도에 휩쓸려 무인도에 갇혔다. 열렬한 기독교신자인 그는 하나님께 자신을 구조해 달라고 열심히 기도했다. 기도를 하고 있을 때 지나가던 큰 배가 그를 발견해 도와주려 했지만, 조난자는 "하나님께 열심히 기도하고 있으니 하나님이 구조해 주실 것"이라며 도움을 거절했다. 결국 조난자는 하나님께 열심히 기도했음에도 불구하고 죽고 말았다. 하늘나라에서 하나님을 만난 조난자는 원망 어린 목소리로 물었다.

"하나님, 제가 그토록 애타게 기도했는데 왜 제 기도를 들어주지 않으셨나요?"

그러자 하나님은 이렇게 대답했다.

"아니, 이 사람아, 바로 그 배가 자네 기도의 응답이었네. 내가 자네의 기도를 듣고 배를 지나가게 했는데 혼자 끙끙거리며 본 척 만 척 그냥 배를 떠나보내더군."

인터넷에 떠도는 유머다. 우리 인생도 마찬가지다. 좋은 멘토는 우리가 인생의 조난을 당했을 때 어려움을 극복하게 하는 구조선이다. 구조선이 알아볼 수 있도록 불을 피워 신호를 보내고 구조선에 올라타는 것은 본인의 몫이지만 말이다. 본인은 문제의 한가운데에 있어서 해결책이 보이지 않지만, 멘토는 객관적으로 조망하고 인생의 등대역할을 해줄 수 있다. 배울 점이 있다고 생각하는 중요한 사람과 함께 이야기를 나눠라.

멘토에게 적극적인 도움을 청하라

똑같은 재능에도 불구하고 좀더 빨리, 그리고 높이 승진하는 이들을 보면 공통적으로 멘토를 가지고 있다. 멘토는 '경험 있고 믿을 수 있는 조언자'로서 인생의 등대 역할을 한다. 또한 자신의 경험과 연륜을 바탕으로 뼈가 되고 살이 되는 말을 해주고, 문제에 직면했을 때 감당하고 앞으로 헤쳐나갈 수 있는 방법을 알려주는 황금인맥이다. 그런 점에서 인간관계지수를 측정할 수 있다면 자신이 확보하고 있는 멘토 집단이 그 척도가 될 수 있을 것이다.

일본의 머니컨설턴트 혼다 켄을 만나 인터뷰를 한 적이 있다. 30대에 큰 부富를 이뤄 지금은 강연 및 저술 활동을 하며 여유 있게 사는 그의 '성공비결' 중에는 좋은 멘토와의 만남이 단연 손가락 안에 꼽혔다.

"어떤 사람을 만나고 영향을 받을 것인가는 인생 성공뿐 아니라 행복의 중요한 열쇠입니다. 나 역시 멘토를 못 만났으면 일본의 보통 샐러리맨에 머물렀을 것입니다. 항상 긍정적 마인드를 가지고, 늘 안 된다고 비판적으로 바짓가랑이를 붙잡고 늘어지기보다는 힘을 주고 격려해주는 사람을 주변에 가지십시오."

이처럼 멘토는 방황할 때 붙들어주고, 어려울 때 힘을 주고 격려해주는 인생 코치이자 개인 이사다. 큰 회사에는 사외이사 제도가 있다. 사외이사는 기업전략에 대한 건설적인 의견들을 내놓고, 주어진 목표와 목적에 맞게 성과 있는 안건 등을 자문한다. 인생의 멘토들은 바로 개인이 확보하고 있는 이사들로 이런 역할을 한다.

P사장은 멘토 예찬론자다.

"어떤 분야에서든 당신보다 앞서 있는 이들과 관계를 발전시킬 만한 기회가 있다면 결코 놓치지 마십시오. 질문을 던지고 좋은 청취자가 되는 것만으로도 많은 것을 배울 수 있습니다."

나는 어려운 일이 있을 때 멘토 시스템을 즐겨 가동한다. 어떤 사람은 멘토를 청하는 순간 이미 결론의 방향은 정해지게 마련이라고도 말한다. 자신이 마음의 선택을 해놓고 그 주장을 뒷받침해줄 사람을 찾기 때문이라는 근거에서다. 나는 내 주장을 반박해줄 사람과 지지해줄 사람 양측에게 늘 함께 자문을 구한다. 양편의 조언을 들으면 장단점 리스트가 작성되며 균형이 잡히기 때문이다.

멘토를 잘 활용하기 위해서 기본예의를 지키는 것도 필수다. 상대가 편한 시간대를 최대한 배려해 도움을 청하고, 문제가 무엇인가를 분명히 인식해 그것에 대해 조언을 구해야 한다. 문제의 핵심을 객관적으로 짚고 나름의 배경 설명을 곁들여서 도움을 청해야 한다. 현재의 처지가 힘들다거나 당신의 조언이 필요하다는 식의 자기중심적 의지 표명은 단지 소득 없는 하소연이 되기 십상이다. 여기에 속마음을 털어놓는 진실이 바탕이 되어야 함은 물론이다. 사람들은 자신이 도움이 되길 즐긴다. 하지만 하소연이나 넋두리를 들어주는 것을 좋아하는 사람은 없다. 무엇을 묻는지 스스로 알지 못하는 이에게 손을 뻗쳐 도움을 주기는 힘들다.

정말 중요한 점은 조언한 내용에 대해 '변화'하고 진전되는 모습을 보여야 한다는 것이다. 단순히 넋두리를 늘어놓는 것과 자신을 좀더 나은 방향으로 발전시키려는 열정을 내비치는 것은 다르다. 지난번 상담한 문제를 갖고 또 도움을 청하며 매번 고장 난 레코드처럼 '고해성사의 벽'이 돼달라고 상대에게 요구하는 것은 횡포에 가깝다. 멘토의 조언을 들었으면 들을 때의 진정성에 상응하는 정성을 갖고 상황의 진전과 실천에 대한 피드백을 멘토에게 전달해야 한다. 이때 멘토는 '무언의 황금경력봉사'에 보람을 느낄 것이다.

멘토는 당신을 성공으로 이끌어줄 당신 삶의 인재풀이다. 인생의 난관에 직면해 의기소침해 있는 상황에서 자기 자신에게만 의지해 허우적거리지 말라. 과감히 멘토를 구해 도움을 청하라. 또 자신의 지식이나 경력을 과소평가하지 말고 기꺼이 인생 후배들에게 도움을 베풀라.

연예계에서 스타란 결국 팬이 얼마나 많은가로 판가름 난다. 인생도 마찬가지다. 자신의 미래 수입을 알려면 그가 같이 식사하는 사람 10명의 수입을 합쳐 평균을 내면 된다고 한다. 수입을 두 배로 늘리고 싶다면 새로운 친구를 늘리고 인생을 성공으로 이끌어줄 스승을 추가하라는 말이 있다. 혼자서는 멀리 갈 수도, 잘 갈 수도 없다. 파리가 천 리를 가기는 어렵지만, 천리마의 엉덩이에 붙어서는 갈 수 있지 않은가. 멘토는 바로 천 리를 훌쩍 날아가게끔 이끌어주는 천리마다.

멘토를 적극적으로 활용하라

수입을 두 배로 늘리고 싶다면 새로운 친구를 늘리고 인생을 성공으로 이끌어줄 스승을 추가하라는 말이 있다. 좋은 멘토는 우리가 인생의 조난을 당했을 때 어려움을 극복하게 하는 구조선이다. 또한 멘토는 객관적으로 조망하고 인생의 등대역할을 해줄 수 있다. 배울 점이 있다고 생각하는 중요한 사람과 함께 이야기를 나눠라. 멘토는 당신을 성공으로 이끌어줄 당신 삶의 인재풀이다.

30
정성스런 중매쟁이가 되라

좋은 사람을
서로 연결해주고
만나게 하라

중국 한나라 원제 때 '왕소군'이란 경국지색이 있었다. 당시 황제에게는 후궁이 수천 명이나 되었으니 일일이 보면서 고를 수는 없는 노릇이었다. 그래서 초상화를 보고 가까이할 상대를 간택하곤 했는데, 경쟁이 붙은 후궁들은 초상화를 예쁘게 그려달라며 앞다퉈 화가에게 뇌물을 갖다 바쳤다. 그러나 미모에 자신이 있던 왕소군은 그러지 않았고, 이에 앙심을 품은 화가는 원래의 꽃 같은 모습과는 달리 그녀를 밉상으로 그렸다. 초상화만 본 원제는 왕소군을 거들떠보지도 않았고, 결국 흉노족 왕의 요청을 받아들여 왕비로 삼게 했다. 나중에 왕소군이 떠나는 길에 그녀를 보고 절세미인임을 알게 된 원제는 땅을 치며 후회했으나 이미 엎질러진 물이었다. 이 일로 초상화를 왜곡해 그린 모연수란 화가는 참수형에 처해졌다는 후일담이 전해온다.

'왕소군 초상화 사건'을 떠올릴 때마다 남의 중간 소개가 얼마나 중요한지 되새기게 된다. 중간의 소개에 따라 꽃 같은 미인을 추녀로, 추녀를 미인으로 만들 수도 있으며 호감인물을 비호감형으로, 비호감인물을 호감형으로 바꿀 수도 있다. 남을 정확하고 정성스럽게 소개시키면 소개한 쪽이나 받는 쪽 모두 감동을 받는다. 3미의 법칙, 즉 재미·의미·진미가 담긴 콘셉트 있는 소개는 소개받는 쪽 못지않게 소개해주는 커넥터 당사자를 돋보이게 한다. 반면 성의 없이 소개하는 모습을 보면 오히려 그 커넥터에 대한 반감까지 키워 애써 쌓아놓은 인간관계를 망칠 수도 있다.

정부의 한 고위관계자가 부하직원들을 데리고 다른 부서와 인사를 나누는 자리에 참석했다. 자신이 호스트인 만큼 직원들을 직접 상대방에게 소개한다는 의도는 좋았지만, 문제는 그 다음이었다. 직원의 이름을 틀리게 말했을 뿐 아니라 직책과 부서도 마구 뒤섞어 소개한 것이다. 그 식사자리 이후 직원들의 사기가 떨어졌음은 말할 나위도 없다. 자신의 암기력을 과신했든 틀리게 말해도 알아서 들을 것이라고 과신했든 간에 일단은 각자가 자기소개를 한 것만도 못한 부작용을 불러일으켰다.

남을 소개할 때 감동을 주는 사람을 꼽으라 하면 바로 이제는 작고하신 패션디자이너 앙드레김 선생이다. 의전행사에서는 언제나 주요 참석인사들을 소개하는 순서가 있는데, 소개받는 본인이야 영광스럽겠지만 다른 참석자들에게는 지루한 시간이 될 수도 있다. 그런데 앙드레김 패션쇼에서는 예외였다. 수십 명에 이르는 각국의 주한외교대사 부부와 내로라하는 국내인사들을 일일이 그가 직접 소개하는 것이었다. 식순을 보며 이 많은 사람을 소개하는 동안 지루해서 어떻게 견

다나 했는데, 천만의 말씀이었다. 그 사람에 대해 주목해야 할 점과 소소한 가족 이야기를 비롯해 그 나라의 문화나 지정학적 위치까지 곁들여주니, 오히려 고급 토크쇼를 통해 세계문화를 공부하는 것 같았다. 그날 참석한 인사 면면의 특색에 놀라기도 했지만, 더 감동한 것은 앙드레김 선생의 소개 능력이었다. 이를 위해서 앙드레김 선생은 피나는 준비를 했을 것이다.

좋은 사람은 서로 소개시켜라

남에 대한 소개를 즉흥적으로 해서는 안 된다. 글로 쓴 시나리오가 힘들다면 마음속 시나리오 정도는 구상해 놓을 필요가 있다. 새로운 사람을 1대1로 만나게 하든, 아니면 소모임을 주선하는 자리에서든 준비 없이 나서는 것은 총 없이 전선에 나서는 것과 같다. 상대를 어떻게 돋보이게 소개할지 마음속 시나리오를 작성해 놓고 만남의 자리에 나서야 한다.

이런 시나리오에는 순서와 그룹 짓기도 한몫을 한다. 20~30명의 인사들이 모이는 중간 규모의 모임이 있다. 그런데 분기마다 갖는 모임이다보니 매번 만날 때마다 서로를 기억하기 힘들어 다시 소개하느라 시간을 허비하곤 했다. 그 무렵 KBS 이승기 기자를 새로운 총무로 뽑았는데 그의 소개법에 경탄했다. 그냥 앉은 순서대로가 아니라 비슷한 부류의 업종을 같이 모아 체계적으로 소개하자 단번에 회원들이 파악되었다. 나중에 각자 다시 연락을 취할 사람까지 한꺼번에 정리가 됐다.

공식석상에서 소개를 할 때는 앉은 대로 그냥 하면 정리가 안 된다. 거주지역과 취미, 직업, 무엇이든 기준을 세워라. 그리고 그 기준에 따라 분류한 뒤 소개하면 중매자로서 효율적인 커넥터가 될 수 있다.

공석이 아닌 사석에서의 소개도 마찬가지다. 성공하는 리더들은 결코 자신의 인맥을 가두리 양식장에 가둬두지 않고 유통시킨다. 좋은 사람을 서로 연결해주고 만나게 하는 것이 오히려 자신의 인맥을 키우는 길임을 잘 알기 때문이다.

통일문화연구원 라종억 이사장은 늘 좋은 사람들과의 만남을 주선하는 데 앞장서는 인물이다.

"모월 모일 모임이 있는데 꼭 참석해주세요. 좋은 분들과 식사자리를 준비했습니다."

그가 주선하는 자리는 늘 좋은 사람들과의 멋진 대화가 있기에 지인들은 그의 초대를 기꺼이 받아들이며, 특별한 일이 없는 한 한걸음에 달려간다.

라종억 이사장이 남을 소개하는 데는 특별한 비결이 있다. 명함을 그대로 옮긴 듯한 무미건조한 소개는 단 한번도 없었다. 상대방끼리 서로 어떻게 도움이 될 수 있는지에 대해 정성껏 멘트를 해주는 것이다.

"K군은 앞으로 대성할 인물이네. 미술에도 조예가 깊고, 내가 그동안 지켜봤는데 일 하나를 하더라도 정말 창의적이지. 지금도 훌륭하지만 수년 안에 대한민국에서 손꼽히는 인물이 될 거라 확신하고 있다네."

이처럼 정성과 신뢰를 곁들인 소개 멘트는 당사자들뿐 아니라 소개해주는 인물에 대해서도 새삼 감사의 마음을 느끼게 한다.

"여기 B선생님은 모기업의 회장이신데, 세무에 꼭 필요한 프로그램을 개발하셨죠. 앞으로 A선생님이 일을 하시는 데 커다란 도움이 될 겁니다."

피소개자의 장점이 무엇인지 지극정성으로 소개해주고 상대에게 어떤 도움이 될지 접점까지 정확하게 짚어주니 주위에 사람이 모일 수밖에 없다. 그의 소개 멘트를 듣는 당사자들은 자신에 대해 이렇게 평가하고 기대해주는 데 대해 감동한다. 인맥을 유통시킬 뿐 아니라 새로운 감동을 불러일으키는 것이다. 각자 알아서 인사하라며 낯선 사람들 속으로 밀어 넣는 007미팅 같은 소개 자리는 아예 만들지 않는 편이 낫다. 귀한 인연일수록 내 그물 안의 물고기만으로 가두지 말고 그물 밖 세상에 소개해주면 오히려 더 오랫동안 좋은 관계를 유지할 수 있다. 그러기 위해서는 만남을 소중하게 여기고 극진하게 소개하는 정성의 오작교가 되어야 한다.

상대방과 뜻 깊은 인연을 맺고 싶은가? 그렇다면 상대와 나만의 만남이 아니라 상대가 만나고 싶은, 그리고 도움이 되는 사람과의 자리를 주선하는 중매쟁이가 되라. 그리고 서로의 장점과 만남의 의미를 파악하고 '상대방이 놀랄 정도'로 부각시켜 소개해주는 정성스러운 멘트를 준비하라. 소개받는 당사자들은 당신의 광팬이 되어 변함없는 충성을 기꺼이 맹세할 것이다.

좋은 사람들과의 만남을 주선하라

상대와 나만의 만남이 아니라 상대가 만나고 싶은, 그리고 도움이 되는 사람과의 자리를 주선하는 중매쟁이가 되라. 소개 자리에서는 정성과 신뢰를 곁들인 멘트를 준비하라. 좋은 사람을 서로 연결해주고 만나게 하는 것이 오히려 자신의 인맥을 키우는 첩경이 된다.

31
푸른 바다에서 좁쌀 한 톨을 건져라

모임에서
내 사람을 만드는
알짜 전략

창해일속滄海一粟, 큰 바다의 좁쌀 한 톨이라는 뜻으로 아주 많거나 넓은 것 가운데 있는 매우 하찮은 것을 일컫는 말이다. 그러나 성공하는 리더들은 그 사소한 좁쌀 한 톨도 소홀히 하지 않는다.

경영자뿐 아니라 직장인들도 자기계발을 위한 모임에 나가며 바쁜 나날을 보낸다. 사실 이런 자리야말로 각 분야의 키맨들이 모이는 인맥의 황금보고이며, 진정한 귀인을 만난다면 자신의 경력에서 티핑포인트를 마련하는 요긴한 자리가 될 수 있다. 그런데 참석하는 데 드는 비용과 시간 투자만큼의 효과를 얻는 직장인은 많지 않다. 그런 모임에서는 친한 사람들끼리 어울리느라, 아니면 낯가림하느라 새로운 인맥을 쌓을 기회를 놓치는 모습을 자주 볼 수 있다. 그렇다면 적게는 수십 명, 많게는 수백 명이 모이는 행사에서 나만의 인연을 만드는 방법은 무엇일까?

　컨퍼런스와 세미나 등 대규모 행사에 갈 때는 일부러 혼자 가보는 도전을 할 필요가 있다. 공연히 꿔다놓은 보릿자루처럼 앉아 있거나 함께 간 동료의 뒤통수만 쫓아다니며 두리번거리지 말고, 일부러라도 낯선 테이블을 찾아가야 한다. 모르는 사람들에게 둘러싸였다면, 다음 단계는 상대방의 러브콜만 기다리지 말고 당당하게 플로어로 나가 손을 뻗고 대화를 청하는 것이다. 마치 월 플라워wall flower, 즉 무도회에서 벽에 붙어 처량하게 서 있다가 아무도 춤 신청을 하지 않는다며 남 탓만 하는 아가씨가 된다면 자기만 손해다.

　얼마 전 한 패션디자이너의 브랜드 론칭 파티에 참석할 기회가 있었다. 외국인들만 앉아 있거나, 외국인과 한국사람들이 반반 섞인 테이블에서는 활발한 대화가 오갔다. 하지만 말이 통하는 한국사람들끼리 앉은 테이블은 멀뚱하니 화제가 없었다. 나 역시 뜨악해 있다가 옆에 앉은 사람에게 조심스레 수인사를 건네며 말을 붙였다. 그랬더니 그의 반응이 의외였다.

　"아이고, 고맙습니다. 여기 와서 어색해 죽을 뻔했는데 먼저 말을 걸어줘서요."

　고개를 빳빳이 세운 채 입을 꼭 다물고 앉아 있다고 해서 교만하다고 판단하지 말라. 오히려 상대방이 먼저 말을 걸어주길 간절히 바라며 외로워하는 경우가 더 많다. 중요한 것은 지레 겁먹거나 기죽을 필요가 없다는 것이다. 상대방에게 선택받기를 기다리지 말고, 적극적으로 상대방을 선택하라. 압도당하느냐 장악하느냐는 바로 나 자신에게 달려 있다.

　대규모의 컨퍼런스나 세미나에서 볼 수 있는 꼴불견 중 하나는 유명하거나 힘 있는 온갖 인사들만 찾아다니며 명함을 교환하는 명함 수집족들의 대활약이다. 앞서 소개한 월 플라워 스타일과 정반대되는 사람들이 바로 이들 명함 수집족들이라 할 수 있다.

대규모 행사에서 알짜배기 인연 만들기

어느 행사에나 이른바 거물급 인사가 참석하게 마련이고, 대부분은 호시탐탐 이들에게 눈길을 주느라 정작 내 테이블에 앉은 사람에게는 신경을 쓰지 않는다. 그런데 바꿔 생각해보라. 초특급 연예인과 자리를 같이하기도 쉽지 않겠지만, 설령 그와 명함을 교환했다고 해도 다음 날 아침 어렵게 구한 번호로 전화를 했을 때 기억이라도 하겠는가. 사실 그들에게는 한자리에서 인사를 나눈 수십 명의 명함은 쓰레기에 지나지 않을 수도 있다. 그런 허상을 쫓기보다는 같은 테이블에 앉은 진짜 실속 있는 황금인맥을 잡는 편이 더 알짜전략이다. 차라리 사람이 몰리지 않는 코너맨, 즉 소외된 사람에게 말을 붙이고 정성을 기울이면 그는 당신을 소중하게 기억하고, 그 인연은 오래도록 이어질 수 있다.

세미나와 컨퍼런스에 식사순서가 끼어 있을 경우 명심해야 할 부분이 있다. 바로 먹는 데 열중하지 않는 것이다. 영화 〈바람과 함께 사라지다〉의 첫 장면에서는 스칼렛 오하라 역의 비비안 리가 파티에 참석하기 전 드레스 허리를 잔뜩 졸라맨다. 이때 시중을 드는 흑인하녀는 스칼렛에게 파티에 참석한 숙녀는 식사를 많이 하는 법이 아니라며 미리 간단히 식사를 하라고 권한다.

흑인하녀의 말은 남북전쟁이 끝난 지 100년이 훨씬 더 된 오늘날에도 동서고금을 막론하고 통용되는 상식이다. 식사에 열중하는 사람에게 말을 거는 일은 실례로 여겨져 대화를 나누기가 어렵다. 또 식사하면서 말을 하기도 쉽지 않다. 모임장소에서 식사는 주목적이 아니라 어색한 분위기를 누그러뜨리는 보조수단쯤으로 여기면 족하다. 성공하는 리더들이 음식보다 음료를 즐기는 이유가 여기에 있다. 이 간단한 수칙만 지켜도 당신은 푸른 바다에서 좁쌀 한 톨을 건지는, 아니 한 가마니를 거두는 수확을 충분히 할 수 있다.

대규모 행사에서 나만의 인연 만들기

- 대규모 행사에 일부러라도 혼자 참석하라.
- 상대방에게 선택받기를 기다리지 말고, 적극적으로 상대방을 선택하라.
- 같은 테이블에 앉은 사람에게 정성을 기울이라.
- 식사자리에서는 음식보다 음료를 즐기면서 대화를 나눠라.

32
멋진 파티플래너가 되라

비즈니스 파티를 통한
인연 만들기

좋은 인연을 '한강에 지나가는 배'로 흘려보내지 않기 위해서는 파티나 이벤트를 가끔 여는 것도 좋은 방법이다. 파티나 이벤트 하면 흔히 화려하게만 여기기 쉽지만 생각보다 간단하다. 문제는 참석자들의 구성이고, 기획력이다.

누브티스 이경순 사장의 부엌 파티는 꽤 인기가 높다. 크리스마스 즈음에 그녀의 파티에 초대를 받았다. 그녀의 파티에 대한 명성을 여러 번 들었기에 며칠 전부터 기대가 되었다. 막상 그녀의 파티에 참석한 나는 두 번 놀랐다. 우선 파티라고 해서 영화 속에서 등장하는 화려한 음식을 기대했는데 너무 단출했기 때문이다. 백화점 지하 스낵바에서 사온 몇 가지 샐러드, 거기에 그녀가 정성스럽게 끓인 김치찌개 일품요리가 전부였고, 와인은 각자 준비였다. 이렇게 단출한 메뉴인데도 인기는 짱이었다. 파티의 중심은 역시 음식이 아니라 사람이란 진리를 배울 수 있었다. 만일 그녀가 요리를 챙긴답시고 주방을 왔다 갔다 했으면 신경이 쓰여서 마음 편히 즐길 수 없었을 테니까.

내가 놀란 다른 이유는 바로 기획력이었다. 프랑스 항공회사 사장 등 내외국인이 다양하게 참여했는데 인기 아이돌 그룹의 댄스를 배우는 코너를 마련한 것이다. 참석자들이 대부분 연세가 지긋한지라 민망하다며 피할 줄 알았는데 의외로 모두 재미있게 참여하는 모습을 보고, 파티는 새로운 경험을 주는 알파가 있어야 히트를 칠 수 있다는 교훈을 얻었다.

파티에 이미 아는 사람과 새 얼굴이 함께 섞여 어울려야 할 경우라면 약간 번거롭더라도 이름표를 준비하면 좋다. 주최자의 정성이 담긴 예쁜 이름표는 파티의 감동을 배가시킨다. 파티란 크든 작든, 정기적이든 비정기적이든 모인 사람들에게 추억을 만드는 자리가 되어야 한다. 그런 점에서 상대에 대한 배려와 반짝이는 기획 아이디어를 느끼게 하는 것이 관건이다.

사실 모인 사람들 모두를 만족시키는 기발한 아이디어를 내기란 쉬운 일이 아니다. 이때 참고할 만한 방법은 참가자들을 주인공으로 등장시키는 것이다. 한 사람이 건배사를 제안하면, 한 사람은 참석의 의미를 이야기하고, 또 다른 사람은 모임을 평가하는 식으로 말이다.

내가 첫 책의 출판기념회를 열었을 때 토즈 김윤환 대표가 좋은 아이디어를 냈다. 책 속에 나오는 인물들과 출판기념회 참석자들이 동일하다는 점에 착안하여 슬라이드 자료로 만들자는 것이었다. 기념회 때 그들의 얼굴이 커다란 슬라이드로 보여지자 소란하던 좌중이 일순간 조용해졌다. 자기가 주인공으로 등장하는데 방관자가 되어 떠들 사람은 아무도 없다.

파티에서는 시 낭송이나 노래 또는 퀴즈 등 어떤 방법을 동원해서라도 참가자를 띄우는 코너를 마련하라. 구경꾼으로 방치하지 않고 '주인공'으로 데뷔시키는 능력은 당신이 주최한 파티의 평판을 좌우할 것이다. 전 멤버의 주인공화, 파티 플랜에서 가장 중요한 항목이다.

사람을 모으는 방법

앞서 이야기했듯 성공적인 파티의 절반은 사람에게 달려 있다. 내가 만나고 싶은 사람이 오는 자리에는 없는 시간을 만들어서라도 가지만, 싫은 사람이 오는 자리는 없는 약속도 있다고 둘러대며 가고 싶지 않은 것이 인지상정이다. 그런 사정을 고려해 한 달 전에는 파티를 기획하고 초청예정자를 안내하는 이메일을 보내 각자 참고할 수 있도록 하는 것이 좋다.

참석자 리스트를 뽑을 때도 신중한 기준이 필요하다. 혹시 초대받지 못해 섭섭해 할 사람은 없는지 체크해야 한다. 잠자는 숲속의 미녀를 생각해보라. 그 착한 공주가 물레에 찔려 영원히 잠들게 된 저주는 순간의 실수로 '파티 초대명단'에서 빠뜨린 요정의 원망에서 비롯되지 않았는가.

아젠다를 개발하라

사람들은 재미만 있으면 죄책감을 느끼고, 의미만 있으면 건조하다고 생각한다. 그래서 절름발이모임은 지속적으로 유지되기 어렵다. 파티에 10분 미니특강(참석인사 중 한 명 선정), 악기 연주, 시 낭송 등 뭐든 좋다. 통일된 주제로 결집되는 공동 참여 행사를 마련하라. 한층 개념 있는 행사로 가치가 부여된다. 파티가 끝나고 집으로 돌아가면서

의미 있는 시간이었다는 생각이 들어야 일회성 이벤트가 아닌 정기모임으로 발전될 수 있다.

구성원들을 부킹시켜라

고정된 좌식의 음식점에서는 구성원들끼리 옮겨 다니면서 자유롭게 대화를 나누기 힘들다. 주재자는 한 자리에만 앉아 있지 말고, 마치 부킹을 하듯 참석자들을 서로 소개시켜야 한다. 자칫 친한 사람이나 관심 있는 사람들끼리의 모임이 되면 곤란하다. 또 소외되는 참석자가 없도록 하는 것은 파티플래너의 기본사명이다. 마음에 들거나 친한 사람이라고 해서 특정인물만을 상대로 오랫동안 이야기를 나누다 보면 분위기는 순식간에 썰렁해진다. 이런 소모임을 즐겨 만드는 D기업 회장의 별명은 '텐미닛'이다. 한 테이블에 앉아 10분 이상 머무르지 않고, 여러 테이블의 손님을 맞이하고 소개시켜 주느라 분주하기 때문이다.

자리 배치는 예민한 문제인데 취미나 관심사, 업종 등 동종의 교류가 이뤄지도록 관리할 자신이 없다면 오는 순서대로 자연스럽게 앉도록 하는 편이 낫다. 단 주의할 사항은 만일 같이 온 동료가 있다면 서로 떨어져 앉도록 자리를 배치하라. 파티는 매일 보는 얼굴을 또 보면서 대화를 나누는 자리가 아니라 새로운 얼굴을 만나 친구로 만드는 자리이기 때문이다. 미리 파악해둔 구성원들의 근황에 대해 질문을 던져 스스로 말문을 열게 하라. 이 같은 '질문 조정장치'가 없을 경우 말주변이 없는 사람은 달변가에 밀려 자칫 입도 뻥긋 못하고 끝날 수 있다. 자기 자신에 대한 이야기는 특별한 말주변 없이도 자연스럽게 실마리를 풀어나갈 수 있다. 다만 자식, 돈, 학벌 등 예민한 문제를 꺼내면 분위기가 썰렁해진다는 점에 주의해야 한다. 이런 주제는 눈치껏 피하자.

　모 여행사의 S사장은 휴대전화의 전화번호 등록공간이 부족할 정도로 인맥이 넓은 인물이다. 그는 인맥정리도표를 그리는 것도 한 방법이라고 넌지시 일러주었다. 가령 K고의 21회 졸업생은 S고의 13회와 H고의 13회에 해당한다는 사실 등을 정리해두면 상대의 친분관계를 알 수 있으니 공통의 인물에 대한 화제를 꺼내기가 쉬워지는 것이다. 깃털은 같은 깃털끼리 모인다고, 상대가 신뢰하는 사람을 같이 알고 친하게 지낸다는 것만으로도 낯선 만남의 어색함을 쉽게 누그러뜨릴 수 있다.

　마지막으로 각자 준비한 작은 선물로 경품 시상을 하면 그것 자체만으로도 흥미로운 이벤트가 될 수 있다. 이제 챙겨야 할 것은 끝났다. 함께 즐겨라.

비즈니스 파티 준비 요령

- 한달 전에 파티를 기획하고 참석자 리스트를 꼼꼼히 체크하라.
- 공동 참여 행사를 마련하라.
- 소외되는 참석자가 없도록 서로 소개시켜라.
- 경품 시상 등 흥미로운 이벤트를 준비하라.

33
상대의 이익을 파악하라

상대를 내 편으로 만드는
매력 커뮤니케이션

사교력이 뛰어난 사람들은 대부분 섹시하다. 섹시하다? 혹 비키니 입은 쭉쭉빵빵한 여자, 아니면 온몸에 기름을 바른 근육질의 남자가 연상되는가? 나에게 섹시하다는 말은 매력을 의미한다. 매력魅力의 한자를 자세히 보면, '매'라는 한자가 '귀신 鬼'에 '아닐 未'가 합쳐져 있다. 귀신이 아닌데도 귀신같이 홀리는 힘, 그것이 바로 매력이다. 사람을 홀리는 매력을 가진 성공하는 리더들은 지시를 협조로, 강요를 선택으로 받아들이게 함으로써 상대가 스스로 다가오게 만드는 요술피리를 가졌다. 마치 요술피리 소리라도 들은 듯 홀려 따르게 하는 매력 커뮤니케이션이라 할 수 있다. 식당종업원은 콩나물 한 접시를 더 주고, 직원은 충성을 맹세하며, 상사는 당신을 일꾼이 아닌 친구로, 적은 동지로 여기게 될 것이다. 자, 사람의 분노는 가라앉히고 감동의 파도를 마구 일으키는 요술피리의 정체는 무엇인가.

상대의 처지에 관심을 보여라

올리버 스톤 감독의 서사영화 〈알렉산더〉를 보면, 동방 원정에 나서는 알렉산더 대왕의 초기와 후기의 모습이 확연히 다르다. 그리고 그에 따라 병사들의 사기와 반응도 하늘과 땅처럼 차이 난다. 알렉산더 대왕이 처음 전쟁에 나설 때는 "헤이, 톰. 자네 부인이 해산을 했다더니 요즘 어떤가?" 하면서 병사들에게 일일이 관심을 표한다. 병사들의 사기는 충천하고 기꺼이 충성을 다짐한다. 그러나 전쟁 막바지에 이르러서는 "세계 곳곳에 알렉산드리아를 건설합시다." 하는 자신의 꿈과 목표만 이야기할 뿐 병사들에게는 전혀 관심을 기울이지 않는다. 지친 병사들 사이에선 불평불만이 터져 나오고 결국 알렉산더 대왕의 세계 정복의 꿈은 미완으로 끝난다. 영화에서 사관史官으로 나온 프톨레미는 다음과 같은 슬픈 내레이션을 날린다.

"꿈을 좇는 사람은 주위사람을 피곤하게 한다. 역사는 알렉산더가 지역풍토에서 얻은 열병으로 죽었다고 기록할 것이다. 하지만 우리는 안다. 진실을…… 그의 꿈을 감당하지 못한 우리가 그를 죽였다."

나는 프톨레미의 멘트를 듣고 등골이 서늘했다. 살다보면 나의 꿈이나 목적이 앞서 상대에게 관심을 표하지 못할 때가 많다. 당신은 이야기할 때 쇠귀에 경 읽기라서 답답하다는 생각을 한 적이 없는가. 사실 그것은 상대방의 문제가 아니라 당신의 잘못인 경우가 많다. 일방적으로 자기 목표를 이야기하면 그것은 진심이 아니라 야심으로 오도된다. 상대에 대한 관심과 배려를 놓친 채 자기 목적만 이야기할 때 상대는 '저 사람은 나를 이용하려고만 해, 정말 경계해야 할 사람이야.'라고 생각할 뿐이다. 상대가 당신을 경계하는 순간, 친구 되기는 물 건너가는 셈이다. 상대의 가려운 곳을 긁어주지 않으면, 아니 아픈 곳을 어루만져주지 않으면 결코 자기편으로 만들 수 없다.

문화일보 이병규 사장 별명은 '친절한 병규씨'다. 직원들의 대소사를 기억하고 세심하게 챙겨주기 때문이다. 그 신문사의 한 기자에게 들은 이야기다.

"우리 어머니가 한동안 지병으로 편찮으셨습니다. 그걸 사장님이 어떻게 아셨는지 병원으로 직접 문병을 오셨더군요. 뿐만 아니었습니다. 저를 볼 때마다 3번이고, 4번이고 차도가 있는지 물어보시는 겁니다. 그렇게 관심을 표해주시는 사장님을 보니 정말 마음에서 우러나오는 충성을 안 할 수가 없더군요. 그런데 알고보니 사장님은 저한테만 그러신 게 아니었습니다."

반대로 주위에 대한 배려를 소홀히 해 완전히 사람을 등 돌리게 하는 경우도 있다. 사람의 처지를 헤아리라. 중국 전국시대의 위나라 장수 오기처럼 부하의 고름을 입으로 빨아주지는 못할망정, 고름으로 고통 받는다는 사실 정도는 기억하고 물어라. 그 같은 관심이 100마디 말보다 당신을 섹시하게 돋보이게 한다. 전하는 것은 누구나 할 수 있다. 하지만 상대방의 마음에 화살이 꽂혀 움직이게 하려면 구체적인 맞춤형 관심을 끊임없이 보여줘야 한다.

상대에게 돌아가는 이익을 분명히 하라

춘추전국시대에는 세객說客이란 특수한 직업이 있었는데, 언변이 뛰어나고 재주가 비상한 사람들이 두각을 나타냈다. 그들은 각국을 돌아다니며 군주를 설득해 전쟁을 일으키기도 하고, 연합을 성사시키기도

했다.

진나라 상앙이 세상에 이름이 나기 전 왕에게 유세를 하고자 했다. 마침 그의 친구 중에 왕을 모시는 대신이 있어 왕을 알현할 수 있도록 중간에 다리를 놓아달라고 부탁했다. 친구의 부탁을 거절할 수 없었던 대신은 어렵게 왕과 대면할 기회를 마련해주었다. 그런데 왕은 상앙을 만나고서 불편한 기색이 역력했다. 중간에 선 대신은 좌불안석일 수밖에 없었다. 이 말을 들은 상앙은 한 번 더 기회를 만들어달라고 부탁했다. 이번에 왕은 불편한 기색까지는 아니지만 하품을 하며 지루한 눈치를 보였다. 이 말을 대신이 전해주자 상앙은 "음, 이번엔 반드시 왕을 설득하겠다."고 호언장담을 하며 한 번 더 만나게 해줄 것을 청했다. 친구인 대신은 미심쩍지만 마지못해 부탁을 들어주었다. 그런데 독대가 끝나고 대신이 가보니, 과연 왕은 무릎을 끌며 상앙에게 바싹 다가가 가르침을 청하고 있지 않은가. 대신은 놀라 비결을 물어보았다. 대답은 간단했다.

"내가 처음에 패도覇道를 가지고 이야기하니 왕은 관심조차 보이지 않더군. 그래서 왕도王道에 대해 말하자 동감은 하지만 자신이 할 수 있는 이야기로는 받아들이지 않더군. 그래서 이번엔 눈높이를 낮춰 제후의 이야기로 접근해 이익을 말하니 그제야 귀를 쫑긋 세우더군."

우리의 일상생활에서도 그렇다. 의사소통의 핵심은 말의 유창함에 있지 않다. 상대에게 무엇을 줄 것인가가 분명하면 상대는 희미한 발음이나 눌변에 상관없이 절로 귀를 쫑긋 세우고 듣게 마련이다. 문제는 내용에 상대의 이익이 담겨 있느냐 없느냐이다.

예치과그룹 박인출 회장에게 들은 이야기다.

"처음엔 회사의 비전이 중요하다고 생각해 교육 때마다 목에 힘주며 이야기하곤 했습니다. 하지만 늘 액자 속의 비전일 뿐이고 마이동풍이었지요. 그런데 어느 날 문득 생각을 바꿨습니다. 자기 자신을 위한 궁리를 본인보다 잘할 사람이 어디 있겠나 하는 생각이 들었지요. 그래서 개인의 비전을 물어본 후 거기에 조직의 비전을 맞추기로 한 것이죠."

예컨대 5년 후에 독립해 자신의 회사를 차리겠다고 하면 딴 마음 품은 이단아로 보기보다, 그러기 위해 현재하는 일이 장래 비전과 이렇게 매치될 수 있도록 회사가 어떻게 도와줄 수 있는가 하는 식으로 선배 입장에서 조언을 해주었다고 한다. 그러자 오히려 회사에 활기가 돌고 직원들이 자신을 더 따르더란 이야기였다.

대인관계에서도 마찬가지다. 무엇을 하겠다, 이렇게 하라는 것보다는 상대에게 어떻게 얼마나 소용되는지를 더 중요하게 부각시켜야 한다. 관계는 상대의 구미를 자극할 만한 요소가 담겨 있어야 성립되고 유지·발전된다.

상대의 말로 하라

최근 재미있는 동영상을 볼 기회가 있었다. 어항에 든 물고기를 고양이가 호시탐탐 혀를 날름거리며 지켜보는 장면으로 시작된다. 구해줄 사람도 없고, 물고기는 가슴이 조마조마할 수밖에. 고양이가 살금살금 다가와 발을 어항 속에 들이밀려는 순간, 얼떨결에 물고기는 '야옹' 하는 울음소리를 낸다. 그러자 고양이는 '어, 내가 본 게 물고기인 줄 알았는데 나와 같은 고양이였나' 하는 얼떨떨한 표정을 지으며 돌아갔다.

당신은 이 이야기에서 무엇을 느끼는가. 나는 요술피리 커뮤니케이션을 하기 위해서는 상대방의 말로 하는 것이 필수라는 생각이 들었다. 섹시한 대인관계의 달인인 성공하는 리더들은 결코 자신의 말이 아닌 상대의 말로 전달한다. 고양이면 고양이, 강아지면 강아지 말로 한다. 만일 외계인과 대화를 해야 한다면 외계인어로 해야 하지 않을까 싶다.

넬슨 만델라가 흑인인권운동가로서 한발 앞설 수 있었던 것은 치열한 저항 때문이 아니었다. 백인들을 무조건 멀리하는 다른 흑인지도자들과 달리 백인들의 언어와 스포츠를 배우고 즐기며 그들의 역사와 문화를 알아갔다. 그러면서 흑인과 백인들의 같은 점과 다른 점, 강점과 약점을 파악해 좀더 나은 전술을 짤 수 있었다.

젊은이들을 대상으로 목회 활동을 하는 한 목사는 성경 못지않게 개그 프로를 열심히 공부한다. 심지어는 녹음까지 해 이동할 때마다 들을 정도다. 그들의 감정 코드를 알아야 메시지를 잘 전달할 수 있기 때문이다.

경영자 대상 교육에서 좋은 반응을 얻고 있는 항공대학교 이윤철 교수는 도토리에 얽힌 이야기를 들려주었다.

"내가 모 최고경영자 과정에서 강의를 했을 때 일입니다. 대학생들에게는 도토리가 최고의 '상품'입니다. 경영자 과정에서 그 이야기를 소개하는데, 갑자기 분위기가 썰렁해지는 것입니다. 순간 당혹스러웠지요. 그때 한 경영자 분이 요즘 애들에게 도토리가 무슨 소용이냐고 물으시는 것 아니겠습니까. 제가 말한 도토리는 도토리묵 쑤는 그 도토리가 아니라 사이버머니를 뜻한 것이었는데 말이죠."

소통하기 위해서는 상대의 문화를 이해해야 한다. 세대차이의 장벽을 느낀 그는 자신도 세대에 뒤처지는 것이 아닌가 해서 제자인 대학생을 고용해 정식으로 수업료를 주고 신세대문화 과외를 몇 달간 받았다고 했다. 자신의 강의를 듣는 학생들을 이해하지 않고서는 좋은 교수가 되기 힘들 것 같다는 생각이 들었기 때문이다.

상대의 말로 하기 위해 일방적으로 전달하는 대신 슬쩍 상대를 끌어들이는 방법도 있다. '선생님도 아시겠지만' '지금 선생님이 말씀하신 바와 같이'란 말을 은근슬쩍 말머리에 끼워 넣으면 상대는 당신이 건 존중어법의 마술에 취할 것이다. 누군가에게 가르치고 싶은 일이 있더라도 가르치지 않는 것처럼 하면서 가르치고, 새로운 사실을 제안할 때는 마치 그 사람이 잊어버렸던 것을 우연히 다시 생각하게 된 것처럼 제안하라.

귀신이 아닌데도 귀신처럼 홀리는 섹시한 매력, 그것은 상대에게 관심을 표하고, 이익을 주고, 상대와 같은 언어를 쓰는 전술에서 나온다.

사람을 홀리는 매력 커뮤니케이션

- 상대의 처지에 관심을 보여라.
- 상대에게 돌아가는 이익이 무엇인지 분명히 하라.
- 자신의 말이 아닌 상대의 언어로 말하라.

34

세상에 하나뿐인 쇼를 하라

리더십과 쇼맨십은
종이 한 장 차이

"Break your leg(다리가 부러져라)." 언뜻 악담처럼 들린다. 하지만 이 영어 숙어는 "당신에게 행운을"이란 뜻으로, 영국 중세 때 유래했다고 한다. 당시 연극 공연이 인기를 모으면 이른바 입석 손님을 받았고, 좌석이 없는 이들은 무대 위에 턱을 받치고 보다가 자기 침이 흐르는 것도 모른 채 공연에 빠져들었다. 이때 관객들의 침이 무대 위에 흘러넘치는 바람에 배우가 미끄러져 다리가 부러진다는 데서 나온 말이 "Break your leg."라는 것이다. 관객들로 자리가 꽉 찰 정도로 흥행대박을 하라는 뜻이 이렇게 변화되었다.

흔히 리더십과 쇼맨십은 종이 한 장 차이라고 한다. 사람의 마음을 끌어당기는 매력, 그리고 상대에 대한 진한 감동이 전제된다는 공통점이 있다는 지적이다. 유교적 전통이 아직도 사회 곳곳에 남아 있는 우리 사회에서는 '쇼show'란 용어 자체에 부정적 인식을 갖게 된다. 하지만 주변에 사람이 몰리는 인물은 타고났든 배웠든 간에 쇼를 통해 자신의 매력을 전달하고 감동의 물결을 일으킨다. 사람 사이에 진심이 없으면 안 되겠지만 진심만으로는 부족하다. 바로 진심이란 기본재료에 양념을 치는 것이 쇼의 진정한 역할이다. 요컨대 평년작을 대박으로 만드는 기술이 쇼맨십이다.

이러한 쇼 연출에 대해 부정적으로 생각하는 사람들에게 《로마인 이야기》의 작가 시오노 나나미는 이렇게 반박하고 있다.

"진짜 리더는 기본적으로 자극적일 수밖에 없습니다. 권력은 새로운 생각을 갖도록 하는 힘이지요. 연출도 반드시 필요합니다. 정 못하겠다면 차라리 관료를 할 수밖에요."

요즘은 관계에도 펀fun경영 또는 고객감동경영 바람이 불고 있으니 관료에게도 쇼맨십은 발등에 떨어진 불인 셈이다.

쇼맨십을 발휘해 강렬한 인상을 남겨라

쇼를 잘하려면 어떻게 해야 할까? 쇼의 명수들은 자신만의 비밀병기인 멋진 소도구를 이용해 확실한 이미지를 구축하고 있다. 특히 정치인들은 이 점을 잘 활용한다.

프랑스의 니콜라 사르코지 대통령은 이 같은 이미지 작전을 잘 활용한 경우다. 대선후보시절부터 징후가 보였는데, 그는 대선기간에 혼자 시골로 내려가 백마를 타고 달리며 기자들 앞에서 나폴레옹 이미지를 연출했다. 좀 심하기는 하지만, 사르코지 대통령은 자신을 어떻게 마케팅해야 하는지 연예인 못지않게 체득하고 있었던 것이다.

성공하는 리더들은 자신만의 소도구를 통해 강렬한 인상을 상대에게 남긴다. 사람뿐 아니라 손님이 끊이지 않는 식당들도 웬만하면 이 비밀의 법칙을 알고 활용한다. 강남에 삼겹살을 파는 고깃집 두 곳이 나란히 붙어 있는데 한 곳은 손님이 줄을 서서 기다리고, 다른 한 곳은 파리만 날리고 있어 참 이상했다. 두 곳 다 가서 삼겹살을 먹어봤지만 맛의 차이도 없었다. 나중에 그 이유를 알아본즉, B식당은 어떤 홍보도 하지 않고 삼겹살을 파는 반면 장사 잘되는 A식당은 올리브잎을 상징화하여 돼지올림픽에서 우승한 돼지의 삼겹살만 파는 집이라고 홍보하고 있었다. 꼭 그것 때문인지는 모르겠지만 적어도 그 삼겹살을 먹으면서 이 치열한 경쟁사회에서 승리해 월계관을 쓰고 싶다는 마음에 위로를 받았을 것이다.

요즘 세상에도 구둣발로 부하직원의 정강이를 걷어차는 K사장, 때로 화를 참지 못해 주먹으로 벽을 쳐서 스스로 부상을 입기도 한다. 이렇게 폭력성이 강한 리더인데도 그는 부하직원들에게 인기가 좋은 편이다. 그 이유는 무엇일까? 그는 야단을 치고 상을 주는 데 특유의 쇼맨십을 발휘한다. 부하를 격려하는 심벌은 값비싼 것이 아니다. 그는 책상서랍 속에 코팅한 네잎 클로버를 간직하고 있다.

야단을 치고 다시 그 마음을 위로해 주는, 즉 병 주고 약 주는 상으로, 또는 더 잘하라고 격려하는 선물로 그는 네잎 클로버를 하사한다. 그러면서 마치 영국기사에게 작위를 수여하듯 멋진 축사를 덧붙인다.

"동지, 그대는 우리 회사의 런던 지사장감이오. 그대를 런던 지사장으로 임명하겠소."

물론 그 회사는 런던 지사를 아직 두지 못했다. 그러나 미래의 글로벌 브랜치 진지로서 파리, 런던, 취리히 지사장 후보자들이 수두룩하다. 너무 장난 같아서 직원들이 오히려 싫어할 것 같다면 큰 오산이다. 직원들은 그 네잎 클로버를 보며 회사의 비전을 생각하고 자신의 옹골진 꿈을 키운다고 한다. '우리 회사가 글로벌기업으로 성장해 파리와 런던 지사가 생길 수 있도록 열심히 뛰어봐야겠는걸.'

이런 유치한 러브마크 선물에 뭘 그리 감동받겠냐고? 천만의 말씀이다. 직원들은 목숨을 걸고 매진한다. 그 회사 간부의 이야기를 들어보자.

"나름대로 열심히 일했는데 사장님이 저한테는 그 네잎 클로버를 안 주시는 겁니다. 어찌나 서운한지. 몇 개씩 받은 동료의 것을 읍소하다시피 해 빼앗았답니다. 네잎 클로버를 받고 얼마나 좋았다고요."

K사장뿐 아니라 조직의 마음을 움직일 줄 아는 리더들은 이처럼 자신의 상징이 되는 심벌을 러브마크로 이미 사용하고 있다.

진대제 전 정보통신부 장관은 카우보이모자를 쓰고 카우보이가 되는 상상을 하는 것을 성공습관으로 꼽는다. 그가 삼성전자의 디지털미디어 사업을 총괄하는 사장 자리에 취임하는 날 콤비양복에 카우보이 모자를 쓰고 나타난 것은 유명한 일화다.

"성공한 곳에 오래 머무르지 않는다는 것이 나의 인생철학이지요. 카우보이 모자를 통해 내 의중에 있는 개척자 정신을 한 번에 전달했던 것이지요."

그는 대학 강연 때도 질문하는 학생들에게 종종 카우보이 모자를 선물한다. 현재 스카이레이크인큐베스트라는 IT 전문기업 투자회사의 대표이사를 맡고 있는 그는 앞으로 투자한 벤처기업사들 가운데 성과를 많이 낸 기업가에게 카우보이 모자를 선사하고 싶다며 밝게 웃었다.

유치하다고? 절대 그렇지 않다. 어떤 기업의 CEO는 열심히 일하는 사원에게 초등학생들에게나 줄 법한 '참 잘했어요' 도장을 찍어주고, 우리나라 최고의 홍보대행사인 프레인의 여준영 사장은 영화 〈스타워즈〉에 나오는 제다이 목걸이를 나눠준다. 중요한 점은 그 심벌 '쇼'를 통해 상대는 공감하고, 춤추고, 절로 충성을 맹세하게 된다는 것이다.

이처럼 쇼는 상대방의 숨겨진 1센티미터의 마음을 읽고 격려해주고자 하는 배려에서 비롯되고, 사람들의 마음에 강렬한 러브마크를 찍는다.

이벤트가 부담스럽다면 적당한 소품으로도 자신의 이미지를 만들 수 있다. 히딩크 넥타이로 유명한 디자이너이기도 한 이경순 누브티스 대표. 반기문 UN 사무총장 등 국내외 유명인사들도 그녀의 넥타이를 즐겨 맨다. 그녀는 모임에 늘 우리나라 전통의 여성모자와 흡사한 아얌을 쓰고 나타난다. 단연 눈에 띌 수밖에 없다. 나중에 모임이 끝났을 때 "그 이상한 모자 쓴 여자분" 하면 모르는 사람이 없다.

성공하는 리더들처럼 자신의 이야기를 개발하고, 자신을 브랜드화 할 수 있는 심벌을 하나 만들어 쇼를 해보자. 작은 심벌, 작은 이벤트 하나가 기대 이상으로 나의 부가가치를 높일 수 있다. 작은 소품 하나도 대박 PR이 될 수 있다. Break your leg!!

확실한 이미지로 나만의 매력을 전달하라

진짜 리더는 기본적으로 자극적이다. 사람 사이에 진심이 없으면 안 되겠지만 진심만으로는 부족하다. 바로 진심이란 기본재료에 양념을 치는 것이 쇼의 진정한 역할이다. 성공하는 리더들은 자신만의 소도구를 통해 강렬한 인상을 상대에게 남긴다.

35
여우처럼
상사의 마음을 얻어라

상사를 내 편으로 만드는 기술

줄탁동기啐啄同機란 말이 있다. '啐'은 바로 알 속의 병아리가 껍질을 깨기 위해 쪼는 것이고 '啄'은 어미닭이 알을 쪼는 것을 가리킨다. 어미닭이 품고 있는 알 속의 병아리가 부리로 쪼는 소리를 듣고 밖에서 알을 쪼아 새끼가 알을 깨는 행위를 말한다. 다시 말해 알 속의 병아리가 쪼는 '줄'과 알 밖에서 어미가 쪼는 '탁'이 동시에 발생해야 어떤 일, 즉 한 사람의 성장과 발전이 이루어질 수 있다. 안에서 쪼는 새끼와 밖에서 쪼는 어미가 의기투합해 일체가 되어야 껍질은 깨지고 병아리가 알 밖으로 나올 수 있다.

조직생활에서도 마찬가지다. 자신의 재능과 노력도 있어야 하지만 상사가 인정하고 지원해줘야 더 발전할 수 있다. 그런데도 상사와의 관계에서 좌절하거나 불평불만을 일삼으며 세월을 좀먹는 사람이 많다. 직장인들은 대부분 직장상사 때문에 울고 상처받고, 심지어는 사표를 쓰기도 한다. 직장을 떠나는 것은 일 때문이 아니라 직장상사 때문이라는 여론조사도 있다.

그렇다면 남의 직장상사로는 과연 모두 '착한 나라 사람'만 있을까? 자기 상사는 나쁜데 남의 상사는 좋을 것이란 기대를 '푸른초원증후군'이라 한다. 멀리서는 저기 잔디밭이 푸르러 보이지만 막상 가보면 여기나 저기나 듬성듬성 패고 잡초 있는 것은 똑같다. 심지어 더 나쁠 수도 있다.

지금 CEO의 자리에 오른 이들 역시 '천운'으로 맘이 하해와 같이 넓은 상사들만을 만나서 성장하고 승진한 것은 아니다. 부하 관리 못지않게, 아니 그보다 더 중요한 것이 바로 상사 관리의 기술이다. 경영학계의 그루 피터 드러커는 "상사를 다루는 일이 얼마나 중요한가를 깨닫기는커녕 상사를 다룰 수 있다는 가능성 자체를 믿는 사람조차 거의 없는 듯하다. 관리자들은 상사들에 대해 불평하지만 막상 그를 다루려고 애쓰지는 않는다."라고 오히려 불평쟁이 일반직장인에게 공격의 화살을 돌린다.

상사 관리는 부하 관리만큼, 아니 그보다 더 중요하다. 혹시 당신은 괜히 아부하는 것 같아 '눈에 띄지 않는 것'이 상책이라고 생각하지는 않는가. 그렇다면 명심하라, 당신의 성공속도는 상사를 하루에 보는 횟수와 시간에 비례한다는 사실을. 상사와의 의사소통에서 무소식은 희소식이 아니라 비보다. 상사를 회피하지 말고 먼저 찾아가라. 두드리면 열리는 것이지 열린 다음에 두드리는 것은 아니다. 맡은 일의 진행상황을 물어보기 전에 미리 보고하라. 모르거나 문제점이 있으면 혼자 끙끙거리지 말고 질문을 해 의사소통의 장벽을 제거하라.

좋은 상사를 만나는 행운보다 더 중요한 것은 자기에게 좋은 상사가 되도록 지원군으로 만드는 '기술' 아니 '예술'이다. 사실 상사를 자기편으로 만드는 인맥의 기술이야말로 가장 실용적이고 시급한 것이다. 과연 상사를 자기편으로 만드는 예술은 무엇일까? 공적인 관계인 만큼 상사와 당신 관계의 관건은 보고에 있다. 보고에서 당신의 차별성을 확실히 부각시켜라.

상사의 신뢰를 얻는 질문과 보고의 기술

중소기업계의 L사장은 내 질문이 떨어지기도 전에 기다렸다는 듯 "연(연락), 보(보고), 상(상의)의 힘을 활용하라."고 조언했다.

"제때 빨리 보고했으면 대처 가능한 일을 밑에 일선에서 어물쩍 꿀꺽 미루거나, 우왕좌왕 자신들의 선에서 해결하려다 때를 놓치는 경우가 많습니다. 호미로 막을 수 있는 것을 가래로 막아야 하는 사태가 되면 정말 복장이 터지죠. 늘 제때 정확하게 상사에게 보고하십시오. 나쁜 소식이라도 고양이 목에 방울을 달아야 한다면 달아야지요. 다 벌어지고나서 수습해 달라고 나중에 찾아오면, 윗사람 입장에서는 화가 나요. 제때 정직하게 보고됐어도 얼마든지 제대로 판단해 대처할 수 있었을 테니까요."

상사들이 화를 내는 이유는 나쁜 소식 자체보다 그 속도 때문이다. 그래서 상사를 자기편으로 만들 줄 아는 사람들은 늘 연락하고 보고하며 상의해서 상사와의 끈을 놓지 않는다. 나쁜 소식일지라도 숨기려 하지 말라. 세상에 비밀은 없다. 또 회사와 관련된 나쁜 소식은 대부분 긴박한 결단을 요하는 경우가 많다. 해답과 대책을 마련하느라 혼자서 끙끙거리며 십자가를 지려 하기보다 상사에게 지원과 지혜를 요청하

라. 질문하면 당신이 무능해 보이거나, 성의가 없어 보일지 모른다는 생각은 기우에 불과하다. 그리고 문제를 함께 풀어라. 당장 나쁜 소식에 대한 '화'를 뒤집어쓸망정, 결과에 대한 처벌은 받지 않을 것이다.

HP의 전 CEO 칼리 피오리나는 "질문이야말로 상대방을 가장 존중한다는 뜻의 적극적 표현"이라고 말했다. 이런 사소한 것까지 물으면 상사가 귀찮아하지 않겠느냐고? 천만의 말씀! 상사도 외롭다. 자신의 존재감에 대해 회의가 들 때 아랫사람이 서류를 들고 와 상의를 하면, 모르면 모르는 대로 자신의 결정권에 대해 자부심을 갖고 같이 고민해 준다. 또한 알면 아는 대로 자신이 '잘난 척하고' 싶은 마음에 더 열을 내며 가르쳐주게 마련이다. 급하면 급한 대로 소매 걷어붙이고 사태 해결에 나설 수밖에 없다. 더구나 이런 사전조율 과정을 거쳤다면 만에 하나 잘못되더라도 상사에게 자문을 구했으니 책임을 '공유'할 수 있어 그야말로 1석 3조 아닌가.

다만 최종결정권자에게 선택하게 할 때, 예외적으로 긴박한 경우가 아니면 아무런 준비도 없이 막무가내로 가부를 결정하게 하는 것은 금물이다. 1안, 2안, 3안의 장단점을 준비해 비교할 여지를 제공한 후 결정할 수 있게 하고, 질문을 해야 효과를 높일 수 있음은 물론이다. 이때 자신의 입장을 정리해 갈 필요가 있다. 모든 걸 상사의 선택에 맡기겠다고만 나오면 '내가 널 둔 이유가 뭔데' 하는 생각도 할 수 있다. 최종 결정은 상사가 내리더라도 자신의 판단은 보충 설명으로 준비하라.

명심하라. 혼자 척척 알아서 하지 말라. 상사 관리 9단은 매사 귀찮을 만큼 상사와 의논한다. 김재우 방송문화진흥회 이사장은 "상사가 싫어하는 부하 유형은 지시사항을 자기 멋대로 묵살하는 타입"이라고 말한다. 자신에게 떨어진 공의 개수를 줄여야겠다면 미리 양해를 구하라. 상사가 아무리 많은 지시사항을 내렸다 해도 그는 결코 자기가 던진 공의 개수를 잊어버리는 법이 없다. 다만 재촉하지 않고 기다릴 뿐이다. 결코 상사가 던진 공을 중도에 잊거나 심지어 내동댕이쳐 버리지 말라. 그보다는 사전 공격이 훨씬 효과적이다. "생각해보고 의논도 해보았는데 이런 문제가 있습니다." 하는 식으로. 능동적 보고는 상대에게 신뢰를 심어준다. 공격이 최선의 방어라는 말이 있듯 중간보고는 상사의 불안을 가라앉히고, 당신에 대한 평가지수를 높여준다.

한 다국적 회사의 임원은 "단기적 대응 질문뿐 아니라 장기적 비전, 목표 설정을 위한 근본적 질문도 필요하다."고 말한다. "상사의 성과를 높여주는 것은 바로 본인의 성과를 높이는 것"이라며 "1년에 적어도 한 번은 상사에게 가서 '당신의 직무 수행을 돕는 데 저나 제 직원이 무엇을 할까요? 우리가 하는 일 중에 당신에게 방해가 되고, 당신의 생활을 어렵게 만드는 것이 있다면 무엇입니까?'라고 묻는 게 필요하다."고 지적한다.

중국 역사에서 상사 관리의 명인 넘버원으로 꼽히는 이는 공손홍이란 인물로, 한나라 무제 밑에서 승상을 지냈다. 학자 출신의 그는 상사를 모시는 요령이 탁월했던 것 같다. 무제는 그를 신임했고, 그의 의견이라면 다 받아들였다고 한다. 그 보고방법은 간단했다. 보고를 할 때 자신은 문제점만을 비교 열거하고 최종 결정은 황제가 내리게 함으로써 황제의 위엄을 널리 떨치게 했다. 또 황제의 뜻에 맞지 않을 안건이 있으면 회의안건으로 올라가기 전에 미리 '내주(內奏, 임금에게 은밀히 아룀)' 형식을 통해 동의를 구해 완벽하게 사전에 정지 작업을 해놓았다. 그래서 황제는 "도대체 이게 무슨 정책인가?" 하며 낯설어

회의석상에서 내치지 않고 충분히 이해한 상태에서 결정을 할 수 있었고, 당연히 공손홍의 뜻대로 받아들여졌던 것이다.

오늘날 리더에 오른 이들은 결코 묵묵히 곰처럼 일하며 혼자서 모든 것을 처리하지 않았다. 오히려 일일이 상사에게 질문을 하고 조율하면서 일을 처리했다. 상사에게 공을 받기만 하지 말고 던져라. 성공한 리더들은 이 '질문과 보고의 아트'를 여우같이 활용해 정상에 섰다.

토끼는 도망갈 굴을 3개 판다

콩 심은 데 콩 나고 팥 심은 데 팥 나는, 단지 성실하기만 한 직원은 결코 직장의 상사에게 '오른팔'로 인정받지 못한다. 당연한 이치다. 시킨 것 이상으로 해내 기대를 뛰어넘어야 한다. 다른 사람들이 뻔히 예상하는 그대로 하지 말라.

프리마호텔 이상준 사장은 그 감동 연출의 비결을 '준비'라는 말로 요약했다. 대그룹 말단직원으로 입사해 '재형저축'을 부으며 서울의 저 많은 아파트 중에서 내 집은 왜 없을까, 내 문패를 단 집을 언제쯤 장만할 수 있을까 하던 시절이 그에게도 있었단다. 하지만 지금은 사회적으로나 경제적으로 성공한 경영인이다. 그는 군대시절부터 상사 관리의 요령을 일찍 터득한 것이 자신의 성공비결이었다고 털어놓는다.

"상사 관리란 얍삽한 처세술이 아니라 성의라고 봅니다. 저분이 무엇을 중요시하고, 무엇을 좋아하는지 늘 신경을 곤두세우고 파악하는 것이지요. 그 점을 파악하면 지시사항을 상사의 기대 이상으로 해내는 것은 식은 죽 먹기입니다. 화장실 다녀와서 손 씻을 때 필요한 것이 비누, 수건 말고 더 있습니까? 상사가 질문하는데 '알아보고 답변하겠습니다.' 하든가, 그제야 서류를 뒤적거리는 자세는 성의가 부족한 것입니다."

그는 상사에게 보고할 때 늘 예상질문과 모범답변 10여 개를 준비했다고 한다. 무슨 일이든 중요한 것은 몇 개의 범주에서 벗어나지 않기 때문에 즉각 질문에 답변할 수 있었다는 설명이다.

상사 모시는 비법의 고갱이는 모두 같나보다. K기업 Y사장이 회장님을 모신 경험을 털어놓은 기사를 보니 똑같았다.

"회장님이 공장을 시찰하면 이틀 전부터 현장을 샅샅이 뒤졌지요. 공장근로자의 더러운 장갑이 눈에 띄면 장갑을 어떻게 지급하는지를 미리 알아보는 등 예상질문과 답변을 끊임없이 찾았습니다."

'예상모범답변 준비'하면 모 대기업의 도쿄 지사장 H씨의 이야기를 빼놓을 수 없다. 그는 본사 회장이 방문한다고 하면 회장이 투숙할 호텔에 하루 전에 미리 묵었다고 한다. 그리고 회장이 샤워를 할 때 손에 잡히기 좋게 비누를 적당히 눌러 손자국을 냈다고 한다(물론 상대에 따라 남이 썼다고 기분 나빠할 수 있지만, 상사의 기호를 파악한 후에 한 행동임을 명심하라). 그러고는 호텔 창가에서 보이는 건물이나 큰 간판이 붙은 기업들의 사업 및 현황에 대해 자세히 조사했다. 회장이 질문할 내용에 대한 대비였다. 그래서 회장이 호텔 창 너머로 건물을 가리키며 "H지사장, 저기 보이는 건물은 뭐요? 그 기업은 뭐 하는 곳이지요?" 하고 물어보면, 좌르륵 줄줄좔좔 누구보다 자신 있게 대답할 수 있었다는 이야기다.

이 이야기를 처음 들을 때는 '뭐 그렇게까지 할 필요야……' 하는 생각이 들기도 했다. 하지만 H지사장이 비누를 손에 쥐기 쉽게 주물럭거려놓는 정도라면 다른 것은 얼마나 더 준비했을까 싶어 문득 존경스러워졌다.

성공하는 리더들은 상사의 지원을 등에 업기 위해 이토록 애를 쓴다. 공짜로 상사의 인정을 받는 법은 없다. 이들은 사전준비를 하는데 1대1로 하나 쏘고 맞히는 화살쏘기식 대처를 하지 않았다. 오히려 상사가 기대하는 것, 예측하는 것 이상으로 준비해 감동시켰다. 그리고 상사에게 바친 감동은 더블의 지원과 지지로 돌아왔다.

상사와 궁합을 맞추는 데 이처럼 능동적 감동 창출이 있는가 하면, 사고를 미연에 방지하는 예방과 무결점 수행도 중요하다. 대한석탄공사 조관일 전 사장은 농협 말단사원으로 시작해 최고경영자의 자리에 오른 입지전적 인물이다. 그는 이 같은 유비무환을 우스갯말로 '쪼다 정신'으로 표현한다. 최악의 결과까지 예상해 이중삼중으로 꼼꼼하게 대비하는 것이야말로 진정으로 상사를 모시는 부하의 자세란 것이다.

"저는 비서시절에 회장님 스피치 라이터를 겸했지요. 그때 원고를 늘 3부씩 준비했습니다. 왜냐고요? 불의의 사고라도 생겨 제가 행사장에 가지 못할 경우를 대비해 다른 비서에게 지참시킬 것, 회장이 직접 읽을 것, 그리고 내가 가질 예비본이었지요. 어느 날 행사장에 갔을 때의 일이었습니다. 그런데 예기치 않은 일이 벌어졌지 뭡니까? 대통령이 참석하시는 행사라 경호원이 단상을 점거하더니 그 위의 모든 것, 준비해 놓은 연설문까지 치워버린 겁니다. 아, 모골이 송연했지요. 저는 미친놈처럼 헐레벌떡 뛰어가 제가 가진 예비본을 그 자리에 겨우 시간 내에 놓았지요. 만일 제가 예비본을 갖고 있지 않았더라면 어땠겠습니까. 연단에 원고 놓았으니 내 할 일은 다 했노라고, 그 경호원의 잘못이라고만 이야기할 수 있겠습니까?"

그는 "직장에서 상사를 제대로 모시려면 이 같은 꼼꼼함과 치밀함이 필수"라고 강조한다. 상사를 잘 모시고 자기편으로 만들기 위한 가장 확실한 방법은 그가 위기에 처하지 않고 일을 잘할 수 있도록 보좌하는 것이다. 그러기 위해선 '영리한 토끼가 도망갈 굴을 3개 파놓듯' 늘 이중삼중으로 준비하는 자세가 필요하다. 완벽한 준비 뒤에는 뜻하지 않은 불행한 사고가 찾아오지 않는다. 위기를 피하거나 재난이 발생하기 전에 미리 채비를 하는 것이야말로 상사에게 당신을 필요한 사람으로 인식시킬 수 있는 확실한 수단이다. 상사에게 감동을 주라. 시키는 것 이상으로 해내고, 위기에 빠지지 않도록 방패가 되라. 위기에는 앞장서서 흑기사가 되어 문제해결에 나서라. 상사는 절로 당신 편이 될 것이다.

상사의 기를 살려주어라

"그에게 '당신은 아부꾼을 몹시 싫어합니다.'라고 말했다. '그야 물론이지.'라고 그가 대답했다. 바로 그 순간, 나는 최고의 아부를 한 셈이다."

리처드 스텐걸의 《아부의 기술》에 나오는 말이다. 검은 것을 희다고 말하고 흰 것을 검다고 말하는 허위성이 아니라면, 아부는 어느 정도 필요하다. 이를 통해 상사의 기가 살고 조직이 한결 활기차진다면 무슨 문제겠는가.

모 홍보담당자가 들려준 이야기다.

"사장님이 라디오 방송 녹음을 마치고 나오셨을 때였어요. 잘하셨는데 마지막 멘트 부분에 실수를 좀 하셨지요. 그게 마음에 걸리셨는지 나오시면서 '나 어땠어?' 하고 물으시더라고요."

나는 궁금해서 눈을 반짝거리며 물어보았다.

"그래서 어떻게 대답하셨나요?"

"사장님이 실수를 하고서 피드백을 원할 때 제가 하는 아부의 방법은 잘한 점을 강조해서 부각시키고 못한 점은 슬며시 생략하는 것이지요. 가령 '방송 중간부분에 사장님의 어린시절 에피소드를 넣으신 게 좋았습니다.'라고 대답하는 것이지요."

그러면 혹시 다음 행사 때 고칠 수 있는 기회를 놓쳐 더 발전하는데 방해가 되는 것은 아닐까? 이에 대한 그의 아부철학은 확고했다.

"결과적으로 실점보다 득점이 많으면 되는 것 아니겠습니까? 장점경영이란 말도 있듯이 실수에 대한 피드백도 그렇습니다. 이제 나이가 들어 고치기 힘든 언어습관, 예컨대 사투리 등은 괜히 고치려 들면 오히려 불편하고 어색해 본인 나름의 스타일이 무너질 수도 있습니다. 차라리 잘한 부분에 대한 자신감을 가지고 임하는 게 훨씬 더 낫지요."

나는 그의 충성 어린 장기포석용 아부에 대해 무릎을 칠 수밖에 없었다. 우리는 흔히 상사만 아랫사람을 위해 기를 살려줘야 한다고 생각하기 쉽다. 하지만 부하직원들 역시 상사의 기를 살려줄 필요가 있다. 상사의 장점을 찾아내라. 그래서 구체적으로 얼마나 멋있고 돋보이는지 말해주라.

내가 여성관리자로서 조직 관리에 어려움을 겪고 슬럼프에 빠져 있을 때의 일이다. 퇴근길에 우리 부서의 부하직원과 차를 함께 타게 됐다.

"저는 실장님이 참 대단하다고 생각합니다. 어떤 상황에서 일을 대처하시는 걸 보면 저게 프로다 싶더라고요. 우리 남자들, 이쪽에 오래 있던 사람들은 도저히 그렇게 근성을 가지고 못하거든요."

나는 그 말을 듣고 얼마나 용기가 났는지 모른다. 솔직히 스스로 프로인지, 근성이 있는지는 자신하지 못하겠다. 하지만 그 직원의 '기

Up' 발언을 듣고서 그렇게 프로가 되기 위해 노력을 하게 된 것은 확실하다.

상사의 기를 살려줘라. 가뜩이나 기가 센데 더 이상 세지면 하늘을 찌를 테니 그 모양을 눈꼴시어 어떻게 눈 뜨고 보겠느냐는 사람도 있을 수 있다. 그런 상사를 위한 방법이 있다. 바로 칭찬에, 아부에, '기 UP' 발언에 당신이 바라는 방향의 내용을 담아 날리는 것이다. "상무님은 정말 소탈하셔서 직원들과 이야기를 편히 나누시니 얼마나 좋은지 모르겠습니다." 하는 식으로. 상사는 그 발언의 틀에 맞춰 변화하려고 노력할 것이다.

결코 맞서지 말라. 공개석상에서 "그건 아닙니다" "이런 불만이 있습니다."(심지어 먼저 물어보더라도) 하고 대들 듯 말하지 말라. 말의 내용이 옳고 그름을 떠나 상대는 기분이 나빠지고, 결국 당신만 손해를 볼 것이다. 상사를 아기 다루듯 엄마처럼 어르고 달래라.

상사에게 어떤 아이디어를 전달해 그 방향으로 갈 수 있는 방법은 "시정해 주십시오." "이게 가장 좋은 방안이니 들어주십시오." 하며 들이대는 것이 아니다. 마음속에 아이디어를 자연스럽게 심어줘야 한다. 그리고 나름대로 생각할 여지를 제공해야 한다. 그래서 마침내 자신의 생각이란 느낌이 들게 하는 것이다.

K사장은 L회장을 20여 년 이상 '무사고'로 모실 수 있었던 비결에 대해 이렇게 밝혔다.

"회장님이 잘못된 판단을 할 때는 조용하게 찾아가 바로잡도록 건의했습니다. 회장님이 판단을 바꾸면 '어! 판단을 바꾸셨네.'라며 모른 체했죠. 그래서 회장님이 주도적으로 잘못을 수정하는 모양새를 만들었습니다."

이처럼 숨겨진 입장을 고려하면서 겉으로 나타난 입장을 존중하는 것이 바로 상사를 잘 모시고 기를 살려주는 방법이다.

윗사람에게 인정받고 정상에 오른 이들치고 윗사람의 기를 꺾고 "아니 되옵니다."를 연발하며 앞길 가로막은 사람은 없었다. 이들은 지시를 최대한 존중하고 수용하되 도저히 안 될 것 같으면 둘이 있을 때 조용히 건의하는 모양새를 만들었다. 상사에 대해 이러쿵저러쿵 뒷담화를 하지 말라. 상사를 은근히 바로잡아 바른길로 가게끔 관리하지 못한 당신의 직무유기를 고백하는 것이나 다름없다.

상사를 괴물처럼 무서워하며 피하지 말라. 차라리 집의 아이들처럼 달래고 어르고 기를 살려줘라. 상사가 가지고 놀기 좋아하는 장난감은 '권력'과 '성과'다. 아이를 전교 1등으로 만들듯 그를 조직 내 명실 공히 1위로 만드는 데 '부모의 마음'이 되어 헌신적으로 지원하라.

불평불만을 여기저기 옮기지 말라

인생은 어차피 불공정한 게임이다. 학교를 벗어나 직장생활을 하게 되면 더욱 처절하게 느껴진다. 그러나 어쩔 것인가. 이럴 때 매사 불평불만을 이야기하면 자신은 어느새 투덜이 스머프로 찍힌다. 스포츠 경기에서도 그렇지 않은가. 심판에게 불만사항이 있다고 고래고래 소리 지르고 대들면, 그나마 자신이 잘하고 있던 경기내용까지 망치게 마련이다. 다음 경기 출전 정지까지 당하면 이래저래 손해 아닌가. 불평불만이나 험담은 전염병 바이러스보다도 빨리 퍼져서 사내에 금세 소문이 돌게 마련이다.

상사의 말을 새겨듣되, 마음속으로 삭히고 겉으로 웃어라. 회사의 최고경영자 자리에 오른 이들도 모두 모함으로든 뭐로든 한번쯤 직장생활의 굴곡이 있었다. 그럴 때 보통사람과 다른 점은 능력의 탁월함이 아니라 인내심이었다. 자신의 부당함을 동네방네 알리고 싶은 그 욕망을 억누르고 자제할 수 있는 힘, 그것이 성공력이다.

B부사장의 이야기다.

"정말 열심히 일했는데 지방으로 좌천됐습니다. 억울하기 그지없었지요. 하지만 이를 악물고 불평을 참았습니다. 회사 정치에 열을 올리는 사람들은 없는 모함도 만들어서 할 판인데 내가 정말로 불평불만을 떠들고 다녀보십시오. 더할 것 아니겠습니까? 그야말로 덫에 걸리는 일이고, 내게도 이로울 것이 없지요. 지방생활의 여유 등 좋은 점만 생각하려 애썼어요. 그러니 내 자신도 행복해지더군요. 대신 박사학위를 준비했답니다. 오히려 전화위복이 됐지 뭡니까?"

《도덕경》을 쓴 노자에겐 성창이라고 하는 훌륭한 스승이 있었다. 임종의 순간, 제자들이 스승 주위에 죽 둘러앉았다. 마지막 가르침을 청하는 노자에게 스승은 의외의 질문을 던졌다.

"지금 내 입 속에 무엇이 있느냐? 내 이빨이 있느냐?"

제자들은 "이빨은 없고 혀만 있습니다." 하고 대답했다. 스승은 '딱딱한 이빨은 없어져도, 부드러운 혀는 남는다.'란 깨우침을 제자들에게 남긴 것이다.

지렁이가 앞으로 나가려면 몸을 굽혔다 폈다 하지 않는가. 직장인의 삶도 마찬가지다. 앞으로 전진하기 위해서는 몸을 굽혀야 할 때도, 펴야 할 때도 있다. 그러려면 위기의 덫에 걸려 잘 안 풀릴 때, 불공정한 게임의 선수로 뛰어야 할 때 태도 관리를 잘해야 한다. 상사의 말은 늘 새겨 듣고 마음속으로 곱삭히라. 부드러운 것이 강한 것을 이긴다. 불만을 분발로 발효시킬 줄 알아야 성공하는 리더가 될 수 있다.

상사를 내 편으로 만드는 기술

- 성공속도는 상사를 하루에 보는 횟수와 시간에 비례한다. 상사를 회피하지 말고, 먼저 찾아가라.
- 상사와 당신 관계의 관건은 보고에 있다. 늘 연락하고 보고하며 상의하라.
- 늘 이중삼중으로 준비하라. 상사가 일을 시킬 때 시키는 것 이상으로 해내고, 위기에 빠지지 않도록 방패가 되라. 위기에는 앞장서서 흑기사가 되어 문제해결에 나서라.
- 상사의 기를 살려주어라. 상사의 장점을 찾아내서 구체적으로 얼마나 멋있고 돋보이는지 말해주라.
- 상사의 말을 새겨듣되, 마음속으로 삭히고 겉으로 웃어라. 자신의 부당함을 동네방네 알리고 싶은 그 욕망을 억누르고 자제할 수 있는 힘, 그것이 성공력이다.

36

진짜 위대한 아부를 하라

부하직원을
내 편으로 만드는 기술

아부 하면 흔히 아랫사람이 윗사람에게만 하는 것이라고 생각하기 쉽다. 하지만 사실 진짜 위대한 아부는 윗사람이 아랫사람에게 하는 것이다. 이를 통해 조직이 춤추고, 조직원이 감동할 때 성과가 날 수 있으니 말이다. 하루 24시간 중 눈 뜨고 보는 시간으로 치면 부부보다 더한 것이 동료와 부하직원이다. 대부분 상사야 보고하러 갈 때 보지만, 부하직원은 종일 보지 않는가. 조직에 영감을 불러일으키려면 바로 이들 아랫사람을 향한 아부가 필요하다. 상사에게 하는 아부는 선택이지만, 아랫사람에게 하는 아부는 필수다. 윗사람을 내 사람으로 만드는 것은 부분적 성공이지만, 아랫사람을 내 사람으로 만드는 것은 전체적 성공이다. 손발이 움직이지 않는데 한 치 앞인들 움직일 수 있겠는가. 자, 아부의 램프를 밝히면 조직도 당신도 밝아지고 환해진다.

직원 이름을 불러주라

첫째, 호칭부터 신경 써라. 좋은 관리자를 넘어 위대한 관리자가 되기 위해서는 아랫사람에 대한 칭찬, 즉 직원들에게 하는 아부가 필수다. 월마트의 샘 월튼 회장은 직원을 결코 부하라고 부르는 법이 없었다. 대신 '동료'라고 불렀다. 이런 평상적 호칭 자체도 상대의 기분을 업시킬 수 있다. 내가 잘 아는 K사장은 툭하면 직원들을 '동지'라고 부르며 어깨를 툭툭 쳐주곤 했다. 야단칠 때는 눈물이 쏙 빠지게 했음에도 소주 한잔 걸치며 부르는 동지란 말에 직원들의 원망이 눈 녹듯 사라졌다고 한다. 직원의 이름을 일일이 불러주고 친구처럼 어루만져 주는 것만으로도 당신은 훌륭한 상사란 평가를 받을 수 있다.

닭살 멘트로 신뢰를 표하라

둘째, 닭살 돋는 멘트로 신뢰를 표하라. 부지불식간에 "아, 그러면 그렇지.", "그것, J대리가 했지.", "쯧쯧, 그럴 줄 알았다니까." 식으로 내뱉은 부정적 어휘는 주워 담을 수 없는 패착이다. 믿거나 말거나 늘 신뢰를 표하고, "역시 우리 K대리가 해낼 줄 알았어." 등으로 긍정적 지지를 보내라.

미국의 역대 인기 대통령에 꼽히는 레이건과 클린턴 모두 국민에 대한 아부의 명수였다는 것은 새로운 이야기가 아니다. 이는 연설문 말미에 거의 상투적으로 "미국인들의 지혜를 믿었을 때 저는 한 번도 실패한 적이 없었습니다."를 집어넣은 데서 드러난다. 클린턴 대통령도 이에 뒤질세라 이전의 해리 트루먼 대통령의 말을 인용하면서 "예전에 트루먼 대통령이 저에게 '국민을 신뢰하세요, 국민은 충분히 해결할 수 있어요.'라고 말했습니다."라고 말해 국민의 기운을 북돋웠다. 남이 뭐라든지 우리는 정예부대임을 인식시키고 신뢰를 표하라. 불신하면 불신하는 만큼, 신뢰를 표하면 표하는 만큼 부하들도 그에 응답할 것이다.

영화 〈타이타닉〉의 남자주인공 잭은 차가운 바다 위에서 사랑하는 연인에게 다음 같은 마지막 멘트를 던진다.

"내 생애 최고로 멋진 일은 타이타닉을 타고 여행한 것이었어."

마찬가지다. 직원들에게 "K대리, 난 정말 운이 좋은 것 같아. 자네 같이 또랑또랑한 직원을 부하로 두고 있으니 말이야. 다른 부서에서도 얼마나 부러워하는지 몰라." "야, J과장, 경쟁업체에서 자네 스카우트 제의 오겠어. 혹시 헤드헌터한테 벌써 전화 온 것은 아니겠지?"라고 말이다. 이런 닭살 돋는 멘트가 입에 익을 때 조직에도 반지르르한 윤기가 돌 것이다.

소망을 이미 이루어진 듯 표현하라

셋째, 소망을 이미 이루어진 것으로 표현하라. 신뢰를 표하는 방법 중 하나로 미래의 소망을 현재 이루어진 듯 표현하는 것도 효과적이다. 얼마 전 내가 모 대기업 교육행사에 참여했을 때의 일이다. 칙사 대접을 능가하는 화려한 만찬에 그 기업의 임원부부들이 모두 초청되었다. 그 기업 CEO의 말이 촌철살인의 멘트였다.

'이렇게 회사에서 신경을 써주니 여러분도 회사의 뜻을 알고 앞으로 열심히 일하라'가 아니라, "이미 여러분은 월드 베스트 클래스이기 때문에 감사의 마음으로 이번 행사를 마련했다."는 것이다. 이렇게 소망과 현재의 상황을 살짝 바꾸기만 해도 엄청난 마법효과가 발휘된다.

고단수 아부와 속 보이는 아부는 종이 한 장 차이다. 만일 '오늘같이 좋은 자리도 마련해 밥도 먹었으니' 앞으로 열심히 해달라고 했다면 어땠을까? 아마 밥 한 끼 사고선 엄청 생색내네 하는 불평도 없지 않았을 것이다. 하지만 원인과 결과를 엎어서 아부하니, 직원들은 감동하고 사기도 높아질 수밖에 없었다. 게다가 앞으로의 목표를 이미 이루어진 완료시제로 표현했기에 모자라는 직원들이 한결 분발을 각오하는 이중의 효과를 거둘 수 있었다.

직원 가족의 마음을 공략하라

넷째, 변방을 때리는 외곽수법을 사용하라. 성과가 좋은 회사의 리더들을 보면 모두 이 외곽수법을 이미 실천하고 있다. 직원의 기념일 챙기기는 기본이고, 그보다 더 효과적인 방법은 직원의 가족에게 작은 선물과 감사편지를 보내는 것이다. 춘추전국시대의 유세객들에게는 원교근공遠交近攻, 즉 먼 곳은 사귀고 가까운 곳은 공격하는 전략이 있었다. 마찬가지로 회사 내에서 직원이 잘못하면 어쩔 수 없이 눈물이 쏙 빠지게 호통 치되, 한 다리 건너 직원의 가족에게는 다감한 모습을 보여야 한다.

시동생이 회사에 갓 입사했을 때의 일이다. 그곳 경영자로부터 "훌륭한 인재를 우리 회사에 보내주셔서 너무 감사하다. 우리 회사로서는 얼마나 행운인지 모른다."는 내용의 카드와 과일바구니 선물이 시댁에 도착했다. 그때 우리 시어머니의 반응, 짐작이 가지 않는가. 아들, 아니 아들이 다니는 회사에 대해 자랑스러운 마음을 가지는 것은 물론 동네방네 소문을 내고 다녔다. 직원의 마음을 잡을 줄 아는 리더들은 직원 당사자뿐 아니라 배우자나 가족 등 그 주변의 마음을 공략한다.

브로드미디어코퍼레이션의 제럴드 수 회장은 대만 출신으로 미국

실리콘밸리의 IT사업가다. IT계는 이직률이 다른 업종에 비해 높은 편이다. 그런 가운데서도 그가 이직률을 낮출 수 있었던 것은 '사모님' 들의 마음을 잡았기 때문이라고 비결을 일러주었다.

"성과급 등이 나오면 빳빳한 신권으로 제가 직접 임원 부인들에게 전달했어요. 당연히 기분 좋아할 수밖에요. 나중에 한 임원이 다른 회사 스카우트 제의를 받았는데 부인이 앞장서 '그런 좋은 회사를 왜 떠나려느냐.'며 말려 잡을 수 있었답니다. 하하."

직원가족이 이처럼 자부심은 갖고 감사하는 마음을 가질 때, 직원은 한결 애사심을 갖고 그 리더를 존경할 수 있다.

겉과 속이 다른 아수라백작이 되라

다섯째, 겉 다르고 속 다른 아수라 백작이 되라. L상무는 나름대로 의 표심전략을 이렇게 소개한다.

"전체에겐 냉정한 카리스마로 대하고 개인에겐 따뜻한 카리스마로 대하는 표리부동 전략이 유효하더군요. 평소에 근엄하고 냉정한 사람인데 자신에게만 따뜻하게 대해준다고 생각하면 더 자기 사수란 생각을 강하게 하는 것 같습니다."

사우나도 온탕에서 냉탕으로 순서가 있듯, 여기에도 순서가 중요하다. 전체적으로나 총론에서는 따뜻하면서 개인에게 차갑게 대하면 득표는커녕 감표로 가기 십상이다.

공은 남에게, 과는 나에게

여섯째가 가장 중요하다. 과過는 자신에게, 공功은 아랫사람에게 돌리는 것이다. 앞에서도 강조했듯이 모든 공은 자신에게 머물러 있게 하지 말라. 마치 농구에서 공을 오래 잡고 있으면 반칙으로 여겨지듯, 그것을 잡고 주춤거릴수록 당신은 오히려 위험에 처할 수 있다. 상사에게로, 부하에게로 그 공을 돌려라. 부하직원을 추어올려라. 그럴수록 당신에 대한 평판과 신뢰는 올라간다.

광고업계에 오랫동안 몸담아온 L부장이 술자리에서 이렇게 고해성사 아닌 고해성사를 하는 말을 들은 적이 있다.

"성과가 안 좋아 상사에게 잘못된 점을 힐난 받으면 나도 모르게 부하직원을 희생양으로 삼고 싶은 충동에 빠져요. 나의 조건반사 같은 핑계습관 발언에 놀라서 혀를 깨문 경우가 한두 번이 아니죠. 솔직히 그런 유혹에서 벗어나는 게 정말 힘듭니다."

잘된 일에는 서로 자기가 했다고 달려들지만, 잘 안 된 일에는 모두 남 탓이라며 미루기 쉽다. 하지만 당신이 조직에서 오래 살아남아 승리하는 방법은 공을 남에게 돌리고 과는 짊어지는 것이다. 그 내용은 어떻게든 소문나게 마련이고, 결국 당신의 점수를 높일 것이다.

한나라 무제 때 장탕이 바로 그런 인물이었다. 사마천은 그를 두고 "지혜를 가지고 사람을 부린다."라고 평가하고 있다. 판결문안을 올렸는데 황제의 마음에 안 들어 야단을 맞게 되면 황제의 뜻을 따르며, 언제나 자기 부하 가운데 유능한 사람의 이름을 들어 대답했다고 한다.

"폐하, 실은 방금 폐하께서 말씀하신 건은 아무개가 같은 의견을 제시했었습니다. 제가 어리석어 그 의견에 귀를 기울이지 않았던 것이지요. 이 모두가 제 책임입니다."

반대로 판결문안을 올려 칭찬을 받을 때도 부하를 추어올렸다고 한다.

"폐하, 이 판결은 제가 내린 것이 아니옵니다. 아무개가 신에게 품신한 의견을 그대로 채용했을 뿐이옵니다."

자기 잘못도 남 탓으로 돌리고, 남이 한 것도 자기 공으로 가로채는 판에 늘 이렇게 행동하니 부하직원의 존경이 남다를 수밖에 없었다. 그것을 두고 사가들은 진정으로 지혜롭다고 평가한 것이 아니었을까?

Leader's guide

부하직원을 내 편으로 만드는 기술

- 직원의 이름을 일일이 불러주고 친구처럼 어루만져주라.
- 닭살 멘트로 신뢰를 표하라.
- 소망을 이미 이루어진 것으로 표현하라.
- 직원의 기념일을 반드시 챙겨라. 직원 가족에게도 작은 선물과 감사 편지를 보내면 금상첨화!
- 전체에겐 냉정한 카리스마로 대하고 개인에겐 따뜻한 카리스마로!
- 과過는 자신에게, 공功은 아랫사람에게 돌려라.

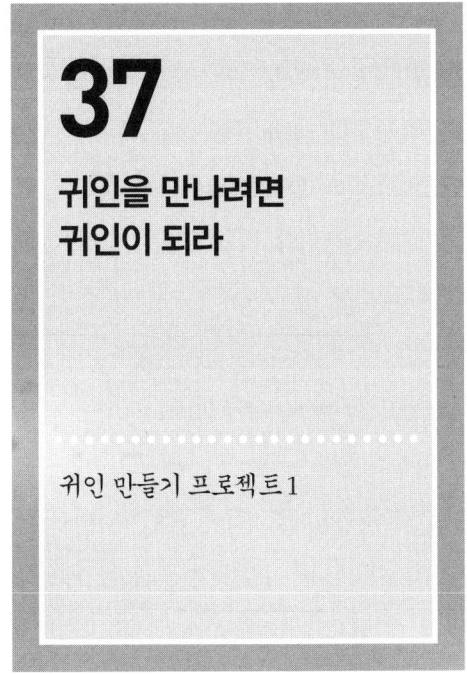

37

귀인을 만나려면 귀인이 되라

귀인 만들기 프로젝트1

점쟁이들은 운세점을 보러 간 사람에게 언제쯤 대운이 트인다고 말하곤 한다. 그런데 그 대운에는 반드시 귀인을 만나는 것이 포함된다. 꼭 결혼적령기의 한창 젊은이가 아니라도 말이다. 윤은기 중앙공무원 교육원 원장은 귀인을 '인생의 터닝포인트를 제공하는 사람'이라고 정의한다. 나의 시야를 넓혀주고, 사고를 확장시키며, 손을 뻗어 위기에서 구해주는 것이 바로 귀인이다.

윤은기 원장은 귀인은 절로 만나는 것이 아니고 만드는 것이라고 강조한다. 그러기 위해선 복을 남에게 나눠주어야 한다. 왜? 시기를 받는 자에게는 운이 따를 수 없기 때문이란다. 내가 간절하게 도움을 원할수록, 그 간절함 이상으로 남에게 도움을 주는 것이 비결이다. 자, 귀인을 만나기 위해, 아니 만들기 위해 '귀인 프로젝트'에 나서보자.

한발 앞서 도와라

사람이 가장 많이 진땀을 흘릴 때가 언제인지 아는가? 바로 아쉬운 소리를 해야 할 때다. 빠작빠작 혀는 타는데 도저히 입은 떨어지지 않게 마련이다. 이때 말하기도 전에 상대의 입장을 헤아려서 당신이 먼저 제안하듯이 이야기한다면? 상대는 안도의 한숨을 쉬며 당신에 대한 감사를 곱절로 기억할 것이다. 사람을 사귄다는 것은 그 사람의 마음을 가볍게 해주는 것이다.

내가 직장생활을 쉬고 프리랜서를 할 때의 이야기다. 어느 날 김윤환 토즈 대표로부터 만나자는 전화가 왔다.

"당분간 저희 토즈를 집필실로 활용하십시오. 집에서는 아무래도 집중이 잘 안 되니 도움이 되실 겁니다. 비용 등에 대해선 전혀 걱정하지 마시고요. 직원들에게도 미리 이야기해 놓겠습니다."

그 이야기를 듣고 나는 감동하지 않을 수 없었다. 실제로 집필실이 필요하기는 했지만 토즈를 이용할 생각은 전혀 못했는데, 먼저 제안을 해주니 감사할 수밖에.

성공하는 리더들은 이처럼 창의적이고 한발 앞서 먼저 도움을 줄 줄 안다. 상대의 마음을 읽고 먼저 제안하기도 하고, 상대는 아예 생각도 못한 제안을 해서 기쁨을 주기도 한다.

내 경험담을 이야기하자 한 친구가 이렇게 해설을 덧붙였다.

"성공한 리더들은 그런 창의적 도움지수가 높은 게 공통점이라고 생각해. 남보다 앞서가기 위해선 사람들이 불편한 점이 무엇인지를 재빨리 캐치하고 배려해주는 능력이 바로 비즈니스 마인드거든."

대규모 온라인 커뮤니티를 운영하는 한국CEO연구소 강경태 소장 역시 한발 앞서 도움을 주는 사람에 속한다.

"왜 헤어디자이너를 오래하다 보면 '저 사람은 헤어스타일을 이렇게 하면 어울릴 텐데' 하고 손님이 이야기하기 전에 뻔히 보인다고 하잖아요. 그래서 자기 손님이 아닌데도 거리행인을 대상으로 머리를 이렇게도 바꿔보고 저렇게도 바꿔본다고 하지요. 의상디자이너도 그렇고요. 저도 마찬가지예요. 인맥이 좋다는 것은 늘 남에게 도움이 될 만한 일을 개발하고 연결하는 도움디자이너가 되는 것을 의미한다고 봐요. 늘 상대에 대한 관심을 머릿속에 갖고 있다 보면 그 사람과 일을 어떻게 연결시켜야 할지 뻔히 보이더라고요. 그래서 상대가 말하기 전에 제안하면, 그저 수동적으로 부탁을 받고 도와주는 것보다 훨씬 좋아하더라고요."

능동적으로 도움을 주고 기대 이상으로 충분히 베풀어라. 10 빼기 1은 9가 아니라 0이다. 도움을 줄 바에는 확실히 배려하고 도와주어야지, 중간에 괜히 인색하게 굴면 돕지 아니 한만 못하다.

강남에서 오랫동안 유흥업소를 경영해 온 B사장은 이런 말을 했다.

"공짜손님일수록 돈을 낸 손님보다 더 비싼 술로 대접한다는 게 제 경험 철칙입니다. 돈을 낸 사람들이야 돈 낸 만큼 먹는다 생각하고 별로 불만이 없는 편이지요. 하지만 공짜손님은 다릅니다. 괜히 공짜라고 자기를 무시하나 싶어 사실은 더 까다롭고 불만도 많습니다."

성공하는 리더들은 상대방에게 필요한 것이 무엇인가를 당사자보다 먼저 파악하는 안테나를 지녔다. 이왕 그 사람을 내 그물에 담고 싶다면 부탁을 받기 전에 또는 그 사람도 미처 생각지 못했지만 절실하게 필요한 것을 먼저 도와라. 그리고 넘치게 대접하라. 그를 식객이 아니라 귀인으로 극진히 대접하라. 당신이 귀인으로 생각해야 진정한 귀인을 만들 수 있다.

도움은 희생이 아니라 투자다

강경태 소장의 별명은 강 반장이다. 지인들이 힘들 때 경험과 지식을 나눠주고 도와주기 때문이다. 이 같은 노고가 본인은 지치고 남 좋은 일만 시키는 헛수고로 느껴지지는 않을까?

"어떤 사람은 도와주면서 에너지가 소진되지 않느냐고 묻는데요, 저는 반대라고 봐요. 저는 도움도 용불용설用不用說이라고 생각합니다. 남을 도와주다보면 오히려 자기도 콘텐츠가 풍부해져요. 또 그 와중에 남을 도울 수 있는 역량이 성장해 자기계발도 되고요. 그런 것은 정말 돈으로도 살 수 없지요. 남을 도와주면서 제 입지와 운신의 폭도 넓어지지요. 게다가 내 역량을 확인하고 확장할 수 있어요. 그런 점에서 남을 도와주는 것은 결핍이 아니라 수익률 높은 장기 투자라고 봅니다."

행복한 성공을 거둔 리더들은 결코 경쟁하지 않고 협력하려 한다. 남을 돕는 행위가 내 자원을 고갈시키기보다는 더 충만하게 하는 투자라는 사실을 경험상 체득하고 있다. 남을 위하는 것이 자기를 위하는 것이란 사실을 알기에 진심으로 남을 위해서 기도한다.

도움을 주는 것은 자기계발의 호기일뿐더러, 충만함으로 자신을 무장하는 수익률 높은 투자수단이다.

애착은 가지되 집착은 하지 말라

좋은 일을 하고서도 말 생색으로 공을 깎아먹는 경우가 많다. 그리고 공연히 보답을 기대하다 관계가 상한다. 차라리 베풂에 대한 반대급부를 잊어버려라.

염량세태란 말이 있다. 권력 여부에 따라 따스해졌다 식었다 하는 세상인심을 뜻한다. 예전 중국의 제후들은 식객, 즉 밥 손님을 두었다. 식객이야말로 인적자산에 대한 사전 투자의 대표사례라 할 수 있다. 식객은 끼니를 해결하고, 제후로선 아이디어뱅크를 두는 윈윈의 효과가 있었다.

제나라의 맹상군은 식객을 모으고 후하게 대접한 인물로 유명하다. 그런데 그가 모함에 빠져 권력을 잃자 문전성시를 이루던 식객들이 모두 떠나버렸다. 이때 맹상군을 싸고도는 이는 풍환이란 식객 하나뿐이었다. 마침내 맹상군이 권토중래해 다시 권력을 되찾자 식객들이 또 구름같이 모여들기 시작했다. 이때 권력에 따라 이합집산하는 세태에 실망한 맹상군이 "나를 떠난 이가 다시 찾아오면 얼굴에 침을 뱉어 내쫓겠다."고 말하자, 그를 모시던 풍환은 깜짝 놀라며 이렇게 말했다고 한다.

"군께서는 실수를 하지 마십시오. 그것이 바로 세상인심입니다. 부유하고 귀하면 선비가 많고, 가난하고 천하면 친구가 적은 것은 당연한 면모입니다. 군께서는 아침에 시장에 모이는 사람을 보지 못하셨습니까? 날이 밝으면 어깨를 비비고 다투며 문으로 들어가는데, 날이 저문 뒤에는 어깨를 늘어뜨리며 돌아보지 않습니다. 이것은 사람들이 아침을 좋아하고 저녁을 미워하는 것이 아니라, 기대하는 물건이 그 안에 없기 때문입니다. 군께서는 예전과 같이 그들을 대우하시기 바랍니다."

오는 사람 막지 말고 가는 사람 잡지 말라는 말이 있다. 사람을 사귀어 인연을 맺고 내 인맥의 풀을 만드는 과정에서 때로는 들인 노력보다 더 많은 열매를 거두는가 하면, 반대의 경우도 있다. 애착은 기울이되 집착은 떨쳐버리고, 은혜는 베풀되 생색이나 반대급부는 기대하지 않는 것이 실패하지 않는 인간관계의 기본이다. 대가를 바라는 도움은 이미 도움이 아니다. 그 기대와 보은단계에서 실망이 발생하고 인간관계가 뒤틀릴 수 있다. 진정한 도움을 주는 이는 도움을 줬다는 생각조차 잊어버린다. 도움을 준다고 생각하면 자신도 모르게 그 우월감이 몸에 드러나기 때문이다.

귀인을 만나려면 먼저 귀인이 되는 것이 필수다.

귀인 만들기 프로젝트 1

- 경쟁보다는 협력, 한발 앞서 먼저 도움을 주라.
- 도움은 희생이 아니라 투자다. 은혜는 베풀되 생색은 내지 말라.
- 애착은 가지되 집착은 하지 말라. 대가를 바라는 도움은 도움이 아니다.

38
좋은 사람을 내 그물에 담아라

귀인 만들기 프로젝트 2

《좋은 기업을 넘어 위대한 기업으로Good to Great》의 저자인 미국의 유명 경영학자 짐 콜린스는 이렇게 말했다.

"버스가 어디로 갈지를 정하는 것보다 좋은 사람을 태우는 게 더 중요하다."

인생도 마찬가지다. 자신의 인생이 어떤 방향으로 가는지를 결정하는 것보다 누구를 태울지가 더 중요할 수 있다.

지난 2007년 삼성경제연구소가 CEO들을 대상으로 성공습관을 가리키는 고사성어를 조사했는데, 최고의 성공습관으로 꼽힌 말은 바로 순망치한脣亡齒寒이었다. 형설지공이나 일신우일신 등 자기계발의 노력을 담은 표현을 누르고, 공존지수와 인맥지수를 담은 순망치한이 크게 승리한 것이다. 금융자산이나 부동산자산을 능가해 인생을 좌지우지

하는 최고의 자산은 인적자산이다. 운이 좋다고 고백하는 많은 경영자들이 궁극적으로 꼽은 성공비결도 결국은 귀인과의 인연 덕분이라는 것이다.

"누구나 성공을 꿈꾸지만 소수의 사람만이 성공한다. 이는 꿈의 크기가 아니라 얼마나 좋은 구성원을 자신의 팀으로 구성했느냐에 달려 있다."

베스트셀러 작가이자 리더십 지도자로 널리 인정받고 있는 존 맥스웰 목사의 말도 이것과 통한다.

자신을 위해 발 벗고 나서 뛰어줄 사람 3명을 만들면 인생에서 못할 일이 없다는 말도 있다. 그렇다면 좋은 사람을 내 그물에 담기 위해, 또 사람들이 내게 좋은 사람이 되게 하기 위해 나는 어떻게 그물 던지는 작업을 해야 할까?

만남, 예습이 반이다

식사는 크게 전채요리, 메인요리, 디저트의 3단계로 나뉘어 진행된다. 만남도 마찬가지다. 전채요리로 입맛을 돋우고 메인요리가 나와야 맛이 있듯이 만남에도 준비가 있어야 한다. 전채요리란 바로 상대방에 대한 정보를 알아보고 준비하는 것이다.

억만장자 투자가인 워렌 버핏과의 점심식사는 매년 경매에 부쳐지는데, 2008년에는 약 22억 원에 낙찰되었다. 약 6억 7천만 원을 지불하고 버핏과의 점심식사를 경험한 한 투자펀드회사의 가이 스피어 사장이 미국 시사주간지 《타임》에 기고한 소감문 내용이 눈길을 끈다. 물론 골자는 본전이 아깝지 않다는 이야기인데, 그 세부항목에서 바로 버핏의 인간미가 느껴졌다. '상냥하고 유쾌한 노신사' 버핏은 미리 스피어 부인의 고향까지 알아볼 정도로 상대에 대한 조사를 통해 대화를 풍부하게 했다는 것이다. 나는 그가 6억 7천만 원의 본전값을 하느라고 특별히 준비했다고는 생각지 않는다. 아마도 그가 단순한 부자에서 '오마하의 현인'으로까지 격상할 수 있었던 데는 이처럼 만남에 대한 준비, 상대에 대한 존중과 배려가 바탕이 되었던 것이다. 버핏이 자신의 경험담과 엄청난 노하우를 알려준들 상대 가족에 대해 세세히 조사해 관심을 가져준 것만큼의 효과는 발휘하지 못했을 것이다.

꼭 해외인사에 국한된 이야기만은 아니다. 성공하는 리더들은 상대방에 대한 정보 파악으로 감동을 살 수 있음을 잘 알고 있다. 작고하신 패션디자이너 앙드레김은 유니세프에 관여해 국제빈곤아동기금 모으기에도 적극 나서는 분이셨다. 지방자치단체 파트너로서 강남구와도 협력하고 있다. 관련행사가 있는 날 아침 일찍 그에게 전화가 걸려왔다. 그는 특유의 목소리로 아침 일찍 출근 전에 전화를 건 데 대해 정중하게 양해를 구한 후, 강남구가 현재 하고 있는 일에 대해 물어왔다. 마침내 행사가 열렸을 때, 다른 저명인사들은 제가끔 자기 이야기와 꿈을 펼쳐놓았다. 모두 훌륭했다. 하지만 역시 압권은 앙드레김의 인사말이었다. 그는 미리 예습한 강남구의 정책을 풀어놓으며, 그것이 얼마나 칭찬할 만한가에 대해 구체적으로 콕콕 짚어 말했다. 반응은? 굳이 말하지 않더라도 눈에 그려질 것이다.

만남에서 화제를 선점하는 관건은 상대에 대한 선행학습에 있다. 노벨평화상을 수상했던 미국 26대 대통령 시어도어 루스벨트는 누군가 자신을 방문하겠다고 하면, 그 방문객에 대한 신상명세와 좋아할 만한 주제에 대해 책을 뒤적이며 전날 밤 반드시 연구했다고 한다.

업무상 H씨를 만나야 했다. 초면의 사람을 붙잡고 무슨 이야기를 해야 하나 난감했다. 무엇을 어떻게 이야기해야 하나 고민하다 그의 프로필을 통해 내 주변에 그의 대학동문이 있다는 사실을 확인하고, 내가 만나려는 H씨가 낚시광이란 사실을 미리 파악할 수 있었다. 만나서 그 동문의 이야기를 꺼내며 낚시에 대해 물어보니 이야기는 일사천리였다. 이 같은 예습으로 재미를 본 다음부터 나는 결코 만남에 빈털터리로 가는 법이 없다.

외국의 경영자들이 우리나라 사람들과 업무 상담을 할 때 제일 질색하는 부분이 곧바로 업무 이야기로 돌입하는 것이라고 한다. 상품을 팔지 말고 신뢰를 팔라는 말이 있다. 그러기 위해서는 상대에 대한 정보를 미리 공부하는 예습이 필수다. 10분의 예습이 100인분 이상의 감동을 자아낸다.

이 이야기를 한 강연회에서 들려주자, 마케팅업계에 종사하는 한 임원이 자신의 즉석 벼락치기 인맥확보작전도 효과적이라며 덧붙였다.

"우리나라 사람에게 특히 강한 것이 지연 아닙니까. 앞에서 말씀하신 대로 시간이나 정보가 부족해 예습이 안 된 경우에 쓰는 작전인데요, '어디가 고향이십니까?' 하고 단도직입적으로 묻기보다 '음, 말씀하시는 걸 들어보니 ○○분인 것 같은데 맞습니까?' 하고 묻는 겁니다. 또 꼭 어조나 어투가 아니더라도 '부추'를 '정구지'라 부른다든지 지역마다 명칭이 다른데 그에 따라 출신지역을 유추할 수 있거든요. 그러면서 이야기가 자연스레 풀리는 경우가 많더군요. 최근에는 전화로도 그 덕을 톡톡히 본 적이 있답니다. 제가 깜박해서 어떤 일의 마감일을 지키지 못하게 되어 결국 해당회사에서 짜증스런 독촉 전화가 왔지 뭡니까. 전화 목소리를 들으니 저와 같은 고향사람인 것 같아 확인해봤지요. 아니나 다를까, 맞지 뭡니까. 그 다음, 물론 분위기가 훨씬 부드러워졌지요. 저는 처음 만날 때 늘 상대의 말투, 어조에 주목해 출신 지역으로 이야기를 꺼내지요. 그러면 특산물이나 그곳 출신 인사까지 이야기가 줄줄이 풀려나오고, 어디선가 저와 마주치는 접점도 생기더 군요."

그물에 잡히는 물고기가 되지 말고, 그물을 던지는 어부가 되라

정말 좋은 사람을 내 그물에 담으려면 선택당하지 말고 선택하는 자세가 필요하다. 그러기 위해서는 그물에 잡히는 물고기가 되지 말고, 그물을 던지는 어부가 되어야 한다.

"쇠는 단김에 벼려야 한다."는 말이 있다. 만남도 마찬가지다. 내 삶의 버스에 태우고 싶은 좋은 인연이라고 생각된다면 이메일로든 전화로든 빠른 시일 내에 다시 연락을 취하라. 요즈음은 트위터나 페이스북도 좋은 방법이다. 여러 명의 동호인이 모이는 모임에 초대해도 좋고, 사무실을 방문해도 좋다. 명심할 것은 용건이 분명하고 열정을 내비쳐야 한다는 점이다. 그리고 상대에게 도움이 되는 접점을 발견해야 한다. 코끼리가 흰개미를 도울 수 있고, 흰개미가 코끼리를 도울 수도 있는 법이다.

흔히 내가 연락을 취하면 싫어할 것이라고 생각해 미리 자기 검열을 하기 쉽다. 하지만 밑져야 본전이다. 이는 연애의 심리와도 비슷하다. 나중에 '해보았더라면' 하고 후회하기보다는 '차이더라도 일단 해보자.' 하고 시도하는 것이 낫다. 용감한 사람이 미인을 차지하듯, 용감하게 사후 연락을 취하는 사람이 좋은 인연을 내 그물에 담을 수 있다.

취미면 취미, 직무면 직무 자기 입맛에 맞는 모임을 만들라. 인맥이란 두 사람을 모으기 보다 3~5명을 모으는 것이 오히려 더 쉬운 법이다. 왜냐하면 A와 B가 만날 때는 꼭 서로를 100퍼센트 충족시켜 줘야 하므로 다음 모임이 성사되기 쉽지 않지만, A와 B, 그리고 C, D, E를 만날 때는 한둘만 만족시켜도 동기부여가 충분히 되고 지속 가능한 이유가 발생하기 때문이다. 단 모임의 허브인 간사나 총무를 맡았다면 다소간의 수고는 각오해야 한다. 여기에도 "No pains No gains."가 작용하기 때문이다.

한 친구는 내게 "모임에서의 권력은 연락횟수에 비례한다."는 말을 했다. 모임의 멤버에게 연락을 취하면 연대감이 수평적·수직적으로 생기고 밀착도도 절로 강해진다. 그사이에 다른 사람을 챙겨주면서 오히려 당신의 영향력이 몰라보게 성장해가고 있음을 스스로 느낄 수 있을 것이다. 좋은 고기(사람)를 그물에 잔뜩 지고 가는 당신은 절로 콧노래가 나올 수밖에.

귀인 만들기 프로젝트 2

- 상대방에 대한 정보를 알아보고 준비하라. 10분의 예습이 100인분 이상의 감동을 자아낸다.
- 좋은 사람을 내 그물에 담으려면 선택당하지 말고 선택하는 자세가 필요하다. 좋은 인연이라고 생각된다면 이메일로든 전화로든 빠른 시일 내에 다시 연락을 취하라.

39

피노키오의 코는 길수록 좋다?

적절한 거짓말은 필요하다

"The honesty is the best policy(정직이 가장 좋은 정책이다)."라고 배웠지만, 많은 사람들이 정직과 솔직함을 착각한다. 그래서 상대의 감정은 고려하지 않은 채 '나의 솔직함'만을 순진하게 내세우다 상처를 입히기도 하고, 걷잡을 수 없이 관계를 악화시키기도 한다.

어느 날 세미나 뒤풀이자리에서 지인들끼리 사회적응미숙형에 대해 대화를 나눴는데, 넘버원으로 꼽힌 것은 바로 솔직담백형이었다. "내 단점은 너무 솔직한 거야."라고 자랑하는 이들은 꼭 재능과 상관없이 바로 그 솔직함 때문에 사회생활에서 결정적 순간에 실족하더란 이야기였다. 일행들은 그 말을 듣고 '조직에 한 명씩은 반드시 있는 이들 솔직담백형의 폐해'에 대해 모두 고개를 끄덕거리며 동감을 표했다. 솔직담백형은 마치 자신의 단점을 너무나 자신 있게 장점처럼 이야기해서 주위를 썰렁하게 만든다는 것이었다.

솔직함이란 상대야 어떻든 일찍이 죄책감을 털어버리고 벗어나고자 하는 이기심의 발로일 수 있다. 아니면 솔직함을 빙자한 '배 째라식 선전포고'이거나.

어느 병원에서 있었던 일이다. 암에 걸린 40대 중년부인 환자가 찾아왔고, 병명을 묻는 그녀에게 의사는 "당신은 현재 암 3기로 앞으로 6개월밖에 못 삽니다."라고 너무나 솔직하게 직선적으로 대답했다. 부인은 크게 상심했고, 그 사실을 알게 된 남편은 곧이곧대로 말한 의사를 탓하며 난리를 쳐 병원에 일대소동이 벌어졌다.

만일 당신이 그 의사라면 어떻게 하겠는가? 이에 대해 한 원로의사는 이런 해답을 내놓았다.

"모든 걸 규정에 의거해 근거조항만 들이댄다면 사람 사는 맛이 없지요. 지나치게 정직한 것이야말로 가장 위험하다는 말도 있답니다. 진실과 거짓말, 그 사이의 위험한 중용이라면 사실에는 침묵하되 조금의 가능성에라도 힘을 싣는 것이지요. 저라면 아마 '조금 어렵습니다. 하지만 아직 희망은 얼마든지 있습니다.'라고 말했을 것 같군요."

지나친 정직이 가장 위험하다

이처럼 방어용이든 공격용이든 선의의 거짓말을 비롯해 사람들은 하루에 거짓말을 몇 번이나 할까? 얼마 전 방영된 TV 프로그램에 따르면, 일반인들은 하루 평균 3회 정도 거짓말을 한다고 한다. 다시 말해 세월의 연륜이 쌓일수록 거짓말 짬밥수도 늘어난다는 결론이다.

천국의 질서가 통하는 평화시대에는 곧이곧대로 말해도 곤란할 상황이 없어 정직과 솔직함을 굳이 구분할 필요가 없을지 모른다. 하지만 '소돔과 고모라의 혼란이 횡행하는' 전쟁의 시대를 사는 우리에게 '정직'은 지켜져야 하지만 '솔직함'은 에둘러가는 것이 삶의 지혜이고 상대에 대한 존중일 수 있다. 인간관계를 원활하게 하는 '선량한 거짓말'은 생활의 지혜이기 때문이다.

거짓말을 하게 되는 가장 일반적 상황은 곤란함을 피하기 위해서다. 아침에 늦게 일어나 지각했는데 '길이 막혔다.'고 하거나, 보험회사에 다니는 친구의 전화에 '미팅 중'이라 말하거나, 결혼한 남자가 친구와 술을 마신 후 아내에게 '회식했다.'고 둘러대는 식이다. 이처럼 자기를 방어하기 위해서나 때로는 타인을 배려하기 위해 색깔이 다양한 거짓말을 하게 된다. '죽어도 거짓말은 못한다.'며 스스로 대쪽 같은 인간형이라고 자랑스레 내세우는 사람은 사실상 타이밍과 분위기를 조절할 줄 모른다는 고백이나 다름없다.

고대 그리스의 철학자 디오게네스는 자신을 찾아온 알렉산더 대왕에게 "그늘이 지니 폐하의 그림자를 치워주시겠습니까?"라고 말한 인물이다. 일화에서 짐작할 수 있듯 그는 세상과 타협하지 않은 대쪽 같은 사람이었다. 그 솔직함이 잔인할 정도였다니 사람됨을 대강 짐작할 수 있다. 그는 자신이 믿는 솔직함을 강력하게 지지했고, 철학자와 친구는 무엇보다 우선해 꾸밈없는 진실을 말해야 한다고 주장했다. 그래서 그는 친구들에게 사랑과 지지를 받았을까? 그렇지 않다. 그는 결국 적은 물론 친구들에게도 달가운 사람이 되지 못했다.

자신의 감정을 있는 그대로 보여주는 것을 곧 미덕이라고 생각하지 말라. 남들은 진심을 진실성 그 자체보다 단순한 순진함으로 받아들일 가능성이 높다. 감정을 그대로 드러낸다는 것은 카드놀이에서 들고 있는 패를 모두 내보이는 행위와 다를 바 없다. 한 경영자는 "처녀가 시집가기 전에 자신의 전라를 보여주는 것과 같은 것이 바로 맹목적 솔직함"이라고까지 말했다. 그것은 반드시 지고야 마는 전략인 셈이다. 즉 '성격이 다만 솔직할 뿐'이라는 말은 대인관계전략이 없거나 상대방에 대한 배려가 부족하다는 고백과 같다. 한결같은 태도와 포커페이스의 표정, 적절한 거짓말은 자기관리를 위해 반드시 필요하다. 사회생활의 윤활유이자 남의 상처를 치료하는 머큐로크롬의 역할도 한다.

내친김에 거짓말의 효용에 대해 더 알아보자. 거짓말은 일상생활뿐 아니라 정치에서 대중을 분발시키는 도구가 되기도 한다. 이른바 영웅담이 그렇지 않은가. 물론 양치기소년처럼 같은 거짓말이나 남에게 피해를 주는 거짓말을 반복해서 신뢰를 잃으면 안 되지만 말이다.

제2차 세계대전 당시 미국의 프랭클린 루스벨트 대통령은 하루에 많아야 4시간, 적게는 한두 시간밖에 일을 할 수 없는 건강상태였다. 그러나 세계는 건강한 그가 굳건하게 나치 독일과 일본 제국주의에 맞서고 있다고 믿었다. 만일 그가 자신의 심각한 건강상태를 온 국민에게 시시각각 생중계하고 고백했다면 어떻게 됐을까?

팀 버튼 감독의 〈빅 피시〉란 영화에는 이런 허풍을 둘러싼 가족 갈등이 진솔하게 그려져 있다. 늘 "내가 왕년에……" 하며 뻥치는 노년의 아버지가 등장한다. 이제는 철이 들어 중년이 된 아들, 정말 아버지의 허풍담을 혐오스러워한다. 대립관계의 축에는 바로 아버지의 황당한 허풍이 자리하고 있다. 아버지의 주치의는 그런 아버지를 견디기 힘들어하는 아들에게 이렇게 되묻는다.

"당신의 아버지는 당신에게 늘 말했죠. 당신이 태어날 때 커다란 물고기가 금반지를 입에 물어 뱉었다고. 그처럼 당신이 너무 씩씩하게 태어나 병원 복도를 30미터나 미끄러져 나왔는데, 믿겨지지 않을 정도였다고요. 당신은 정말로 진실을 말해 주길 원하나요? 그래요, 맞습니다. 당신이 태어났을 때 정말 평범했습니다. 다른 애들과 중뿔나게 다를 게 하나도 없었습니다. 출산예정일보다 1주일 먼저 나왔다는 것 말고는. 자, 이제 만족하십니까?"

그렇다. 때로는 사실을 샅샅이 뒤지며 반드시 규명하지 않고 사는 것이 몸도 마음도 편하다. 사람의 마음을 그대로 판독할 수 있는 안경이나 독심술이 있다면 행복하기보다 오히려 더 불행해질 것이다. 사회적 인간관계란 '적당한 거짓말'의 탄탄한 기반 위에 서 있다는 것, 성공하는 리더들은 세월을 통해 그 점을 체득하고 있다.

그런 점에서 거짓말은 상대방에 대한 예의이자 공동생활의 생존전략이다. 세상에서 가장 큰 거짓말은 "이제까지 한 번도 거짓말을 안해봤다."라고 하지 않는가. 누가 선의의 거짓말을 하면 한쪽 눈을 찡긋 감고 넘어가주자. 당신은 거짓말 판독기가 아님을 명심하면서. 또는 상대가 곤란한 부탁을 해오면, 살짝 눙쳐 안타까운 기회를 놓친 데 대해 아쉬움을 표현해주자. 대쪽같이 "내가 필요하지도 않은 정수기를 사줄 마음이 눈곱만큼도 없거든." 하며 곧이곧대로 거절하기보다는.

하루 3번의 거짓말 할당량을 채우며 당신의 인맥근육도 강화됨을 느낄 수 있을 것이다. 당신의 대쪽 같은 언어에 기분 좋은 거짓말로 푹신한 쿠션을 주라. 교통사고가 났을 때도 에어백이 터지면 부상이 한결 덜하지 않는가. 이 같은 접대용 거짓말은 바로 곤란한 상황에서 인간관계의 충격을 완충시키는 에어백 역할을 한다. 명심하라, 피노키오 코의 길이는 사회성에 비례한다.

> **Leader's guide**
>
> **선의의 거짓말은 사회생활의 생존전략**
>
> 솔직담백은 곧 사회적응 미숙을 의미한다. 정직함과 솔직함은 다르다. 솔직함 때문에 사회생활에서 결정적 순간에 실족할 수 있다. 정직은 지켜져야 하지만 솔직함은 에둘러가라. 자신의 감정을 있는 그대로 보여주는 것을 곧 미덕이라고 생각하지 말라. 남들은 진심을 진실성 그 자체보다 단순한 순진함으로 받아들일 가능성이 높다. 한결같은 태도와 포커페이스의 표정, 적절한 거짓말은 자기관리를 위해 반드시 필요하다.

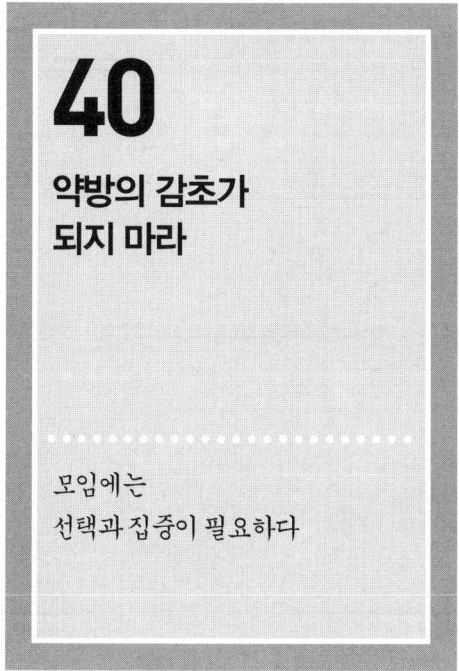

40
약방의 감초가 되지 마라

모임에는
선택과 집중이 필요하다

　　　　　　　　　　모 대학교 특강에 갔을 때의 일이다. 좋은 인연을 만나는 것의 중요성을 이야기하는데 한 학생이 손을 번쩍 들고 질문을 했다. 내용인즉 "인연은 모두 소중하다고 이야기했는데 각자 모두를 만나려면 시간이 부족하지 않겠느냐."는 것이었다. 사실 인맥관리의 포인트를 짚은 좋은 질문이었다. 20대의 젊은이뿐 아니라 40대의 중년에 접어든 나에게도 좋은 인맥을 맺기 위한 시간이나 노력 배분은 여전히 머리를 싸매게 하는 난제다. 내가 그 학생에게 해준 대답은 "차별은 두지 않지만, 차등은 필요하다."는 것이었다. 시간은 고무줄이 아니고, 하루는 24시간으로 정해져 있다. 결국 만남에도 선택과 집중이 필요하다.

　알고 보니 성공하는 리더들은 대부분 인맥을 체계적으로 관리하는 나름의 노하우를 갖고 있었다. 그 학생의 질문 덕분에 문득 다른 사람들은 체계적인 인맥관리를 위해 어떤 노력을 기울이고 있나 궁금해졌다. 마침 그 강연 다음 요일이 내가 참석하는 포럼이 열리는 날이었다. 포럼이 끝나고 나는 이 주제를 뒤풀이의 화젯거리로 내놔봤다. 뭐 그런 것까지 골치 아프게 생각할 필요가 있느냐는 볼멘소리도 있었지만, 다른 참석자들은 사소하지만 의미 있는 주제라며 입을 모았다. 마침내 인맥경영 방담이 시작됐다.

차별이 아닌 차등을 두라

광고업계의 C사장은 자신의 인맥관리 노하우를 이렇게 소개했다.

"매년 연하장을 보낼 사람, 매달 전화 통화라도 꼭 해야 할 사람, 부르면 당장 나와 줄 수 있는 사람을 나눠 체계적으로 인맥을 관리하고 있습니다. 한 달 일정을 보며, 어떻게 인맥 사이클을 돌려야 하나 생각해봅니다. 저녁이나 점심을 함께 할 사람, 차를 마시는 것으로 대신할 사람 등 나름대로 기준에 따라 분류하고요. 그렇게 조감해보면 어느 한쪽 사람이나 특정인만 만나는 쏠림현상이 있는지 여부를 판단하기가 쉬워요. 만남 자체가 비즈니스니 고르게 만날 수 있도록 조정을 하는 편이죠."

그러자 C변호사가 자신의 순서를 기다렸다는 듯 말문을 열었다.

"제 경우는 모임을 묶는 편입니다. 같은 목적, 비슷한 성향의 인물이 있다면 기존모임에 참여를 시키는 것이지요. 일종의 M&A, 모임의 구조조정이라고나 할까요? 물론 코디를 어떻게 할 것인가 정하는 성의는 필요하지만 지인들과의 유대를 돈독히 하면서도 시간과 비용, 노력을 절약할 수 있다는 점에서 효과를 봤어요. 다른 분에게도 권하고 싶군요."

이번엔 리더십 교육을 하고 있는 M이 바통을 이어받았다.

"저는 일에도 그렇듯 나의 인맥을 체계적으로 체크해 볼 필요가 있다고 생각합니다. 그래서 시간관리 매트릭스를 바탕으로 인맥관리 매트릭스를 만들어보았지요. 1상한은 급하면서도 중요한 사람, 2상한은 급하지 않지만 중요한 사람, 3상한은 긴급하지만 중요하지 않은 사람, 4상한은 급하지도 않고 중요하지도 않은 사람 식으로 말입니다. 1상한은 회사 프로젝트에 관련된 사내외 동료, 2상한은 내 멘토 등이 속하겠지요. 이렇게 정리를 하니 매일 시간과 약속에 쫓기는 스트레스가 한결 줄더군요."

그의 말이 떨어지기가 무섭게 우리는 서로서로 어느 그룹에 속하느냐고 합창을 하듯 질문했다. 그러자 M은 "당근 1상한"이라고 말했다.

"1상한의 사람들과 저녁 약속을 할 때는 두 탕을 뛰는 법이 없지요. 하지만 3상한 그룹과 만날 때는 불가피할 경우 양해를 구하고 두 탕을 뛰기도 한답니다. 그동안 제가 참석한 성의와 출석률만 보아도 제가 이 포럼의 회원들을 얼마나 소중하게 생각하는지 아시겠지요. 하하."

인맥도 관리할 필요가 있다. 차별과 차등은 다르다. 뷔페 식당이 되어 모든 사람에게 당신의 시간과 노력을 개방해 놓기에는 시간과 노력, 금전 등 모든 자원에 한계가 있다. 1, 2상한 구간의 모임에 대한 적극적 참여는 당신을 돋보이게 한다. 하지만 직업이 총무로 통하거나, 약방의 감초로 여기저기 가는 곳마다 눈에 뜨이는 것은 오히려 자신의 직장일은 소홀히 하고 인맥사냥이나 하러 다니는 것처럼 보여 이미지가 다운되기 십상이다.

지금 당장 당신의 스케줄 수첩을 열고 정리해보라. 과감히 M&A도 하고 구조조정도 하라. 상대에게 '당신은 내가 시간을 짜내 만나주는 선택된 사람'이란 인식을 심어주기 위해서도 인맥의 체계적 관리는 필요하다.

선택과 집중의 인맥관리 포인트

성공하는 리더들은 대부분 인맥을 체계적으로 관리하는 나름의 노하우가 있다. 차별은 두지 않지만, 차등은 필요하다. 하루는 24시간으로 정해져 있기에 만남에도 선택과 집중이 필요하다. 지금 당장 당신의 스케줄 수첩을 열고 정리해보라.

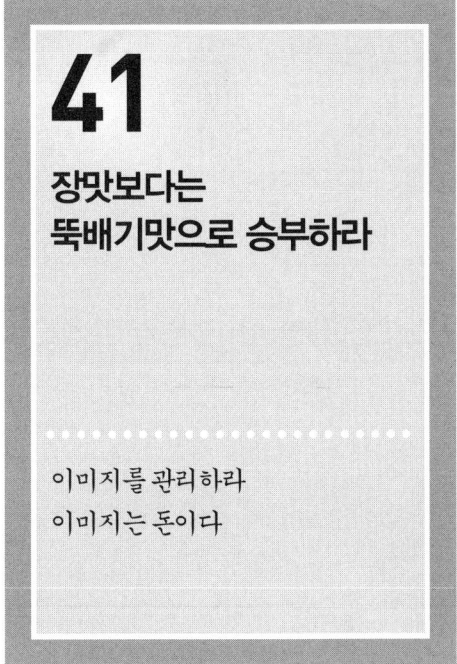

41
장맛보다는 뚝배기맛으로 승부하라

이미지를 관리하라
이미지는 돈이다

TV 드라마 등장인물이 하고 나온 액세서리나 옷은 드라마 시청률과 상관없이 방영 즉시 불티나게 팔린다. 잠깐 보여지기 때문에 유심히 안 볼 것 같지만, 사실은 모두 눈여겨보고 있다. 어떤 면에서 스토리보다 더 기억에 남는 것이 순간의 이미지다. 성공하는 리더들이 '속'뿐 아니라 '겉'도 마찬가지로 신경 쓰는 것도 이와 무관치 않다. 상대에 대한 성의이자 자신의 이미지를 판매하는 수단이기 때문이다.

CEO들 중에서 이 같은 신사철학에 대해 투철하며 내놓고 강조하는 인물은 바로 비트컴퓨터 조현정 회장이다. 그가 장학금 지원을 하는 비트컴퓨터교육센터 학생 선발 면접을 취재간 적이 있다. 졸업만 하면 100퍼센트 취업이 보장돼 IT 전공 학생들에게 선망의 대상이 되는 곳이었다. 조현정 회장이 직접 면접을 했는데, 하나 특이한 점이 있었다.

IT에 대한 전문지식 측정은 물론 용모 인상착의에 대한 조언 내지 코멘트도 중요한 부분을 차지했던 것이다.

머리가 부스스한 곱슬머리로, 과장을 섞자면 자기 머리의 5배는 부풀어 오른 듯한 사자머리의 한 청년이 들어왔다. 난 내심 조현정 회장이 그냥 넘어갈까 궁금했다. 아니나 다를까. 그의 외모 코치 발언이 튀어나왔다.

"학생은 머리를 손질하는 게 필요해요. 청담동이나 압구정 미용실에 가서 손질을 받아보세요. 일단 학생 얼굴에 어울리는 자기 스타일을 발견한 다음부터는 학생이 잘 아는 동네 미용실에 가서 그대로 설명하면 될 겁니다. 스타일만 바꿔도 학생 모습이 한결 돋보일 것 같군요."

아니, 연예인 면접도 아닌데, 이런 외모 주문까지? 그러고 보니 모두 정장을 하고 면접을 온 학생들은 차치하고라도 그곳 비트교육센터의 학생들 옷차림도 남달랐다. 삼복의 여름날씨인데도 휴게실이면 휴게실, 강의실이면 강의실 반바지에 샌들을 신은 젊은이는 전혀 눈에 띄지 않았다. 이유가 궁금해 조현정 회장과 차를 한잔 나누며 그 배경을 물어보았다.

"우리 속담에 빛 좋은 개살구란 말이 있듯 외모 가꾸기를 좀 등한시하거나 낮춰보지요. 하지만 저는 이에 동의하지 않습니다. 바로 외모가, 이미지가 상품을, 그 사람의 가치를 규정한다고 생각합니다. 신사복을 차려입은 사람과 예비군복 입은 사람은 걸음걸이부터가 다를 수밖에 없습니다. 머리끝부터 발끝까지 이미지를 관리하라, 제가 이곳 학생 면접 때나 신입사원에게 늘 강조하는 말입니다. 성공한다는 것은 곧 자신의 브랜드를 만들어가는 일이니까요."

이렇게 이미지 브랜딩 이야기를 하면서 그는 자신이 대학 때 일찍이 창업한 이야기를 들려주었다.

"캐주얼에 청바지 입고 프로그램을 팔러 나가면 제 소프트웨어의 가격을 인정받을 수 없더군요. 많은 대학생 중 한 명으로 인정, 아르바이트하듯 습작한 것으로 받아들여 저를 IT전문가로 인정하지 않았기 때문이지요. 그리고 습작인데 고액을 요구하는 것으로 미리 판단해버렸습니다. 이런 일이 몇 번 반복되고 나서 저는 복장을 정장으로 바꿨답니다. 한여름에도 긴팔 셔츠, 끈 있는 구두로요. 신사로 대접받고 싶으면 내가 신사 차림을 해야 한다는 것을 그때 배웠습니다."

빛 좋은 개살구도 전략이 될 수 있다

용모 관리는 무형의 자산이다. 태도가 달라져야 옷차림이 달라지는 것이 아니라, 옷차림이 달라지면 태도도 달라지는 것이다. 추운 겨울 날씨에 미니스커트 입은 여자가 기다란 코트를 휘감은 여자보다 한결 당당하게 걷는 것도 같은 맥락이다. 자신이 선택한 차림이기에 추운 티를 안 내려고, 책임을 지려고 더 허리를 꼿꼿하게 펴고 걷는 것이다.

이처럼 복장은 당신의 자세를 결정하고, 당신이 어떤 사람인가를 상대에게 말해 준다. "나는 본질이 충실하므로 나중에 말로 해야지." 하면 이미 늦다. 결혼 컨설턴트들에게 들으면 이 같은 본질지상론자가 중간에서 소개해주기 제일 어렵고 성사도 안 된다고 한다.

"똑같은 1,000원이 있더라도 100원짜리 10개를 덜렁거리며 주는 것과, 1,000원짜리 지폐 한 장을 주는 것은 느낌이 다르지 않습니까? 세뱃돈도 꾸깃꾸깃한 구권과 빳빳한 신권을 주는 느낌이 천양지차고요. 그런데 어차피 1,000원으로 살 수 있는 가치는 똑같지 않느냐고 동전 한 움큼을 갖다 들이대면 어떻겠습니까? 자신의 이미지를 포장하지 않는 것은 바로 이와 똑같다고 생각합니다."

당신 자체가 걸어 다니는 이미지이자 브랜드다. 나중에 만날 기회를 마련해서 따로 설명하려면 이미 늦다. 바로 첫인상에서 정신무장이 단단히 돼 있는 신사숙녀라는 강한 주파수가 상대에게 쏘아져야 한다. 한 여성기업인이 출판기념회에 참석하면서 평상복 바지에 샌들을 신고 온 적이 있다. 그때 참석한 많은 인사가 '이런 자리에 저렇게 차리고 오다니' 하며, 그녀의 무성의와 무례함에 눈총을 주는 걸 본 적이 있다.

조현정 회장의 신사철학 이야기를 좀더 들어보자.

"2퍼센트 차이 때문에 가격이 배 이상 차이날 수도 있어요. 그 2퍼센트를 채우기 위해 실력, 매너, 용모, 자세 어느 것 하나 빠짐없이 최대한 갖출 것은 다 갖춰야 합니다. 단정한 복장은 자기 자신을 만들고 다듬은 산물입니다. 그런 점에서 상대에 대한 예의일 뿐 아니라 자신에 대한 맹세입니다."

'절약이 미덕'인 산업화시대에 낡은 소맷부리에 뒷굽 닳은 구두는 오히려 자신을 홍보하는 이미지 브랜딩 도구가 될 수 있었다. 하지만 지금은 다르다. 당신이 입고 있는 옷, 명함지갑, 필기도구, 가방 하나하나가 당신의 위상을 증명하고 웅변한다. 그것이 바로 당신의 브랜드다.

이런 브랜드 효과 이야기는 도처에 숱하다. 명품을 휘감고 다니며 재벌 2세라고 사칭하다가 붙잡혔다는 뉴스는 이 같은 이미지 브랜딩을 나쁘게 이용한 사례다. 하지만 바꾸어 말해 이렇게 차려입으면 일단 상대가 한결 경계심을 풀고 호감을 가진다는 이야기이기도 하다.

수첩, 명함지갑, 필기도구 등 사람을 만날 때 반드시 소용되는 문방

구류는 제대로 품격 있게 갖춰라. 그리고 옷차림은 TPO에 맞게 갖추되 어디에서고 격식 있게, 오늘의 자리를 위해 신경 쓰고 나왔다는 점이 드러나도록 하라. 당신의 위상을 한결 강화해줄 것이다. 단 중요한 것은 당신의 수준에 맞게 하라는 것이다. 자신의 연령이나 처지에 비해 지나치게 비싼 복장이나 소품은 분수를 모르는 사람 같아 천박해보이고, 지나치게 싼 것은 빈곤해보일 뿐 아니라 성의가 없어 보인다.

상대는 그런 것에 신경 쓸 사람이 아니라고? 모를 것 같다고? 그런 '포장'은 필요 없다고? 천만의 말씀이다. 명심하라. 당신이 이미지 브랜딩에 코웃음을 치며 본질에 승부를 거는 순간, '비닐포장'도 뜯기지 않은 채 다음 만남은 기약도 할 수 없다는 것을. 당신의 옷차림이나 소지품이 당신보다 더 많은 말과 이미지를 전달한다. 신식의 무기로 무장한 병사가 구식의 녹슨 병기를 가진 병사보다 전투를 잘하는 것은 당연한 일이 아닌가. 명필은 붓을 탓하지 않는다고? 천만의 말씀이다. 명필일수록 붓 고르기에 수련시간의 반절 이상을 쏟는다.

외모도 전략이다(이미지 브랜딩 전략)

당신의 옷차림이나 소지품이 당신보다 더 많은 말과 이미지를 전달한다. 어떤 면에서 스토리보다 더 기억에 남는 것이 순간의 이미지다. 당신이 입고 있는 옷, 명함지갑, 필기도구, 가방 하나하나가 당신이 어떤 사람인가를 상대에게 말해준다. 사람을 만날 때는 TPO에 맞게 품격 있게 자신을 가꿔라. 당신의 위상을 한결 강화해줄 것이다. 단 중요한 것은 당신의 수준에 맞게 하라.

42
진정한 매력은 품격있는 교양에서 나온다

독서는
머리, 관계, 운을 좋게 한다

　　　　　　　　　　　　　　　이탈리아의 물리학자 아보가드로는 "모든 기체는 같은 온도와 압력 아래서는 같은 부피 속에 같은 수의 분자를 포함하고 있다."는 법칙을 발견한 인물이다. 우리는 그를 중고등학교 물상시간에 배운 복잡한 법칙을 세운 사람으로만 기억한다. 하지만 실상은 교회법으로 박사학위를 받고, 라틴문학에도 정통했다. 요즘말로 크로스오버가 되는 통섭의 학자였던 셈이다. 그는 별로 잘생긴 외모가 아니었는데도 여자들에게 인기가 좋았다고 한다. 그 이유는 바로 인문학 분야까지 능통한 화제가 풍부한 인물이었기 때문이다.

　어느 날 그가 물에 빠져 거의 죽을 지경에 이르렀다. 마침내 구조돼 그가 친지에게 했다는 말, "내 혀는 그대로 잘 있는가?" 친지가 그렇다고 확인해주자 "그럼 됐네." 하며 안도의 한숨을 쉬며 아보가드로는 편안히 휴식에 들어가더란 이야기다. 차라리 신체 한 부분이 상할망정 혀만 안전하면 예전의 인기를 누릴 수 있다는 자신감이었다고나 할까?

흔히 용모는 아름다운데 지식이 없어 보이는 여자들에게 백치미가 있다고 한다. 하지만 남자나 여자나 백치미 또는 근육질의 육체미만 있어서는 관계가 오래도록 유지되기 어렵다. 말이 통하지 않기 때문이다. 여러 사람과 말이 통할 수 있는 비결은 화제가 풍부한 사람이 되는 것이다. 이 같은 화제는 바로 독서와 취미 경영을 통해 얻을 수 있다.

독일의 물리학자 오스트발트가 성공한 사람들의 공통점을 조사했는데, 그중 하나는 긍정적 마인드이고 또 하나는 바로 독서였다. 자의누리 서진영 대표는 이상론에서가 아니라 실용적 관점에서 독서 예찬을 펼치는 독서운동가다. 그의 말에 따르면 "독서에는 머리, 관계, 운을 모두 좋게 해주는 1석 3조의 효과가 있다."

"책을 읽으면 지식이 많아질 뿐 아니라 짧은 시간에 음을 뜻으로 바꿔가는 연산을 머리에서 진행하기 때문에 IQ가 좋아지죠. 또 화제가 풍부해져서 관계가 좋아지니, 멋진 사람들과 인맥을 만드는 데도 큰 도움이 됩니다."

일본의 독서운동가 시미즈 가쓰요시는 독서의 효용에 대해 "목숨 '명(命)'은 '사람(人)'은 '한 번(一)'은 '두드려(叩)' 맞는다는 뜻으로 이루어져 있다. 이런 어려움을 헤쳐나갈 수 있는 삶의 지혜를 독서에서 얻을 수 있다."라고 말한다.

처음 만남의 어색함을 풀거나, 아니면 반복되는 만남에 신선함을 주기 위해 새로운 이야기를 개발할 필요가 있다. 이때 읽은 책이나 잡지는 당신을 화제의 리더로 만드는 좋은 자산이다. 함축성 있는 지적 자산이 풍부한 사람은 대화의 내용도 자연히 달라진다. 화제를 리드하기는커녕 보조 맞추기도 힘들어 시늉만 하는 것은 단박에 표가 난다. 이를테면 외국어 이해가 안 돼 매번 5분 시차를 두고 웃거나, 어색한 웃음을 억지로 짓는 상황이다.

규칙적인 독서로 품격을 높여라

사람의 심금을 울릴 줄 아는 리더들은 바쁘고 안 바쁘고를 떠나 늘 '책'에 대한 이야기가 풍부하다. 최고경영자와 소규모 정기모임을 하고 있는데, 그들은 최근의 경영 트렌드보다 오히려 '책'과 '역사', 심지어는 '시'에 대해서도 일가견이 있다. 정상에 오른 사람들은 노하우나 스킬에 관한 책보다는 사상서, 철학서, 자서전, 인문서에 더 관심이 많다. 자신이 재미있게 읽은 책이라며 선물로 준비해오는 경우도 많다.

K회장은 "사람을 대할 때 옷차림이나 매너도 중요하다. 하지만 그건 솔직히 돈 들이면 해결이 가능하다."며 "진정한 스타일은 교양이고, 결국 책에서 나온다."라고 말한다. 외국의 금융 CEO와 만나 이야기를 나눠보면 예술, 철학, 동양사 등 그 관심사가 끝이 없더란 것이다.

"10분만 이야기하면 그 사람의 교양 수준은 표가 나게 돼 있습니다. 책을 읽으면 대화의 수준이 달라지고, 결국 인생의 수준도 달라집니다."

R사장은 소설을 즐겨 읽는 경영자다. 겉보기에 현업과 별 연관성도 없어 보이기에 소설을 즐겨 읽는 이유가 궁금했다. 그는 어렸을 때부터

세계문학전집을 즐겨 읽었다며, 소설을 읽는 이유를 이렇게 설명했다.

"경영의 기본은 사람을 아는 것이지요. 소설 속 다양한 인물을 간접 경험하면 절로 사람을 알게 됩니다. 감정의 미세한 징후를 포착하다 보니 상대를 만나면 저절로 척 심리를 꿰는 부채도사가 되는 것이지요. 그런 점에서 책이야말로 유용한 스승이라 생각해요."

사람을 읽기 위해서도, 알기 위해서도, 관계를 유지하기 위해서도 독서는 '마른 수건 짜내듯' 시간을 내 늘 규칙적으로 해야 한다. 고전이나 만남에서 화제에 올랐던 책은 무조건 읽어보라. 그리고 그 책에 대한 감동을 나누고 유통시켜라. 감동의 유대가 한결 공고해짐을 느낄 것이다.

또 책을 읽을 때는 늘 소비만 하지 말고 생산을 염두에 두라. 한번 쓰고 싶은 멋진 표현, 좋은 내용의 구절은 책 모서리를 접어 찾기 쉽게 하거나, 별도의 메모북을 만들어 응용하고 유통시켜라. 주옥같은 어휘와 표현을 구사할 때 당신의 품격은 한결 높아진다.

최근에 오프라 윈프리의 자서전을 읽었다. 얼마 후 한 대학에 강의를 갔는데, 그때 "나는, 내 미래는 바라보기만 해도 눈이 부실 것이라고 믿었다."란 그 책의 구절을 인용하면서 "여러분의 미래가 바라보기만 해도 눈이 부실 것이란 걸 믿습니다."라는 말로 강의를 끝냈다. 나중에 담당했던 교수에게 들으니 강의 말미의 그 구절이 기억에 남았다고 하는 학생들이 그렇게 많더란 이야기였다.

창조는 꼭 무에서 유를 만드는 데만 있지 않다. 서로 비슷한 상황에 이질적인 것들을 결합시키는 힘에서도 나온다. 독서는 바로 그 같은 응용력과 눈부신 어휘력을 제공해 사람들에게 당신을 '신선한' 이미지로 각인시킨다.

늘 새로운 사람, 만나면 재미있는 사람, 표현력이 풍부한 사람으로 기억되고 싶은가. 그러면 하루에 30분은 반드시 책을 읽고, 좋은 구절을 메모하고 암기하라. 좋은 사람들을 자석처럼 끌어들이며, 행운도 절로 불러들일 것이다.

비디오 아티스트 고 백남준 선생은 매일 아침 전 세계의 신문을 읽으면서 새로운 미적 영감을 얻었다고 한다. 신문을 떠올리면 퍼뜩 사건 사고와 어지러운 정치세태만 실리는 매체로 생각하기 쉽다. 하지만 신문을 꼼꼼히 읽으면 돌아가는 세상이치는 물론 문화에 대한 영감까지 얻을 수 있다.

사람마다 정치면, 문화면, 그리고 스포츠면 등 먼저 펼치는 면이 따를 것이다. 나는 사람을 많이 만나고 동정을 파악해야 하는 직업상 인사와 부음란을 꼼꼼히 챙기는 편이다. 그리고 다음에 칼럼을 천천히 음미하는데, 특히 인터뷰를 즐겨 읽는다. 그런데 정보나 마음이나 모두 자석과 같아서 신문과 책을 읽으며 '꼭 만나고 싶은 사람'이라 생각하면 기회가 생기곤 했다. 그리고 그 만남에서는 신문을 통해 이미 익혀놓은 선행 학습이 '자석' 노릇을 톡톡히 했다. 초면인데도 그의 칼럼에 나온 부분에 대해 궁금한 점이나 좋았던 점 등을 언급하며 인사를 하면 금방 가까워질 수 있었기 때문이다.

그 외 마음에 와 닿는 칼럼이나 지인의 이야기가 등장하면 안부 인사차 전화를 하기도 한다. 이 방법은 유앤파트너즈 유순신 대표에게 배운 인맥관리 노하우다. 대한민국에서 바쁘기로 둘째가라면 서러울 여성 헤드헌터지만 그녀의 독서량은 놀라울 정도다. 비즈니스 주·월간지, 신문, 신간 화제의 서적 등을 늘 꿰고 있다.

그녀는 자신이 아는 인물이 신문이나 잡지에 등장하면 반드시 잊지 않고 당일에 안부 전화를 한다. 내용은 물론이고 사진에 대한 언급을 해줄 때도 있는데, 오랜만에 전화 연락이 되어 반갑고 자신의 글을 읽어줬으니 고마울 수밖에 없다. 유순신 대표를 성공하는 리더로 부를 수 있는 것은 이런 '시의적절한' 안부 인사의 힘도 한몫한다.

성공하는 리더가 되려면 인사, 부음란 등의 정보는 재미와 상관없이 반드시 챙겨야 할 코너다. Y사장은 이런 이야기를 들려줬다.

"최대, 최고가 아니면 최초라도 되어야 한다는 게 제 신조랍니다. 허허. 저는 인사란을 즐겨 보는데요, 어느 날 제가 아는 K씨의 승진소식이 조간에 났지 뭡니까? 재빨리 화원에 난을 주문해 득달같이 배달을 시켰지요. 과연 전화를 해보니 제 난이 1등으로 배달됐다지 뭡니까? 승진에 난 같은 선물은 많이 들어오게 마련인데 순서로라도 차별성을 둬야지요. 신문을 보지 않았다면 아마 뒷북을 쳤을 겁니다."

책·신문·잡지는 버려두면 고물이지만, 활용하면 보물이다. 겉모양은 허름하지만 문지르면 마법의 거인이 나타나는 '알라딘의 램프'와 같다. 나름대로 독서법을 개발하고 활용하라. 비용 대비 이처럼 효과가 큰 것도 드물다. 화제를 선도하고 나눠라. 그럴수록 당신의 주위에는 멋진 사람들이 몰려들 것이다.

인맥의 달인이 되기 위한 독서 활용법

- 하루에 30분은 반드시 책을 읽어라.
- 만남에서 화제에 올랐던 책은 무조건 읽어라.
- 책에서 좋은 구절은 메모하고 암기하라.
- 신문은 안부 인사의 채널이다.

부록: CEO가 전하는 사람을 매혹시키는 발표의 기술

가슴에 쏙, 귀에 착 붙게 발표하라

나는 안데르센의 동화를 좋아한다. 그중에서도 『인어공주』는 나이 든 지금 읽어도 재미있고 눈물이 글썽해질 만큼 애절하다. 인어공주는 왕자의 사랑을 얻기 위해 마녀와 위험한 거래를 마다 않는다. 자신의 아름다운 목소리와 다리를 바꾸는…… 하지만 결과는 어떤가. 아름다운 용모에도 불구하고 인어공주는 목소리가 나오지 않아서 왕자의 사랑을 얻는 데 실패한다. 만일 그녀가 자신의 목소리를 간직하고 있었다면 비눗방울로 변신해 사랑이 수포가 되는 사태는 빚어지지 않았을지도 모른다.

우리 주위에는 의외로 위험한 거래를 한 인어공주처럼 자신의 목소리를 못 내는 사람이 많다. 그러나 성공하는 리더들은 자신의 뜻을 가슴에 쏙, 귀에 착 달라붙도록 효과적으로 전달할 줄 안다.

준비하고 또 준비하라, 연습이 반이다

시작이 반이라는 말이 있다. 하지만 말은 시작 전이 반이다. 말할 순서가 다가온 순간, 이미 사람들의 시선은 당신을 향하고 있다. 이때 의자를 뒤로 밀며 엉거주춤 일어나거나, 허리를 굽히는 둥 마는 둥 하거나 그때서야 물을 한 모금 마시는 등 남들의 주목을 한 템포 늦추는 '딴 짓'을 하면 아마추어로 보이기 쉽다. 말을 해야 할 순서가 되기 전 미리미리 모든 걸 해결해 놓아라. 연단에 나가 서서 해야 한다면 바른 자세로 하고, 앉은 자세로 해야 한다면 역시 당당하게 허리를 곧추세워라.

당당하고 자신 있는 태도는 당신의 말에 벌써 생명을 불어넣는다. 발표든 소개든 어떤 자리에서 말할 가능성이 있으면 미리 준비하고 연습해라. 연습에 장사 없다는 말도 있지 않은가. 말의 달인으로 꼽히는 리더들도 알고보면 모두 연습벌레였다.

위대한 연설가 처칠의 일화에서도 준비가 얼마나 중요한지를 알 수 있다. 처칠이 어느 회의장에 갔는데, 차에서 내리지 않고 있었다. 운전사가 차문을 열며 그 이유를 묻자, "즉흥연설을 해달라는데 아직 무슨 말을 할지 정리가 되지 않았다네."라고 말했다고 한다.

레이건 대통령이 소통의 달인이 된 것은 영화배우 출신이거나 성우를 한 경험 때문만은 아니었다. 연습벌레였기 때문이다. 1986년 1월 우주왕복선 챌린저호 공중 폭발로 7명이 죽었을 때였다. 그의 연설은 담담했지만 전 국민을 울렸다. 누군가 그 비결을 묻자 그가 말했다. "첫번째 연습 때는 감정을 참기 어려웠지. 두 번, 세 번 (연습을) 거듭하면서 있는 그대로의 마음을 나타낼 수 있었다네."

귀에 착 붙게 말하기 위해서는 연습이 필요하다. 레이건도 처칠도 아닌 바에는 가족 앞에서든 녹음이나 녹화를 통해서든 자신의 말하는 습관을 점검하고 연습해라.

초반에 본론으로 들어가라

겸손을 표현하기 위해 '여러 가지로 부족한 제가……'로 시작하는 말을 습관처럼 끼워넣는 사람이 있다. 이같이 뜸 들이는 말은 상대를 피곤하게 한다. 매력적 발표는 초반에 승부를 건다. 내가 이야기하고자 하는 바가 무엇인지 말하라. 청중의 참여를 북돋는 것은 상대를 주인공으로 만드는 것이다. 프레젠테이션 자료에 청중에 대한 이야기를 집어넣든가, 관련인물에 대해 언급하라. 이야기의 주제를 갖고 그들에게 질문을 던지면 바싹 긴장해서 이야기에 집중하게 된다. 더구나 구체적으로 지명하게 되면 얼음물을 끼얹은 듯 조용해지며 당신의 말에 귀를 기울이게 될 것이다. 청중을 저 멀리 떨어뜨려놓지 말고, 바로 눈앞으로 바싹 다가가서 이야기하라. 심지어는 무대 위로 불러올려라.

가령 주제가 '등산'이라면 "김미경 씨는 최근 등산을 어디로 다녀오셨습니까?" 하고 콕 짚어 물어보는 것이다. 불특정다수라면 "앞에서 셋째 줄 노란 원피스 입으신 분, 말씀해 주시겠습니까?" 하는 식으로. 꼭 답을 기대하지는 않더라도 연쇄적 질문을 점층적으로 해나가면 호기심을 유발하게 된다.

작대기로 줄을 그어라

일본의 미드타운 등 신시가지를 시찰 갔을 때의 일이다. 해당회사 간부의 설명이 아주 귀에 쏙옥 들어왔다. 다른 곳 가이드들과의 차이가 무엇인지 곰곰 되짚어보았다. 그 이유는 바로 내가 알고 있는 서울과 일본의 도쿄를 작대기로 줄을 그어 설명해줬기 때문이다. 일본의 신시가지를 설명하며 일본의 A는 이렇고 저렇고 일사천리로 이야기하지 않고, 그곳은 서울의 B에 해당한다고 설명해주었던 것이다.

귀에 쏙 꽂히게 말할 줄 아는 스피치짱들은 이렇게 명제를 설정해줌으로써 사물을 설명하는 비유법을 즐겨 사용한다. 이탈리아의 피자는 한국의 빈대떡이라는 식으로. 작대기설명법은 사전 두 권을 넘기며 이야기해도 못 알아들을 내용을 한 쾌에 '아하' 하고 해결해준다. 둘 사이에 관계를 지어 줄을 그어 설명하라. 간결하고 쉽게 사물의 핵심을 찌르는 방법이다.

상대가 알고 있는 사물에 빗대 말함으로써 이해가 훨씬 쉬워진다. 주저리주저리 자기만의 사전 풀이 설명은 피하라. 조금이라도 더 쉬운 말과 표현으로 이야기해 이해를 돕는 것은 청중에 대한 예의이자 배려다. 벼는 익을수록 고개를 숙인다는 말도 있지 않은가. 발표는 나의 지식을 과시하는 자리가 아니라 서로 공유하는 자리임을 명심하라.

공은 한 개만 던져라

예전에 서커스 등을 보면 저글링이나 접시 던지기 묘기를 하는 사람이 나왔다. 한 사람이 수많은 접시 또는 공을 위태위태하게 던지고 받는 모습을 보면 가슴이 조마조마하곤 했다. 주제 전달도 마찬가지다. 한꺼번에 많은 것을 전달하려 하지 말라. 저글링도 6개 이상의 공을 던지며 하기는 힘들다. 하물며 남에게 너무 많은 공을 한꺼번에 던지는 것은 공을 한 개도 받지 말라는 이야기와 똑같다. 저글링은 혼자서 하지만 메시지는 더구나 상대가 있어야 하는 게임이다. 여러 개를 한번에 던지면 제대로 전달되기 힘들다.

당신이 발표할 콘셉트를 한 단어로 압축하면 무엇인가. 그것이 각인되지 않을 때 상대는 졸거나 딴 생각을 할 것이다. 당신이 어떤 사람이고, 무엇을 이야기하려고 하는가를 한꺼번에 너무 많이 이야기하려 하지 말라. 차라리 하나를 똑 부러지게 말하라. 다른 여러 가지는 다음 기회로 미뤄라. 링컨 대통령은 미국 남북전쟁기념비 제막식 당시 단 5분 만에 청중을 사로잡으며, 두 시간 동안 열변을 토한 전 국무장관이자 웅변가로 유명한 에드워드 에베렛과 대조를 이루었다. 메시지가 길어야, 장황해야, 풍부해야 상대를 사로잡는 것은 아니다. 무엇을 이야기하려는지 하나에 집중해 슬로건으로 만들 수 있는가. 그것이 바로 메시지 전달의 성패를 좌우한다.

예전에 지인에게 장사가 잘되는 식당과 안 되는 식당의 차이에 대해 들은 적이 있다. "이 집 잘하는 음식이 뭡니까?" 하고 물었을 때, 잘하는 식당은 "예, ○○입니다." 또는 "손님들이 ○○와 △△를 좋아합니다."라고 대답이 금방 나온단다. 반면에 음식이 맛없고 영업이 안 되는 식당일수록 "예, 모두 맛있습니다." 하고 줄줄이 다 잘한다고 대답하고 온갖 메뉴를 취급한다.

프리젠테이션은 강한 메시지에 집중하라. 중언부언 여러 메시지를 나열하지 말라.

자기 이야기를 하라

두루뭉술 솜방망이같이 이야기해서는 발이 가려운데 신발 신고 긁는 것과 같다. 당신의 이야기가 저 멀리 어디선가 있을 법한 내용으로 여겨지면 설득력은 떨어진다. 바로 당신의 이야기로 꼭꼭 씹어 진솔함과 진실성이 뚝뚝 떨어지게 하라. 구체적 사례를 에피소드로 만들어

제공하라. 자신의 경험이 담긴 이야기보다 설득력이 강한 것은 없다. 해외도시를 사진으로 보며 "~라고 합디다." 하는 것과, "내가 직접 가서 보니 이렇습니다."는 천양지차가 아닌가. 메시지 전달에서도 마찬가지다.

진실보다 더 울림이 큰 것은 없다. 어떤 미사여구나 매끄러운 말보다 청중은 감동에 휩싸일 것이다. 핀셋으로 집어준 당신의 이야기를 듣고 생생하게 그림이 그려지게 하라. 당신을 통해야 메시지는 관통한다.

피날레에 조명탄을 터뜨려라

피날레에 조명탄을 터뜨려 주위를 환기하라. 구구절절 모두 잘할 수는 없다. 끝이 좋으면 모든 게 좋다는 말도 있다. 메시지 전달도 마찬가지다. 마지막에 앞의 내용들을 한 줄로 요약해 강하게 조명탄을 터뜨려라. 화룡점정의 효과를 내기 위해 용의 눈동자를 그려 넣는 것이다. 명언도 좋고, 메시지를 압축한 슬로건도 좋다. 중요한 것은 그 순간에 조명탄이 터져야 한다는 점이다.

지금까지 소개한 6가지 원칙만 갖춰도 당신의 발표는 성공하는 리더들처럼 상대의 귀에 착 달라붙고 가슴을 활짝 열 수 있을 것이다.

내 사람을 만드는 CEO의 습관

초판 1쇄 발행 2013년 12월 24일
초판 2쇄 발행 2014년 2월 7일

지 은 이   김성희

펴 낸 이   최용범
펴 낸 곳   페이퍼로드
출판등록   제10-2427호(2002년 8월 7일)
          서울시 마포구 연남동 563-10번지 2층

기   획   이송원, 고경문
편   집   김남희, 오공훈
마 케 팅   윤성환
경영지원   임필교
디 자 인   장원석(표지), 이춘희(본문)

이 메 일   book@paperroad.net
홈페이지   www.paperroad.net
커뮤니티   blog.naver.com/paperroad
Tel (02)326-0328, 6387-2341 | Fax (02)335-0334

ISBN   978-89-92920-48-3 (13320)

· 이 책은 『어떤 상대도 내 사람으로 만드는 하이터치 리더』의 개정판입니다.
· 책값은 뒤표지에 있습니다.
· 잘못 만들어진 책은 구입하신 곳에서 바꾸어 드립니다.
· 이 책은 저작권법에 따라 보호받는 저작물이므로 무단 전재와 무단 복제를 금합니다.